S0-DVG-349

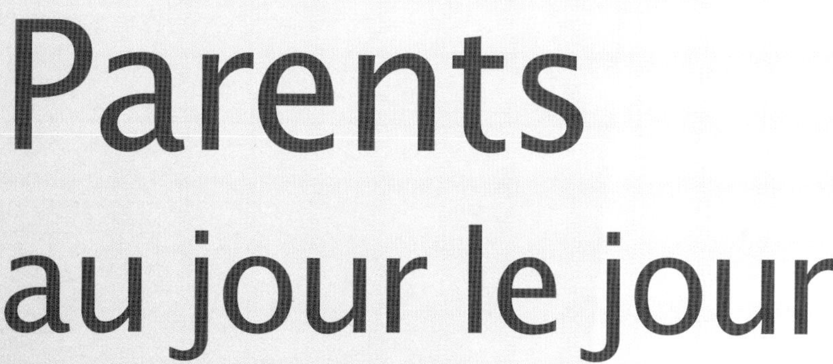

L'aventure d'un premier enfant

Dr Miriam Stoppard

Hurtubise

Hurtubise

Parents au jour le jour
L'aventure d'un premier enfant

Titre original de cet ouvrage :
First-Time Parents
What every new parent needs to know

Direction éditoriale : Emma Woolf
Direction artistique : Nicola Rodway
Fabrication : Hema Gohil
Traduction : Hélène Nicolas, Emmanuelle Pingault, Dominique Françoise
Édition et adaptation : Annie Filion
Couverture : La boîte de Pandore
Mise en pages : La boîte de Pandore

Édition originale produite et réalisée par :
Dorling Kindersley Limited
A Penguin Company
80 Strand, London WC2R 0RL

ISBN : 978-2-89647-199-7

Dépôt légal : 4e trimestre 2009
Bibliothèque nationale et Archives du Québec
Bibliothèque et Archives Canada

Diffusion-distribution au Canada
Ditribution HMH
1815, avenue De Lorimier
Montréal (Québec) H2K 3W6
Téléphone : (514) 523-1523
Télécopieur : (514) 523-9969
www.distributionhmh.com

Mise en garde
Cet ouvrage ne remplace nullement une visite médicale. Si vous avez le moindre doute, demandez l'avis d'un médecin. Ni l'éditeur ni les auteurs ne peuvent être tenus responsables des éventuels problèmes résultant de l'utilisation de cet ouvrage.

Imprimé à Singapour
www.editionshurtubise.com

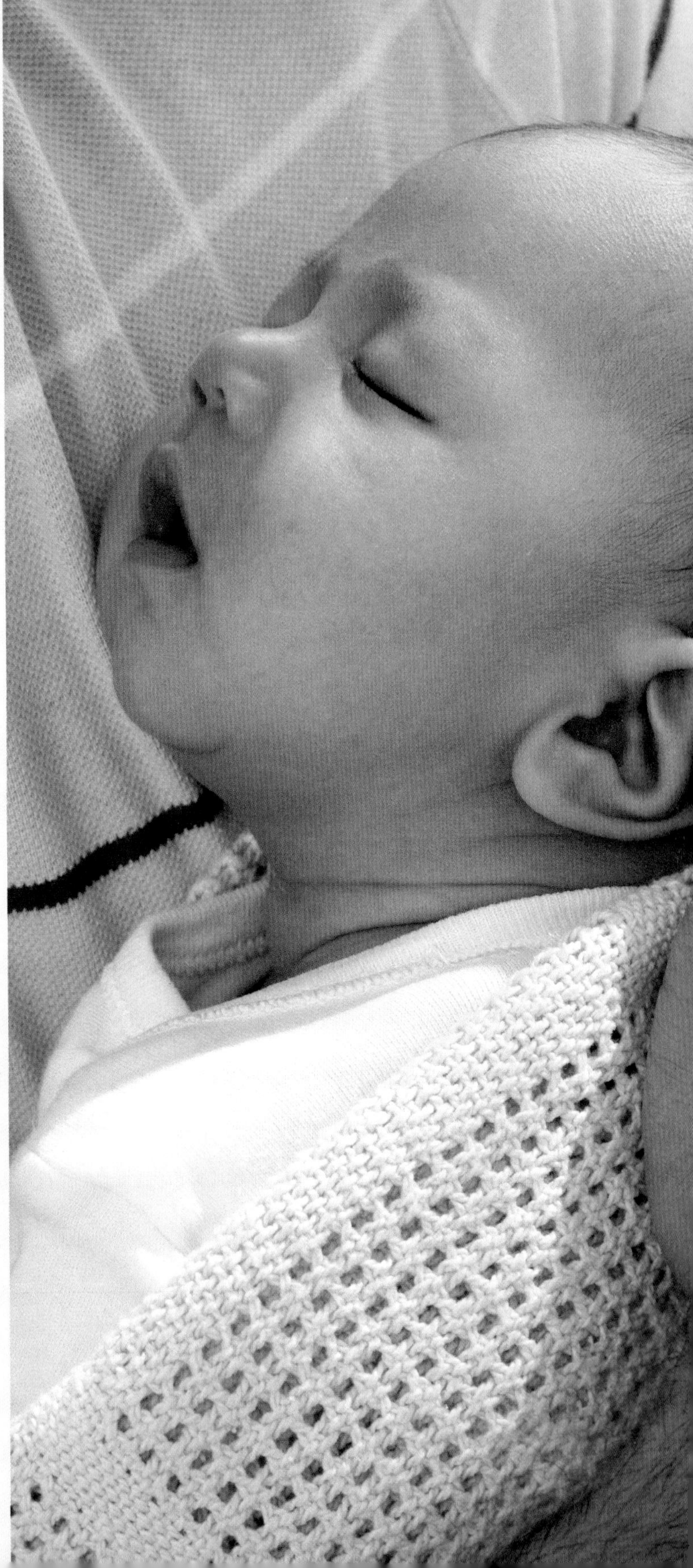

Sommaire

Introduction

De nos jours, les nouveaux parents ont de nombreux avantages sur leurs prédécesseurs, mais aussi de nouveaux défis à relever. Au cours des dernières années, les connaissances concernant le développement de l'enfant avant et après la naissance ont fait un bond considérable, amenant avec elles leur lot de pressions et d'inquiétudes. À qui demander conseil lorsqu'on souhaite fonder une famille ? J'espère que ce livre vous aidera à trouver les solutions qui vous conviennent le mieux et à être suffisamment sûr de vous pour suivre votre instinct.

Tout semble indiquer que le fœtus se porte mieux lorsque sa mère est calme et détendue. Une étude a prouvé que le facteur le plus important pour la sérénité d'une femme enceinte est d'avoir un partenaire attentionné qui la soutienne et s'intéresse à la grossesse. C'est pourquoi j'ai souhaité écrire un livre destiné aux couples, mères et pères, plutôt qu'aux seules femmes enceintes. En plus de livrer des conseils de base qui vous aideront à vous occuper de votre bébé durant sa première année, il traite de l'influence qu'aura votre bébé sur votre relation de couple.

L'impact de la grossesse sur votre couple

Peu de couples imaginent l'impact que leur futur enfant aura sur leur vie, leur travail, leurs émotions et leurs sentiments mutuels. Le bébé devient le centre de toutes les attentions et les parents négligent alors facilement leur relation de couple.

L'arrivée du nouveau-né bouleverse totalement l'univers de ses parents, et peut créer des tensions et des problèmes qui, s'ils ne sont pas résolus, risquent de creuser un fossé entre eux. Passer du statut de couple à celui de famille constitue un changement important. Les attentes ne sont pas les mêmes envers un compagnon et un père. La plupart des hommes ont du mal à faire la transition vers la paternité. De même, la mère est très différente de la femme souvent sûre d'elle et indépendante qu'elle était avant la grossesse. Certaines mères sont anxieuses et se sentent isolées. Devoir s'occuper d'un bébé qui dépend entièrement d'elles peut engendrer un sentiment de perte d'identité et entraîner une certaine confusion, voire un ressentiment et de l'irritation envers leur compagnon.

Heureusement, il est possible pour chacun de traverser avec bonheur cette avalanche de nouvelles émotions et responsabilités. Toutefois, ce n'est pas toujours facile, car cela demande beaucoup de concessions. Plus que jamais, vous devrez être à l'écoute de l'autre et lui montrer votre soutien.

Conseils et réconfort

Bien que l'objectif de ce livre soit d'aider les nouveaux parents à suivre leur instinct pour fonder leur famille, à être ouverts et attentionnés l'un envers l'autre, je n'ignore pas l'importance de conseils pratiques pour que l'arrivée du bébé enrichisse leur vie de couple. J'ai donc choisi d'aborder les sujets qui posent généralement

le plus de problèmes aux jeunes familles.
Ce livre traite de questions aussi variées que la santé au cours de la grossesse, le lieu où accoucher, le travail à proprement parler, l'allaitement, les nuits et les pleurs de bébé.
Si l'amour envers son enfant peut être ressenti dès sa naissance, comprendre son développement, par contre, est une notion qui s'apprend.
L'acquérir aide à s'occuper de lui tout au long de sa première année. Au début, tous les parents sont angoissés et se sentent submergés, mais si vous partagez vos soucis et vos joies, vous limiterez les risques
de voir votre couple en pâtir.

L'importance du père

Cet ouvrage traite de la grossesse, de la naissance et des soins à prodiguer à l'enfant comme d'une aventure à vivre à deux. Les pères y sont omniprésents, car les mères et les bébés ont besoin qu'ils soient actifs et attentionnés. Les hommes sont aussi doués pour la paternité que les femmes pour la maternité. Il n'existe pas de différence qualitative entre les deux. L'instinct paternel est puissant et ne demande qu'un peu d'encouragement pour s'épanouir. Les nouveau-nés apprécient autant les contacts avec leur père que ceux avec leur mère. Il est donc important que les deux parents s'occupent de l'enfant à parts égales. Suivre ce principe peut sembler difficile, mais ce n'est pas nécessairement le cas. Avec un peu d'organisation et d'ouverture d'esprit, les parents peuvent facilement partager tous les aspects de la vie de l'enfant. S'occuper d'un bébé consiste à l'aimer, à l'encourager, à l'éduquer, à le regarder grandir et se développer, et à tisser avec lui les liens les plus forts qui soient. Quelle personne sensée rejetterait ce rôle ?
Les hommes constateront que s'ils s'impliquent entièrement dans la vie de leur bébé, leur relation avec leur compagne s'en trouvera également améliorée.

Un travail d'équipe

Pour aider les deux parents à s'impliquer totalement dans la vie du bébé, chaque chapitre est agrémenté d'encarts destinés plus particulièrement à la mère ou au père. Les lire ensemble vous aidera à comprendre votre partenaire et – la communication étant la clé d'une relation épanouie – à évoquer certains sujets délicats.
Les couples qui abordent leur nouveau statut comme un véritable partenariat font un bon choix pour leur bébé, qui grandira protégé par l'amour de ses deux parents. Vous occuper ensemble de votre enfant vous permettra de lui consacrer du temps sans pour autant vous négliger. Vous vivrez ainsi votre vie de famille sans nuire à votre vie de couple, tout en partageant la joie d'élever un merveilleux bébé.

Dr Miriam Stoppard

Devenir parents

Décider d'avoir un bébé, c'est aussi décider de devenir parent. C'est probablement la décision la plus importante de votre vie, car mettre un enfant au monde va totalement bouleverser votre mode de vie actuel. Vous créez une personne entièrement nouvelle et acceptez une responsabilité qui durera toute votre vie. Vous passez également du statut de couple à celui de famille. Ce changement va à la fois cimenter et remettre en question vos relations, non seulement au sein de votre couple, mais aussi avec votre famille et vos amis. Ceci s'applique également aux familles monoparentales et, même si vous avez déjà un enfant issu d'une précédente union, votre nouveau bébé va contribuer à créer une nouvelle famille. Il est donc important de réfléchir à toutes les implications qui découlent de ce choix, de comprendre les différentes formes que prend la famille moderne. Réfléchissez à votre conception d'un foyer, à ce qu'est un parent, et à la manière dont ce nouveau rôle va modifier votre vie quotidienne et votre équilibre émotionnel.

La famille change

L'évolution des rôles parentaux

L'arrivée d'un bébé crée un groupe social totalement nouveau. Le couple devient famille. Les familles protègent et prodiguent des soins constants aux bébés qui, quel que soit le type de foyer auquel ils appartiennent, ne sont sensibles qu'à la qualité des soins et à l'amour qu'ils reçoivent.

Les termes « mère » et « père » correspondent avant tout à des rôles biologiques. La mère produit des ovules et porte le fœtus.

Le sperme du père féconde un ovule et contribue de moitié aux gènes de l'enfant. Les différences ne se limitent toutefois pas à ces rôles. Les hommes et les femmes sont bien distincts. Jadis, les hommes, plus grands et plus forts, étaient chargés de protéger les femmes.

L'évolution de la société

Pendant des milliers d'années, les hommes ont profité de leur rôle biologique pour dominer les femmes, mais de nos jours, les rôles traditionnels de la mère et du père ont bien changé. La technologie moderne a rendu inutile l'emploi de la force, et les femmes et les enfants n'ont généralement plus besoin de protection masculine.

Le rôle des hommes dans l'éducation des enfants

Depuis les années 1970, il est de plus en plus admis que les hommes devraient s'impliquer davantage dans l'éducation de leurs enfants. Cette notion est parfois considérée à tort comme résultant de la pensée féministe. Le partage égal de l'éducation des enfants entre hommes et femmes ne résulte pas uniquement de l'évolution de la pensée féminine. Il reflète également le besoin grandissant qu'ont les hommes de s'impliquer dans la vie de leur progéniture.

La famille dans le passé

Il y a deux ou trois générations, le modèle de famille le plus courant était celui de la famille élargie, qui rassemblait les nombreux cousins et les fratries issus de trois ou quatre générations. La plupart des gens vivaient et travaillaient dans des zones géographiques assez réduites pour pouvoir se voir tous les jours. La famille élargie pouvait soutenir ses membres, en particulier dans le cadre de l'éducation des enfants.

La famille actuelle

Au cours des 50 dernières années, la famille élargie a connu un net recul. Les nouvelles technologies ont engendré un marché du travail qui impose une certaine mobilité. De nombreuses personnes ont choisi, ou ont été obligées, de déménager pour trouver un emploi. Partir les a forcées à quitter leur réseau familial étendu pour s'installer, dans certains cas, dans des régions où elles n'avaient aucun soutien financier et émotionnel. Jadis, ces mêmes personnes seraient restées dans la maison familiale, même après leur mariage. Ce vaste mouvement social a, de fait, vu l'avènement rapide de la famille nucléaire (constituée des seuls parents et enfants), qui est plus précaire en ce qui concerne la survie à long terme, même quand elle fait partie d'un réseau familial plus vaste.

Les nouveaux types de famille

Depuis les années 1960, les femmes n'ont cessé de développer leur indépendance financière, ce qui a offert le choix de partir à celles qui ne restaient mariées que par peur de ne pouvoir subvenir à leurs besoins et à ceux de leurs enfants. La libération des mœurs a également joué un rôle dans la transformation de la famille traditionnelle. La famille nucléaire, isolée de ses membres les plus âgés et les plus éloignés, est devenue la norme plutôt que l'exception, et le taux croissant de divorces a donné naissance à des structures familiales plus complexes.

Divorces et remariages

Beaucoup de personnes divorcées ou séparées n'ont pas tourné le dos au mariage ou à la vie de couple. Nombre d'entre elles sont prêtes à tenter de nouveau l'expérience et à créer une famille recomposée (voir p. 142), modèle qui existe déjà depuis longtemps et, bien qu'il n'ait pas toujours eu bonne presse, a récemment connu une croissance sans précédent.

Les familles monoparentales

Les familles monoparentales sont encore aujourd'hui moins bien perçues que les autres. Il est vrai qu'elles sont rarement issues d'un choix volontaire et que les parents isolés subissent de nombreuses pressions, en particulier financières. Beaucoup fonctionnent pourtant parfaitement bien et forment des groupes très liés, qui offrent aux enfants un cadre stable et épanouissant (voir p. 140).

Les nouveaux rôles parentaux

L'évolution de la famille traditionnelle ne s'arrête pas à sa composition, elle concerne également son fonctionnement. Les pères, jadis considérés comme des protecteurs qui s'occupaient peu des enfants, partagent désormais leur éducation, à égalité avec les mères. De plus en plus de femmes ont un revenu équivalent, voire supérieur à celui de leur compagnon, et certains pères choisissent de rester à la maison pour s'occuper de leur famille pendant que leur compagne travaille (voir p. 176). L'une des raisons qui expliquent la réussite de ce type de famille est qu'il prend en compte les talents des deux partenaires, et qu'il résulte généralement d'une discussion approfondie et d'une organisation rigoureuse. Quelles que soient les caractéristiques d'une famille, l'essentiel est qu'elle offre aux enfants un environnement stable et aimant dans lequel s'épanouir.

UN BÉBÉ DANS LA FAMILLE Si votre partenaire a un enfant d'une relation précédente, un nouveau bébé peut causer des tensions. Encouragez l'enfant de votre conjoint à développer une relation avec ce bébé. Rassurez-le en lui disant que vous l'aimez toujours et qu'il y a du temps et de la place pour tout le monde.

Qu'est-ce qu'un père ?

Définir le rôle de la mère ne pose jamais de problème. Elle porte les enfants, s'occupe d'eux, les nourrit, les console, les habille, les encourage, les éduque. Nous le savons, car c'est ce que nous avons connu étant enfant. Définir le rôle du père s'avère un peu plus difficile.

Le manque de modèle

Quel que soit l'amour que vous portez à votre père, vous souhaitez peut-être que votre relation avec vos enfants soit différente de celle que vous avez connue avec lui. On encourage de plus en plus les hommes à s'impliquer dans la vie de leurs enfants, mais bien peu ont eux-mêmes bénéficié d'un modèle à suivre. Ce qu'on attend d'eux en réalité, c'est d'agir davantage comme des mères.

L'avis des bébés

Les bébés et les jeunes enfants apprécient autant les soins prodigués par leurs deux parents. Ces derniers leur procurent réconfort, chaleur et sécurité. Bien que les bébés sachent très tôt les différencier, ils ne portent pas de jugement de valeur sur leurs rôles respectifs. En dehors de l'allaitement, il n'y a rien qu'un homme ne puisse faire pour son bébé.

L'importance des parents

Les bébés ont besoin de soins parentaux plus que de soins « maternels » ou « paternels ». Ils ont besoin que les adultes comptant le plus dans leur vie se comportent en parents modèles. L'enfant ne s'attend pas à une différence de comportement de la part de chacun de ses parents, sauf si c'est ce qu'il constate au jour le jour.

Pourquoi devenir parents ?

DU CÔTÉ DE LA MÈRE

Définissez votre conception des rôles du père et de la mère, et demandez-vous si celui de la mère ne pourrait pas aussi être tenu par le père.

Le rôle du père

* Traditionnellement, les pères rentraient du travail et s'attendaient à trouver leur maison propre, les enfants couchés et un repas sur la table. De nos jours, rares sont les femmes qui acceptent une telle situation.

* Certaines femmes s'attendent encore à ce que leur partenaire gère le budget familial, même si c'est à leur désavantage. Il est préférable de trouver des moyens de partager équitablement les dépenses.

* On s'attend souvent à ce que les hommes se chargent de tous les travaux pénibles. Pourtant, pendant la grossesse et quand l'enfant est petit, les femmes sont plus fortes que jadis et ces tâches peuvent désormais être partagées.

* Les femmes ont tendance à s'occuper des corvées ménagères pendant que leur partenaire joue avec le bébé, même quand les deux parents travaillent. Il est pourtant préférable de jouer ensemble avec l'enfant et de se partager équitablement les corvées ménagères.

* Essayez de vous entendre sur des attitudes en matière de discipline dans votre famille et assurez-vous de les employer de façon constante.

Élever un enfant sera sans doute l'accomplissement le plus important de toute votre vie. Quelles que soient vos réussites financières, sportives ou autres, être parent vous procurera des satisfactions à nulles autres pareilles.

L'importance de l'instinct

L'instinct de reproduction est un puissant moteur. Heureusement, les joies et les satisfactions qu'éprouvent les deux parents dépassent de très loin les inconvénients et les compromis qu'il leur impose. La décision d'avoir un enfant résulte généralement d'un amour profond entre deux personnes, qui souhaitent sceller leur attachement mutuel en ayant un enfant. Nul ne prend cette décision pour limiter son temps libre, passer éternellement en second, manquer de sommeil et avoir la joie de suivre une préparation à l'accouchement ! Si vous réfléchissez aux changements qu'entraîne le passage au statut de parent, vous réaliserez que ce sont vos gènes qui vous poussent à procréer. La plupart des gens ont du mal à admettre qu'ils puissent avoir des motivations aussi primaires et cherchent des raisons plus complexes à leurs comportements. Peu importe, tant que vous restez conscients que vous n'êtes pas obligés d'avoir des enfants. Pour certains, c'est même la décision la plus sage, car avoir un bébé est un engagement à vie.

Au-delà de l'instinct naturel

En dehors de toute motivation biologique, le désir d'enfant vient aussi combler un sentiment de vide et satisfait un besoin d'accomplissement personnel. Les humains sont des animaux sociables et la manière dont ils pensent et agissent reflète cette sociabilité ; une caractéristique particulièrement évidente dans le cas des parents qui adoptent, s'engageant volontairement à assumer les droits et les devoirs des parents naturels sans être liés génétiquement à leurs enfants (voir p. 142). L'adoption illustre également l'intensité du besoin émotionnel qu'a l'être humain d'élever et, avant tout, d'aimer un enfant. Le temps, l'amour, la compréhension et l'éducation que vous donnerez à vos enfants vous seront rendus au centuple lorsque vous les verrez grandir et s'épanouir. Chaque enfant, en plus d'être la somme génétique de ses parents, est une personne unique, dotée d'une personnalité bien à lui. Être ceux dont l'influence a permis à cette personnalité d'éclore et de se développer est très enrichissant, et constitue en soi une formidable réussite.

Les pressions sociales et économiques

Dans une société où tout le monde va à l'école, tout le monde s'attend à y avoir accès. De même, quand tout le monde, à l'exception d'une petite minorité, a des enfants, avoir un enfant est une évidence. Il devient presque plus normal de justifier le choix de ne pas avoir d'enfants, plutôt que l'inverse. Jadis, quand les membres d'une famille vivaient dans le même village, la même rue ou la même maison (voir p. 10), avoir des enfants répondait à un besoin économique. Dès qu'ils étaient assez grands pour travailler, les enfants apportaient une contribution vitale aux revenus familiaux, et les parents avaient la garantie de ne pas vieillir seuls.

L'évolution de la place de l'enfant

La société actuelle, plus fragmentée, n'exige plus des enfants qu'ils participent au revenu familial (tout du moins jusqu'à la fin de leur scolarité) et la pension de la Sécurité de la vieillesse prend désormais en charge les retraites, même si beaucoup de personnes mettent de l'argent de côté en prévision de leurs vieux jours. La dépendance économique s'est donc inversée et ce sont traditionnellement les parents qui subviennent aux besoins des enfants. De nos jours, élever des enfants peut demander de nombreux sacrifices, y compris financiers. Pour la première fois dans l'histoire, un grand nombre de femmes peuvent s'épanouir en dehors des rôles de mère et de femme au foyer. Les méthodes de contraception modernes, sans danger pour leur santé, leur permettent de choisir si et quand elles souhaitent avoir des enfants. Cela ne signifie pas qu'un grand nombre d'entre elles choisissent de ne pas être mère, mais qu'elles s'organisent pour avoir et élever des enfants sans nuire à leur carrière.

Une question d'éducation

Une fois la décision de devenir parents prise, il faut être bien conscient qu'avoir un bébé n'est que le début d'un long processus éducatif. Il n'est pas très difficile de s'imaginer avec un bébé : l'excitation, les fêtes, les grands-parents ravis, le soutien des amis et de la famille... Il est en revanche très difficile d'imaginer ce qu'est l'éducation d'un enfant si on n'en a pas déjà fait l'expérience. Cela demande énormément de temps, d'énergie et de disponibilité émotionnelle, à moins bien sûr que la première chose que vous appreniez à votre enfant soit d'utiliser les télécommandes de la télévision et du lecteur de DVD. Heureusement, la majorité des parents n'y pensent même pas, car même avant de le devenir, la plupart d'entre eux ont une idée du type de personne qu'ils espèrent mettre au monde et de l'éducation que cela implique.

L'importance de bases solides

L'éducation commence dès la naissance. Pour un bébé ou un jeune enfant, toute expérience constitue un apprentissage. La manière dont vous vous occupez de votre bébé importe donc dès le premier jour. Interrogez une personne indépendante, efficace et sûre d'elle, qui aime son prochain et a tendance à créer des liens avec les autres, qui croit en la bonté et aspire à rendre le monde meilleur. Vous découvrirez sans doute que depuis toujours, elle voit le monde comme un lieu accueillant et aimant, encourageant, raisonnable et respectueux. Cette attitude et l'adulte que cette personne est devenue, découlent directement des bases inculquées par ses parents et de leur comportement lors de la première année de sa vie.

DU CÔTÉ DU PÈRE

Il est bon de clarifier votre conception de la paternité pour être sûr qu'elle ne corresponde pas aux stéréotypes traditionnels concernant les rôles paternels et maternels. Le rôle traditionnel de la mère peut parfaitement être tenu par le père.

Le rôle de la mère

* S'il est vrai que de nombreuses mères deviennent femmes au foyer, de plus en plus de femmes retournent travailler quelques mois après la naissance, et de plus en plus de pères restent à la maison (voir p. 176).

* Des études récentes montrent que les femmes se chargent encore de la plupart des corvées ménagères, même quand elles travaillent à temps plein. Cette situation vous paraît-elle juste ? (Il est si simple de partager la cuisine et le ménage.)

* Les contacts avec les personnes qui gardent l'enfant et les professeurs ainsi que les trajets entre la maison et l'école étaient jadis dévolus aux mères, mais de plus en plus de pères trouvent le temps d'inclure à leur horaire le trajet vers l'école ou la visite du petit dernier chez le médecin.

* Autrefois, c'était la mère qui couchait les enfants. Aujourd'hui, la plupart des pères apprécient ce moment privilégié, en particulier s'ils n'ont pas vu leur enfant de la journée.

* L'idée (qui prévalait jusqu'à peu) qu'il était ridicule pour un homme de pousser un landau est désormais révolue. Au contraire, les hommes sont fiers de promener leur progéniture et de sortir seuls avec leurs enfants.

Choisir le bon moment

Votre conception du rôle de parent

L'art d'être parent n'est pas une science exacte. Même si la décision de faire un enfant vous semble judicieuse, posez-vous les questions suivantes. Si vous répondez oui à plus de cinq questions, sans doute vaut-il mieux réviser votre définition du parent idéal :

* Avez-vous déjà des ambitions pour votre futur enfant ?

* Doutez-vous que les actes des parents influencent les enfants ?

* Devez-vous encore peaufiner votre conception du rôle des parents ?

* Pensez-vous qu'après la naissance, l'instinct prendra le relais et que vous saurez exactement comment vous comporter avec votre enfant ?

* Vous et votre partenaire, avez-vous une conception différente du rôle des parents ?

* Pensez-vous qu'un bébé doit avoir une vie réglée à la minute près ?

* Doit-on gâter un bébé ?

* Pensez-vous que les bébés pleurent sans raison ?

* Avez-vous l'intention de ne chercher un moyen de garde qu'après la naissance ?

* Vous et votre partenaire, avez-vous des idées opposées au sujet de la manière dont il faut s'occuper d'un bébé ?

* Trouverez-vous difficile de supporter le désordre engendré par l'arrivée d'un bébé ?

* Prévoyez-vous des confits avec des membres de votre famille à propos de la façon dont vous avez l'intention d'élever votre bébé ?

Il est rare qu'un couple estime que tout va pour le mieux et que c'est le moment idéal pour concevoir un enfant, mais la maîtrise de la contraception donne désormais le temps de réfléchir, avant la conception, à tous les changements qu'entraînera l'arrivée d'un bébé.

La décision

Les facteurs les plus importants dans la décision de devenir parents sont souvent les revenus et la taille du logement. Certaines personnes pensent également – ou avant tout – à la façon dont un enfant réduira leur liberté actuelle. De nos jours, de plus en plus de femmes souhaitent faire carrière et suspendre leur activité professionnelle pour avoir un enfant est une décision parfois très difficile à prendre.

Les congés parentaux et l'assurance parentale ne compensent pas toujours les inconvénients en ce qui concerne l'avancement, en particulier si vous souhaitez passer plus de quelques mois chez vous avec votre bébé. C'est pourquoi de nombreuses femmes, notamment celles qui ont des emplois gratifiants ou haut placés, attendent la trentaine avant de fonder une famille, afin de pouvoir prendre du recul par rapport à leur travail, en toute sécurité.

L'importance de la disponibilité

Les hommes doivent, eux aussi, réfléchir à la manière dont leur travail risque d'influer sur leurs relations avec leurs enfants. Beaucoup de ceux qui redeviennent père après une séparation ou un divorce avouent regretter d'avoir manqué l'enfance de leurs premiers enfants, et imputent cet éloignement à leur travail. L'enfance passe rapidement et vous n'avez qu'une chance avec chaque enfant. Vous devez donc soigneusement réfléchir au temps que vous pourrez lui consacrer.

Considérations d'ordre pratique

Si vous prévoyez emménager dans un logement plus grand ou une maison pour pouvoir y loger vos futurs enfants, essayez de le faire avant la grossesse. Dans le cas contraire, mieux vaut attendre que votre bébé soit né pour ne pas multiplier les sources de stress. Avoir un enfant implique toujours des frais supplémentaires, mais ces derniers dépendent essentiellement de ce que les parents jugent indispensable. Aucun bébé couché dans une nacelle par un parent aimant ne s'est jamais demandé pourquoi il n'était pas dans un berceau luxueux surmonté d'un mobile musical. Essayez de tirer le meilleur parti des produits offerts dans le commerce. Calculez vos revenus et vos dépenses une fois le bébé né, en tenant compte de vos allocations (voir p. 185) et organisez votre budget en conséquence. Achetez le matériel de base en fonction de vos moyens et oubliez les articles de luxe en attendant de pouvoir vous les offrir sans regret.

L'autorité parentale

Avant d'avoir un enfant, il est important de savoir que les parents exercent ensemble l'autorité parentale. Selon le ministère de la Justice du Québec, les parents ont, envers leur enfant, les droits et les devoirs de garde, de surveillance et d'éducation. Ils doivent le nourrir et l'entretenir. Au Québec, les droits et les devoirs des parents envers leur enfant restent les mêmes, que les parents soient mariés, unis civilement, conjoints de fait ou célibataires, qu'ils vivent ensemble ou non, qu'ils soient séparés ou divorcés, et que la filiation (le lien qui unit un enfant à ses parents) soit établie par le sang, que leur enfant soit issu d'une procréation assistée ou qu'il ait été adopté.

Vos relations avec les autres

Certains futurs parents ne réalisent pas à quel point leurs relations avec leur famille et leurs amis vont changer et n'anticipent pas l'évolution, encore plus importante, que s'apprête à connaître leur couple. Il est pourtant indispensable de réfléchir à ces changements avant d'envisager d'avoir un bébé (voir p. 128).

Les grands-parents Vous connaissez déjà les futurs grands-parents et pouvez donc prévoir quels problèmes risquent de surgir si leurs principes éducatifs sont différents des vôtres. Il est important de s'entendre avec eux sur la manière dont vous allez poser des limites à vos enfants. Mieux vaut décider dès le départ que vous résisterez, courtoisement mais fermement, à toute tentative de leur part de vous imposer leurs méthodes éducatives. (Vous pouvez toutefois leur demander de vous aider à appliquer les vôtres.) Le dialogue est toujours de mise pour profiter d'un conseil avisé basé sur une expérience concrète.

Vos amis Une fois que vous aurez des enfants, vous serez moins disponibles pour vos amis et ils apprécieront que vous conserviez avec eux votre identité d'amis plutôt que de parents. N'oubliez pas également que vous vous lierez d'amitié avec d'autres parents qui partagent les mêmes expériences que vous.

Vos collègues de travail Essayez d'évaluer l'impact que l'arrivée de votre bébé aura sur votre travail. Vous n'avez peut-être jamais travaillé en regardant votre montre, mais cela s'avère difficile de l'éviter quand on a hâte de retrouver son bébé (pour le père comme pour la mère). Vos collègues, aussi sympathiques soient-ils, ont le droit de s'attendre à ce que votre efficacité soit la même qu'avant. Si vous sentez que la situation se détériore, mieux vaut négocier des changements d'horaires. Vous ne serez pas éternellement jeune parent et la confiance perdue est difficile à retrouver.

Pourquoi voulez-vous un bébé ?

Même si vous souhaitez tous deux réellement un bébé, il est sage d'envisager les problèmes qui peuvent être liés à ce choix. Les questions suivantes n'ont pas de bonnes ou de mauvaises réponses mais elles vous fourniront peut-être une base de réflexion pour clarifier la situation :

* Pensez-vous tous deux qu'avoir un bébé constitue l'étape suivante naturelle de votre relation ?
* Avez-vous toujours pensé que vous auriez des enfants ?
* Voulez-vous un enfant en général, ou plus particulièrement un enfant de votre partenaire actuel ?
* L'un d'entre vous veut-il cet enfant plus que l'autre ? Si oui, quel effet cela a-t-il sur votre relation ?
* Souhaitez-vous avoir un bébé parce que vous pensez que cela renforcera votre relation avec votre partenaire ?
* Quelles sont les images qui vous viennent à l'esprit quand vous pensez à la vie avec votre bébé ? Incluent-elles des nuits sans sommeil et des couches sales ?
* Qu'est-ce qui vous manquera le plus en passant de la vie à deux à la vie à trois ?
* Avez-vous des projets personnels importants qui risquent d'être compromis par l'arrivée d'un bébé ?
* Souhaitez-vous avoir un bébé pour combler des pans de votre vie que vous jugez insatisfaisants ?
* Votre motivation vient-elle en partie du désir de satisfaire des membres de votre famille ?
* Vous-même et votre partenaire, êtes-vous bien clairs quant à vos engagements respectifs vis-à-vis du bébé ?

Se préparer à être parents

La grossesse est une période excitante pour les deux parents, mais cette excitation peut être teintée d'appréhension, d'incertitude, voire, si elle n'était pas prévue, d'un certain désarroi. Chacun réagit différemment en apprenant qu'il va devenir parent, mais, heureusement, la nature est bien faite et vous aurez amplement le temps de vous faire à cette idée au cours des 40 semaines qui séparent la conception de la naissance. La grossesse n'est pas une maladie, mais elle impose au corps de la femme un certain nombre de désagréments. Si vous envisagez de devenir mère, mieux vaut veiller à être en forme avant la conception et surveiller votre santé au cours de la grossesse. Une fois la grossesse confirmée, les visites prénatales vous rassureront tous deux en vous permettant de suivre l'évolution du bébé dans le ventre de sa mère. Ces visites vous aideront à comprendre les petits inconforts et les éventuelles sautes d'humeur que ressentent certaines femmes enceintes; elles vous prépareront aussi, le cas échéant, à affronter une mauvaise nouvelle.

Planifier votre grossesse

DU CÔTÉ DE LA MÈRE

La naissance survient environ 40 semaines après le premier jour des dernières règles. Il faut donc tenir compte de cette date pour mettre au point votre programme prénatal de mise en forme.

Pourquoi veiller à être en forme ?

La grossesse engendre un certain nombre de changements physiques : le volume de l'utérus augmente de 1000 fois et son poids, de 30 fois ; le rythme du cœur augmente de 50 % ; le volume sanguin augmente d'un tiers ; les reins doivent filtrer 50 % de sang en plus.

Les risques d'anémie

L'anémie fatigue le cœur au détriment possible du bébé. Un bilan sanguin vous révélera si vous êtes anémiée et s'il est nécessaire que vous preniez un complément en fer.

Comment limiter les risques de malformations congénitales ?

L'acide folique réduit le risque de spina-bifida. Il est conseillé d'en ingérer davantage, trois mois avant l'arrêt de la contraception et trois mois après. Les meilleures sources alimentaires d'acide folique sont les légumes à feuilles vertes, les céréales et le pain, mais vous pouvez aussi opter pour des comprimés.

En cas de maladie chronique

Si vous prenez régulièrement des médicaments, dites-le à votre médecin avant d'essayer de concevoir un enfant car leurs doses devront peut-être être modifiées.

Il est vivement conseillé de se préparer physiquement à devenir parents avant la conception. Des études ont prouvé que les facteurs les plus influents pour avoir un bébé en bonne santé sont l'état de santé globale des parents ainsi que leur alimentation.

Planifier la date de la naissance

Si vous envisagez de fonder une famille, l'idéal est de commencer à y penser au moins un an avant la date souhaitée pour l'arrivée du bébé et de vous préparer au moins trois mois à l'avance pour être au mieux de votre forme au moment de la conception (voir ci-contre). Vous devrez peut-être aussi tenir compte d'autres éléments. Si vous prévoyez déménager ou que votre travail risque de vous éloigner de chez vous à une période donnée de l'année, mieux vaut éviter d'accoucher en même temps. Certains parents prennent en compte la saison de la naissance. L'année scolaire commence en automne et certaines études montrent que les enfants nés en été, plus jeunes et moins matures que leurs camarades de classe nés en hiver, obtiennent des résultats scolaires inférieurs à ces derniers. Cette différence perdurerait jusqu'à l'adolescence.

Programme de mise en forme

À surveiller	À faire
Le tabac	Fumer réduit la qualité du sperme. L'idéal est d'arrêter de fumer avant d'essayer de concevoir un bébé. Fumer au cours de la grossesse, même indirectement, est dangereux pour l'enfant.
L'alcool	L'alcool nuit au sperme et à l'ovule. Les futures mères devraient supprimer toute absorption d'alcool et les futurs pères, limiter considérablement la leur.
Les drogues et les médicaments	De nombreuses drogues, légales ou non, diminuent la fertilité. Le cannabis peut réduire la production de sperme pendant des mois. Signalez à votre médecin tout traitement médical en cours.
Les dépistages prénatals	Avant de concevoir un bébé, faites un test de dépistage de la rubéole et des MTS, ainsi qu'un examen de la glaire cervicale. Le cas échéant, faites-vous vacciner ou suivez un traitement.
L'environnement	Une fois la contraception arrêtée, évitez les rayons X, les saunas et les polluants comme ceux présents dans de nombreux produits de jardinage et d'entretien.

Planifier l'année de la naissance

De nos jours, la plupart des femmes préfèrent ne pas être enceintes avant la trentaine, voire le début de la quarantaine. Les femmes de plus de 35 ans sont suivies plus attentivement que les autres, mais la santé et la forme des femmes se sont tellement améliorées que la plupart d'entre elles ne courent plus les mêmes risques que par le passé. Les trentenaires ont plus de chance d'avoir planifié l'arrivée du bébé, de vivre une relation stable et d'être financièrement à l'abri du besoin. Attendre quelques années a toutefois un inconvénient : il faut en moyenne six mois pour concevoir à 35 ans, alors qu'il n'en faut que quatre à 25 ans (voir p. 20).

Quand arrêter la contraception

Si vous utilisez un moyen de contraception mécanique comme le préservatif ou un diaphragme, vous pouvez concevoir dès que vous arrêterez de les employer. Les médecins recommandent d'attendre d'avoir eu des règles normales au moins une fois après avoir arrêté les autres formes de contraception.

La pilule Il est conseillé d'arrêter la pilule trois mois avant la conception, mais un mois peut suffire, à condition d'avoir eu des règles normales au moins une fois avant la conception.

Les dispositifs intra-utérins (stérilets) Les stérilets doivent être ôtés trois mois avant la conception. Utilisez un moyen de contraception mécanique jusqu'à ce que vous ayez eu des règles normales au moins une fois, avant d'arrêter tout moyen contraceptif.

L'importance d'être en forme pour les deux parents

Une fois enceinte, la femme subit un grand nombre de changements physiques (voir p. 18). Plus vous serez en forme, mieux vous les supporterez. La santé et le mode de vie du père influencent également sa fertilité en modifiant sa production de sperme (voir page précédente). Commencez à surveiller votre mode de vie au moins trois mois avant d'arrêter tout moyen contraceptif. En plus d'améliorer votre forme générale, cela augmentera vos chances de concevoir rapidement et d'avoir un bébé en bonne santé.

Le rôle de l'alimentation

Ajuster votre alimentation ne devrait pas être trop contraignant. Votre régime de base doit inclure des glucides de bonne qualité (pain complet, riz, pommes de terre, etc.). Limitez votre apport en graisses animales en optant pour du lait écrémé et des fromages peu gras, et en cuisinant à l'huile d'olive ou de tournesol. Mangez chaque jour beaucoup de fruits et de légumes frais. Ne sautez aucun repas, évitez les plats tout faits, supprimez les substituts de repas et prenez un solide petit-déjeuner. Commencez à prendre de l'acide folique au moins trois mois avant de tenter de concevoir.

L'exercice physique

Bouger améliorera votre santé. Si vous ne le faites pas déjà, commencez à pratiquer ensemble un sport d'intensité modéré comme le jogging, la natation ou la gymnastique. Essayez de faire 30 minutes d'un exercice qui augmente le rythme cardiaque au moins trois fois par semaine. Évitez les entraînements ou les régimes trop stricts, qui peuvent réduire la fertilité.

DU CÔTÉ DU PÈRE

La santé et le mode de vie de votre partenaire ont une influence évidente sur sa fertilité, mais il est également crucial que vous soyez en forme. Si ce n'est pas le cas, vous risquez de transmettre à votre enfant un matériau génétique de moins bonne qualité.

L'importance du mode de vie

La fertilité masculine dépend du nombre et de la qualité des spermatozoïdes, qui sont liés au mode de vie et peuvent être affectés par le tabac, l'alcool, la drogue (voir page précédente) et le stress. Essayez de réduire les sources de stress, et surveillez votre alimentation et votre forme.

L'aspect génétique

Si votre famille est touchée par un problème génétique comme la mucoviscidose, la dystrophie musculaire, la thalassémie ou l'hémophilie, faites des tests de dépistage avant la conception.

Le déroulement d'une consultation

Le médecin décrit la maladie, étudie vos antécédents familiaux et vous explique la manière dont elle s'est transmise dans votre famille. Tous les porteurs d'un gène défectueux ne sont pas malades. Un gène récessif peut être masqué par un gène sain, alors qu'un gène dominant apparaîtra toujours aux examens. Un gène dominant entraîne un risque que le bébé soit malade une fois sur deux, et un gène récessif, un risque d'une fois sur quatre.

La conception

Augmenter vos chances

Les astuces qui suivent vous aideront peut-être à accélérer le processus.

* Essayez d'avoir des relations sexuelles pendant votre pic de fertilité (voir ci-contre). À l'approche de l'ovulation, la glaire cervicale devient plus claire, visqueuse et glissante pour aider le sperme à remonter dans le col de l'utérus. L'ovulation se produit généralement 24 heures après le changement le plus marqué.

* Pour optimiser le nombre de spermatozoïdes, évitez les rapports sexuels pendant deux jours avant la période où vous êtes la plus fertile.

* La position « du missionnaire » (l'homme dessus) semble être la plus efficace pour concevoir un enfant, en particulier si vous restez allongée pendant une demi-heure après le coït.

• Arrêtez la caféine, qui peut réduire les chances de l'embryon de s'implanter dans la paroi utérine.

Concevoir un enfant est l'expression ultime d'une relation sexuelle épanouie entre deux personnes qui s'aiment. Vous pouvez concevoir quelques mois après en avoir pris la décision, en particulier si vous avez des relations sexuelles pendant la période où vous êtes la plus fertile.

La période la plus fertile de la mère

La femme est la plus fertile lorsqu'elle ovule, c'est-à-dire quand l'ovaire libère un ovule, environ 14 jours après le premier jour des règles. Vous pouvez prévoir l'ovulation en notant les dates de vos règles sur un agenda ou en faisant un test urinaire d'ovulation, très pratique si vous n'avez pas un cycle menstruel de 28 jours. Les trois quarts des couples qui ont des relations sexuelles non protégées conçoivent un enfant dans un délai de 9 mois, et 90 % dans un délai de 18 mois, mais à partir d'environ 25 ans, la fertilité des hommes comme celle des femmes commencent à diminuer.

La conception à proprement parler

L'ovule peut survivre 36 heures après l'ovulation, et le sperme, 48 heures après l'éjaculation. La période de fertilité dure donc environ trois jours. Quand les relations sexuelles ont lieu pendant l'ovulation, le sperme remonte dans le col de l'utérus et l'un des spermatozoïdes féconde l'ovule. La cellule fécondée, appelée zygote, met trois ou quatre jours à atteindre l'utérus et à s'implanter dans l'endomètre, muqueuse utérine spécialement conçue pour la recevoir. L'implantation s'appelle la nidation. L'œuf, désormais appelé blastocyste, s'enfouit dans la muqueuse utérine et s'entoure rapidement d'un placenta primitif. Sept jours après la fécondation, le blastocyste est bien implanté et se met à grossir.

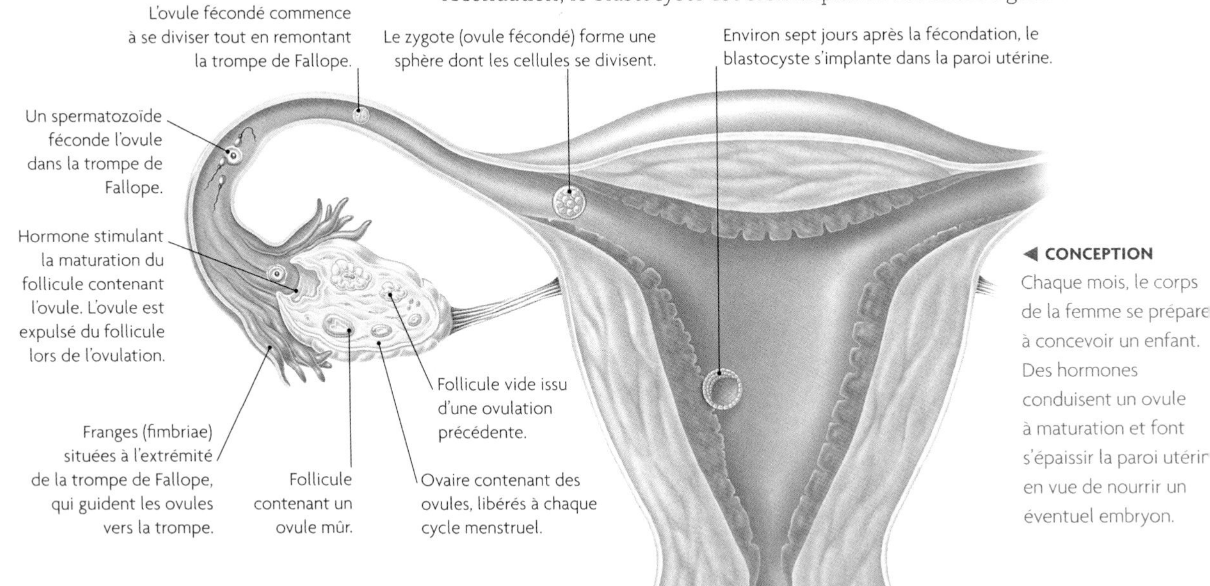

◀ **CONCEPTION**
Chaque mois, le corps de la femme se prépare à concevoir un enfant. Des hormones conduisent un ovule à maturation et font s'épaissir la paroi utérin[e] en vue de nourrir un éventuel embryon.

Comment savoir si vous êtes enceinte

Certaines femmes sentent qu'elles sont enceintes quelques jours après la conception, mais l'indice le plus fiable de la grossesse est l'arrêt des règles. Les femmes qui ont un cycle menstruel régulier réalisent qu'elles sont enceintes après trois ou quatre jours de retard. Les autres peuvent mettre deux ou trois semaines à s'en rendre compte, en particulier si elles continuent à avoir des saignements qui ressemblent à des règles peu abondantes, dus à des hormones présentes dans le corps avant la grossesse. Il existe toutefois d'autres signes indicateurs (voir ci-dessous). Dans tous les cas, l'idéal est de faire un test de grossesse. Vous pouvez acheter des tests de grossesse afin de confirmer si vous êtes enceinte ou non à compter du premier jour où devraient se déclencher vos menstruations. Si vous pouvez attendre un ou deux jours de plus, le résultat sera plus fiable, alors que vous pourriez obtenir faussement un résultat négatif si vous essayez trop tôt. Vous pouvez également demander à un médecin de faire le test.

Les autres signes d'une grossesse

* Seins lourds et sensibles qui picotent légèrement. Votre soutien-gorge peut vous sembler trop serré, tandis que les veines de vos seins peuvent paraître plus grosses et vos mamelons et aréoles plus rouges que d'habitude.
* Nausées. Elles peuvent avoir lieu à n'importe quel moment de la journée.
* Odorat hypersensible et goût métallique dans la bouche.
* Besoin d'uriner fréquemment.
* Grande fatigue, en particulier le soir.

Si bébé tarde à venir

Si vous essayez sans succès de concevoir un enfant depuis 12 mois (8 si vous avez plus de 35 ans), vous pouvez envisager de pratiquer des tests de stérilité. Apprendre que l'on ne peut pas avoir d'enfant sans assistance médicale est très stressant, mais l'idée de passer ces tests est en elle-même un antidote au stress, et de nombreux couples qui entreprennent cette démarche finissent par concevoir avant d'avoir vu un spécialiste.

Comment se préparer aux tests de stérilité ?

Les tests de stérilité, parfois longs et pénibles, demandent un réel engagement de la part des deux partenaires. Vous devez soigneusement réfléchir à leurs inconvénients, y compris financiers. De nombreux couples cèdent sous l'effet du stress, car vivre dans l'incertitude et subir des tests désagréables peut être extrêmement difficile.

Le partage de la responsabilité

N'oubliez pas que la fertilité de votre couple résulte de vos deux fertilités. Les tests peuvent indiquer un problème qui pourra être traité. Sachez que dans la moitié des cas au moins, le problème vient de l'homme. Nul n'est responsable et la difficulté touche les deux parents. Évitez de culpabiliser ou d'en vouloir à votre partenaire, ou vous creuserez entre vous un fossé qui rendra la conception encore plus difficile.

Garçon ou fille ?

La nature maintient un équilibre d'environ 103 garçons pour 100 filles. Les ultrasons (échographies) et les examens des cellules fœtales permettent de connaître le sexe de l'enfant en cours de grossesse.

Qu'est-ce qui détermine le sexe d'un bébé ?

Les spermatozoïdes sont porteurs de 22 chromosomes plus un chromosome X (femelle) ou Y (mâle). Les ovules contiennent 22 chromosomes correspondant à ceux des spermatozoïdes plus un chromosome X (femelle). Un ovule fécondé par un spermatozoïde X donnera une fille et un ovule fécondé par un spermatozoïde Y donnera un garçon.

Peut-on choisir le sexe du bébé ?

Il n'existe aucune méthode scientifique pour choisir le sexe d'un bébé, mais connaître les différences entre les spermatozoïdes X et Y permet d'augmenter les chances d'avoir une fille ou un garçon :

* Les spermatozoïdes X sont plus gros et plus lents que les spermatozoïdes Y et vivent plus longtemps.
* Pour augmenter les chances d'avoir une fille, il faut avoir des rapports deux ou trois jours avant l'ovulation, car seuls les spermatozoïdes X vivront assez longtemps pour atteindre l'ovule.
* Avoir des rapports le jour de l'ovulation augmente les chances de voir un spermatozoïde Y (mâle) féconder l'ovule, car il atteindra ce dernier plus vite qu'un spermatozoïde X.
* Les éjaculations fréquentes diminuent la proportion de spermatozoïdes Y (mâles), alors que des rapports sexuels peu fréquents en augmentent la proportion.

S'adapter à la grossesse

Grossesse après la perte d'un enfant

Une fausse couche, la naissance d'un enfant mort-né (voir p. 35) ou un avortement laissent des traces, et peuvent affecter la manière dont les parents vivent la nouvelle grossesse.

La peine

Même si votre grossesse précédente a eu lieu il y a longtemps, être enceinte de nouveau peut raviver votre peine. Parlez-en avec votre partenaire ou avec des amis.

Revivre le passé

Si vous avez déjà subi une fausse couche, vous aurez tous les deux du mal à vivre sereinement la nouvelle grossesse. Rappelez-vous que la plupart des femmes ont un enfant en bonne santé lors de la grossesse suivant une fausse couche.

Après un avortement

Si vous avez subi un avortement thérapeutique, les médecins vous feront sans doute passer des tests de dépistage aussitôt que possible. Rassurez-vous, de tels problèmes se produisent très rarement deux fois de suite. Si votre avortement était dû à d'autres raisons et que vous vous sentez coupable de mener cette nouvelle grossesse à terme, il est important d'en parler plutôt que de refouler vos sentiments.

Après la naissance d'un enfant mort-né

Vous vous demandez sans doute si l'enfant que vous portez naîtra vivant et vous aurez probablement du mal à vivre la fin de votre grossesse. N'hésitez pas à en parler à votre médecin. Peut-être pourra-t-il devancer l'accouchement de quelques jours ou de quelques semaines.

Devenir parent est l'une des expériences les plus intenses qui soit, entièrement positive et profondément satisfaisante. Pourtant, vous allez sûrement la trouver à la fois déroutante, épuisante et incroyablement exigeante.

À quoi vous attendre

Il est naturel que les futurs parents se demandent ce qui les attend (individuellement et en tant que couple). S'il est impossible de prédire l'avenir, vous pouvez tout de même vous préparer le mieux possible en posant des questions, en lisant et en parlant à des amis qui ont des enfants.

Des réactions très diverses

Les hommes et les femmes réagissent souvent différemment à l'annonce d'une grossesse. L'exaltation peut se transformer en crainte, voire en anxiété ou en dépression à la perspective des responsabilités et des changements inévitables à venir. Une relation peut toujours évoluer et les changements qui surviennent au début de la grossesse sont particulièrement difficiles à vivre, car la mère est alors fatiguée, peut-être anxieuse, et le père, incertain de la conduite à tenir (voir p. 24). Utilisez les mois à venir pour vous préparer le mieux possible à ce qui vous attend, tout en essayant de profiter pleinement de cette période. N'oubliez pas que la vie ne sera plus jamais la même. Si vous le pouvez, partez une fin de semaine ou prenez des vacances entre le quatrième et le septième mois de grossesse. Cela vous donnera le temps et l'occasion d'échanger vos points de vue.

Des sentiments fluctuants

Au début, les changements physiques liés à la grossesse peuvent vous donner une mauvaise image de son déroulement futur. La plupart des femmes éprouvent très vite les petits maux propres aux trois premiers mois (fatigue, nausées, hypersensibilité des seins) (voir p. 21). Certains couples, surpris, voient leur joie initiale se transformer en appréhension et en doute. Ces désagréments sont toutefois passagers et, après environ 12 semaines, vous réaliserez soudain que les nausées et les migraines du matin ont disparu, et que vous êtes pleine d'énergie. Votre taille, qui avait perdu de sa finesse, prendra une forme arrondie reconnaissable que vous serez fière de montrer !

Grossesse planifiée ou bébé « surprise »

Le fait que votre grossesse ait été prévue ou non influencera forcément votre attitude. Les grossesses imprévues sont parfois mieux accueillies par l'un des parents que par l'autre (souvent le père), ou peuvent recevoir un accueil mitigé de la part des deux parents, en particulier quand ils connaissent des difficultés financières. Que la grossesse soit prévue ou non, elle aura sans doute des conséquences sur votre carrière, en particulier si vous travaillez dans une entreprise qui n'aide pas à concilier vies familiale et professionnelle. Cet aspect a plus d'incidence sur les femmes que sur les hommes, mais l'expérience montre qu'il est possible de reprendre une carrière même après un long congé. Une fois la grossesse confirmée, informez dès que possible votre employeur pour savoir de quel congé vous bénéficierez (voir p. 184). Cette démarche vous aidera également à apaiser les craintes que vous pourriez avoir quant à l'évolution de votre carrière.

Les grossesses médicalement assistées

Votre attitude sera également différente si vous avez dû attendre longtemps et suivre un traitement pour concevoir un enfant. Malgré votre soulagement à l'idée d'avoir enfin le bébé tant désiré, sans doute craindrez-vous de faire quoi que ce soit qui risque de provoquer une fausse couche et aurez-vous davantage tendance à considérer la grossesse comme une maladie. Essayez de refréner cette tendance. La plupart des spécialistes en procréation médicale assistée adressent leurs patients à des cliniques, une fois la grossesse confirmée. Si quoi que ce soit devait mal se passer, ce serait au cours des 10 premières semaines, et vous aurez déjà été informés des risques. Essayez d'oublier les traitements longs et pénibles, et pensez plutôt au bébé plein de vie que vous allez mettre au monde.

Quand annoncer la nouvelle

Certaines personnes ont envie de dire immédiatement à tout le monde qu'elles vont avoir un bébé. D'autres préfèrent rester discrètes pendant un certain temps. Vous serez sans doute surpris de ce que vous ressentirez en annonçant la nouvelle, en fonction de la personne à laquelle vous l'apprendrez. Souvent, en parler à une tierce personne fait prendre conscience de la réalité de la grossesse. Le soutien des amis et de la famille peut aider à surmonter vos appréhensions. Vous pouvez aussi avouer des sentiments mitigés à votre meilleure amie, même si en surface vous avez l'air ravi. N'oubliez pas qu'en cas de fausse couche, plus vous aurez averti de personnes, plus vous devrez expliquer que vous avez perdu le bébé (voir p. 35).

Tisser des liens avant la naissance

Même s'il est merveilleux de voir bouger le bébé lors de l'échographie (voir p. 28), la plupart des femmes n'ont la sensation de créer un lien avec leur enfant qu'à partir du moment où elles le sentent bouger, aux environs de la 20e semaine pour une première grossesse. Le père ne peut malheureusement pas partager ces sensations. Il est donc important de lui en parler et de l'encourager à toucher votre ventre. Les premières sensations de mouvement coïncident généralement avec un regain d'énergie et vous vous sentirez probablement nettement mieux qu'au tout début de la grossesse.

DU CÔTÉ DU PÈRE

Les changements physiques de la mère peuvent modifier la façon dont son partenaire perçoit la grossesse. Vous y préparer vous aidera à soutenir moralement la mère quand elle sera déprimée.

Les sentiments de votre partenaire

Les femmes sont souvent très fatiguées au début de la grossesse (probablement en raison d'un soudain afflux d'hormones dans l'organisme). Encouragez votre partenaire à lever le pied et songez aux mois suivants, pendant lesquels elle sera probablement pleine d'énergie. Votre compagne sera particulièrement belle en milieu de grossesse, n'hésitez pas à lui en faire la remarque !

* L'effet des hormones de grossesse et l'idée de devenir mère peuvent la rendre plus émotive que d'habitude. Soyez à ses côtés et montrez-lui votre soutien.
* Votre conjointe s'inquiète peut-être à l'idée de prendre du poids. N'attirez pas l'attention sur cet aspect. Complimentez-la sur son allure. Faire un régime pendant la grossesse est une très mauvaise idée, mais elle n'a pas non plus besoin de manger pour deux. Rassurez-la en lui rappelant que la graisse emmagasinée pendant la grossesse a pour fonction de nourrir l'enfant lors de l'allaitement, et disparaîtra très rapidement une fois ce dernier commencé (voir p. 78).
* Votre partenaire peut avoir l'impression qu'elle a perdu le contrôle de sa vie, car tout le monde lui donne des conseils. N'ajoutez pas à cette impression. Elle connaît son corps mieux que quiconque et sait ce qui est bon pour elle.

Le futur père

DU CÔTÉ DE LA MÈRE

Votre relation avec votre compagnon va changer avant la naissance de l'enfant et il est plus prudent de vous y préparer.

Comprendre votre partenaire

* Les hommes se sentent facilement mis à l'écart. Veillez à impliquer le plus possible le père dans la grossesse.

* Attendre le bébé est une expérience externe pour le père, qui peut avoir beaucoup de mal à comprendre les changements invisibles que vous expérimentez. N'oubliez pas que sa vie quotidienne reste inchangée jusqu'à la naissance de l'enfant.

* Peut-être connaissez-vous de brusques sautes d'humeur ou traversez-vous des périodes d'insécurité pendant lesquelles vous ne vous sentez plus séduisante. Expliquez à votre conjoint ce que vous ressentez.

L'affection et le sexe

* Certains pères, inquiets pour la santé de la mère, la traitent comme si elle était malade. Si vous trouvez ses attentions étouffantes, exprimez-le. Rappelez-lui que vous faites attention autant que lui à ne rien faire qui puisse nuire au bébé. En revanche, si votre compagnon ne vous porte pas assez d'attention, faites-lui-en la remarque.

* Votre appétit sexuel peut changer au cours de la grossesse. Si vous souhaitez arrêter les relations sexuelles, dites-le à votre partenaire.

Découvrir que vous allez être père sera probablement l'un des moments les plus excitants de votre vie. L'impact émotionnel est aussi fort pour les deux parents, et il est important que vous exprimiez vos sentiments et que vous vous impliquiez dans le plan de naissance.

Comprendre vos émotions contradictoires

Certains hommes ont du mal à percevoir la réalité de la grossesse pendant les deux premiers mois, car le corps de leur partenaire ne change pas particulièrement. Ne vous inquiétez pas si vos sentiments diffèrent des siens. Elle vit l'expérience dans sa chair, alors que vous la vivez de l'extérieur et nul ne s'attend à ce que vous ressentiez soudainement toutes les émotions liées à la paternité. Une fois que vous constaterez que le corps de votre compagne commence à changer et, plus tard, quand vous sentirez le bébé bouger, l'idée d'avoir un enfant deviendra plus concrète. Votre joie et votre enthousiasme risquent alors de se transformer en craintes. Quelle que soit votre situation financière, il est normal que vous vous inquiétiez. Les frais engendrés par l'arrivée d'un bébé peuvent être préoccupants, en particulier si votre conjointe arrête de travailler. Évitez de prendre une décision trop radicale comme changer de travail ou demander une promotion. Il est difficile de savoir si vous serez en mesure d'affronter de nouvelles responsabilités, mais n'oubliez pas que vous avez plus à offrir à votre enfant que de simples possessions matérielles.

Comment pouvez-vous participer ?

De nombreux pères qui attendent leur premier enfant ont l'impression d'être tenus à l'écart. Certaines amies et parentes bien intentionnées risquent inconsciemment de vous pousser hors de ce qu'elles considèrent comme leur territoire. Vous constaterez peut-être également que les professionnels de la santé s'adressent plus naturellement à votre compagne.

Prenez l'initiative

Ne battez pas en retraite et ne laissez pas vos amies et parentes s'impliquer plus que vous dans la grossesse. Annoncez la nouvelle à vos amis et à vos collègues. Essayez de suivre au plus près le déroulement de la grossesse pour bien comprendre les changements physiques que traverse votre conjointe.

Préparez ensemble la naissance

Discutez avec votre compagne du type d'accouchement qu'elle souhaite et choisissez la manière dont vous allez y participer. Si possible, assistez à

Comment jouer un rôle actif

À faire	En quoi cela peut vous aider
Parler avec votre partenaire	C'est la meilleure façon de comprendre ses sentiments et ce qui se passe en elle. Demandez-lui ce qu'elle ressent quand le bébé bouge. Discutez de la naissance. Demandez-lui si elle a des problèmes particuliers. Elle appréciera votre intérêt.
Assister aux cours prénatals	La préparation prénatale aide à comprendre le déroulement de l'accouchement et à soutenir la mère au mieux, et permet aux pères d'exposer leurs inquiétudes et de s'impliquer dans le choix de l'accouchement.
Parler à d'autres pères	Liez-vous d'amitié avec les autres pères qui suivent les cours prénatals. Ils seront probablement aussi ravis que vous d'avoir quelqu'un à qui parler. Questionnez vos amis et vos collègues qui ont des bébés et demandez-leur des conseils.
Lisez des textes concernant la grossesse et l'art d'être parents	Lisez les livres et les brochures sur la grossesse et le rôle de parent que l'on vous remet. Plus vous en saurez sur la grossesse, mieux vous comprendrez votre partenaire et plus vos questions seront pertinentes.
Poser des questions	N'ayant jamais été père, vous ignorez sans doute comment se déroule une grossesse. Assister aux examens prénatals vous permettra de rencontrer des professionnels de la santé et vous incitera à vous impliquer davantage.

l'échographie de manière à suivre l'évolution du bébé, parlez avec des professionnels de votre futur rôle de père et posez les questions qui vous préoccupent. Avant tout, appréciez chaque instant de la grossesse ! Parlez à votre employeur et essayez de prendre des dispositions pour pouvoir assister aux examens prénatals et à l'accouchement.

Le plan de naissance

Planifiez la naissance avec votre partenaire (voir p. 27) sans pour autant lui imposer votre point de vue. Si elle a des positions très fermes en ce qui concerne certains aspects, comme l'épidurale (voir p. 43), essayez de respecter ses choix et discutez de leurs avantages et de leurs inconvénients. Ne redoutez pas d'être présent à l'accouchement. La naissance de votre enfant sera un souvenir inoubliable et tenir votre bébé dans vos bras quelques secondes après l'accouchement vous aidera à créer avec lui des liens solides.

Créer des liens

Les fœtus entendent les sons extérieurs à partir de cinq ou six mois de grossesse. Non seulement votre bébé reconnaîtra votre voix, mais il l'entendra mieux que celle de sa mère, plus haut perchée. Pour créer des liens avec votre bébé :

* Massez doucement le ventre de la mère et sentez le bébé bouger.
* Parlez au bébé et touchez-le à travers la peau de votre partenaire.
* Écoutez les battements de son cœur à l'aide d'un rouleau en carton.
* Assistez à l'échographie pour le voir se développer (voir p. 28).

S'ORGANISER ENSEMBLE Impliquez-vous dans l'organisation de la naissance et entourez votre compagne d'amour et de réconfort. ▼

Le suivi prénatal

Les cours prénatals

Les cours prénatals sont utiles aux deux parents.

Le but des cours

Les cours prénatals ne sont pas obligatoires mais conseillés, car ils préparent à la naissance (exercices musculaires, respiratoires, informations, etc.). De plus, ils permettent de rencontrer d'autres futurs parents.

Le lieu des cours

Les cours prodigués à l'hôpital vous familiarisent avec le fonctionnement d'une salle de travail et vous donnent l'opportunité d'interroger le personnel obstétrical. Vous pouvez aussi suivre ces cours au centre local de services communautaires (CLSC) ou dans une maison de naissance. En général, vous avez le choix entre la préparation classique ou sans douleur, la préparation en piscine, la sophrologie et le yoga.

▶ **SAGES-FEMMES INDÉPENDANTES** Si vous souhaitez vous en remettre aux bons soins d'une sage-femme, vous pouvez envisager de recourir aux services d'une sage-femme indépendante. Cette démarche vous permet d'organiser vos soins, votre travail et la naissance à votre guise.

Le lieu où vous allez recevoir vos soins prénatals dépend du type d'accouchement que vous souhaitez, mais aussi du lieu et des structures qu'offre votre région. Il est important de choisir un suivi prénatal qui vous convienne : c'est la condition du bon déroulement de votre grossesse.

Les types de suivi

Suivi prénatal à l'hôpital Si vous avez des problèmes de santé ou si vous avez déjà eu des difficultés obstétricales, on vous conseillera certainement un suivi prénatal et un accouchement à l'hôpital. Votre médecin se chargera de faire suivre votre dossier dès que possible et tous les examens de contrôle durant votre grossesse auront lieu à l'hôpital. Il y a probablement plusieurs hôpitaux dans votre région et si vous avez la possibilité de choisir, renseignez-vous sur les différentes infrastructures et les formules de suivi prénatal. Toutefois, si vous ne vivez pas une grossesse à risque, vous préférerez sans doute un suivi prénatal en clinique, dans le bureau de votre médecin.

Suivi prénatal partagé Au Québec, c'est le type le plus courant de suivi prénatal pour les femmes ayant choisi d'accoucher à l'hôpital. Entre la 10e et la 12e semaine, votre médecin vous adressera à la clinique ou au CSLC de votre choix pour le suivi et les examens obligatoires. En l'absence de

problème, vous pouvez n'avoir à vous rendre à l'hôpital avant l'accouchement qu'une ou deux fois seulement. Dans certaines cliniques, il y a un ou plusieurs médecins spécialisés dans le suivi des femmes enceintes.

Les sages-femmes au Québec La sage-femme a la compétence nécessaire pour donner les services et les soins requis lors de la grossesse, l'accouchement et la période postnatale, pour la mère et le bébé. Il s'agit donc d'un suivi complet de la maternité dont la principale caractéristique est l'approche globale. Légalisée en 1999, la profession de sage-femme n'est pas encore très populaire, mais elle se développe. Au Québec, toutes les sages-femmes sont formées en urgences obstétricales et en réanimation néonatale avancée par les organismes reconnus.

Où accoucher

Au Québec, vous avez trois possibilités en ce qui concerne votre lieu d'accouchement : à l'hôpital, dans une maison de naissance ou à domicile. Cependant, en cas de complications, vous devrez toujours vous rendre à l'hôpital. Si vous optez pour un accouchement en maison de naissance ou à domicile, c'est sans doute parce que vous vous sentez plus à l'aise dans un environnement familier plutôt que dans le milieu pesant et quelque peu stressant, il faut le dire, des hôpitaux.

Dans une maison de naissance

Une maison de naissance est un lieu d'accueil pour les femmes enceintes et leur famille. Au Québec, ces maisons existent depuis une douzaine d'années. Elles se sont développées pour répondre aux demandes des femmes qui souhaitaient se rendre dans un lieu à caractère familial tout au long de leur suivi et se sentir ainsi davantage à l'aise et en confiance lors du travail et de l'accouchement. Il est à noter qu'une loi québécoise impose à ces institutions de se trouver à proximité d'un centre hospitalier pour y transférer rapidement une patiente en cas de complications.

À domicile

Très rare au Québec, où la très grande majorité des bébés naissent aujourd'hui à l'hôpital, l'accouchement à domicile demeure un mode d'accouchement souhaité par certaines femmes. Si vous envisagez d'accoucher chez vous, la première chose à faire est d'en parler à votre médecin ou à votre sage-femme. Si c'est votre premier enfant, attendez-vous à certaines réticences de leur part. Même si la grossesse se déroule sans problème, on ne peut pas savoir comment va se passer l'accouchement. Vous avez le droit d'accoucher chez vous, mais c'est à vous que revient la responsabilité de trouver les personnes qui veilleront sur vous à votre domicile. Il est essentiel d'être pleinement en confiance avant de choisir un accouchement à domicile.

La naissance

Après avoir étudié les différentes options qui s'offrent à vous, l'idéal est de préparer un plan de naissance simple en concertation avec votre médecin et/ou votre sage-femme. Attendez d'être entre 32 et 36 semaines de grossesse pour savoir si votre grossesse présente des problèmes particuliers risquant de contrecarrer vos projets, et soyez prête à les changer si les choses ne se passent pas comme vous l'aviez prévu. Votre plan doit inclure les éléments suivants :

* Les personnes que vous souhaitez avoir à vos côtés.
* Votre point de vue sur des pratiques, qui consistent à accélérer le travail (voir p. 50) et l'emploi de méthodes qui obligent à rester allongée.
* Votre choix de rester active pendant le travail ou celui d'utiliser une baignoire de naissance (voir p. 43).
* Votre position sur les traitements antidouleur (voir p. 43), et l'emploi de techniques respiratoires et de relaxation.
* Votre accord ou votre désaccord pour que des médecins ou des infirmières stagiaires assistent à l'accouchement.
* La position dans laquelle vous souhaitez accoucher.
* Votre choix relatif à l'épisiotomie (voir p. 46).
* Votre choix au sujet de l'expulsion du placenta, entre la possibilité de son accélération par l'emploi de syntométrine ou une expulsion naturelle (voir p. 48).

Le suivi de votre grossesse

Les examens

Les examens qui suivent sont pratiqués à chaque consultation pour dépister le risque de maladies potentiellement dangereuses.

La tension

Une tension élevée peut indiquer un risque de pré-éclampsie (voir p. 35).

Analyses d'urine

La présence de protéines dans l'urine peut indiquer une infection ou un risque de pré-éclampsie.

La présence de glucides (sucre) peut révéler un diabète, et celle de cétones indiquer que vous ne mangez pas suffisamment.

L'examen abdominal

On palpe l'abdomen pour vérifier la taille de l'utérus. À chaque visite, le médecin mesure la hauteur utérine pour s'assurer de la bonne croissance du fœtus. On écoute le cœur de votre bébé avec un stéthoscope obstétrical ou électronique qui amplifie les battements du cœur pour permettre à la mère de les entendre (voir ci-dessous).

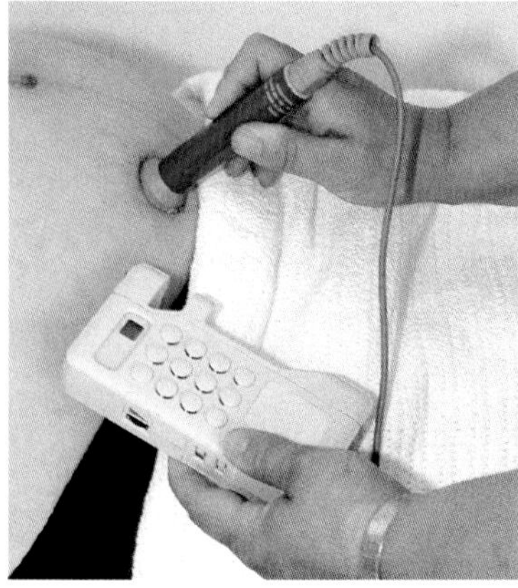

▲ **ENTENDRE POUR LA PREMIÈRE FOIS** battre le cœur de son bébé est une expérience inoubliable.

L'objectif des visites et examens médicaux à venir est de veiller au bon déroulement de votre grossesse. La plupart des grossesses sont normales, mais ces examens sont importants pour déceler d'éventuels problèmes le plus tôt possible.

Les visites prénatales

Les visites doivent être effectuées auprès d'un médecin en clinique ou au CLSC. Normalement, la première consultation a lieu au début du troisième mois de grossesse ; elle fixe la date présumée du début de la grossesse, détermine votre groupe sanguin, permet de rechercher certaines maladies (rubéole, toxoplasmose, etc.). Votre médecin indique la date du début de votre grossesse sur l'imprimé « Premier examen prénatal ». Les six autres visites ont lieu chaque mois entre le quatrième mois de grossesse et l'accouchement.

Les examens sanguins

Vous vous soumettrez probablement à une prise de sang, qu'on fera ensuite parvenir au laboratoire pour analyse. Demandez au médecin ce qu'on vérifiera exactement et pourquoi. On vérifie habituellement, de façon routinière, la teneur en fer, le groupe sanguin, le facteur Rhésus, l'immunité à la rubéole, les niveaux de sucre dans le sang, ainsi que les maladies transmises sexuellement. La plupart des hôpitaux procèdent habituellement à un test de dépistage du VIH. D'autres tests, par exemple, pour vérifier si vous avez été exposée à la toxoplasmose (une maladie parasitaire qui peut s'attaquer à votre enfant à naître) peuvent être effectués. Habituellement, on ne procède pas à une analyse sanguine à chaque consultation, mais dans certaines situations, on vous demandera de donner de nouveau un échantillon de sang. Après 28 semaines, la plupart des hôpitaux vérifient la présence d'anémie, d'anticorps du groupe sanguin et de diabète. Le dépistage prénatal de routine sera généralement plus rapide que votre consultation. Entre les visites, il est recommandé de noter les questions que vous souhaitez poser à votre médecin.

L'échographie

Au Québec, une seule échographie est obligatoire. Cette échographie, effectuée entre la 19e et la 22e semaine, permet une étude minutieuse du développement du fœtus : on mesure le fœtus, on calcule le périmètre de son crâne et on s'assure que la grossesse se déroule rondement. C'est au cours de cette échographie que peut être dévoilé le sexe du bébé. Une seconde échographie, après la 30e semaine, peut être demandée par votre médecin pour vérifier le développement du fœtus et l'absence d'anomalies qui ne sont visibles qu'à ce stade. Le médecin contrôle la position du fœtus, du placenta et du cordon en vue de l'accouchement.

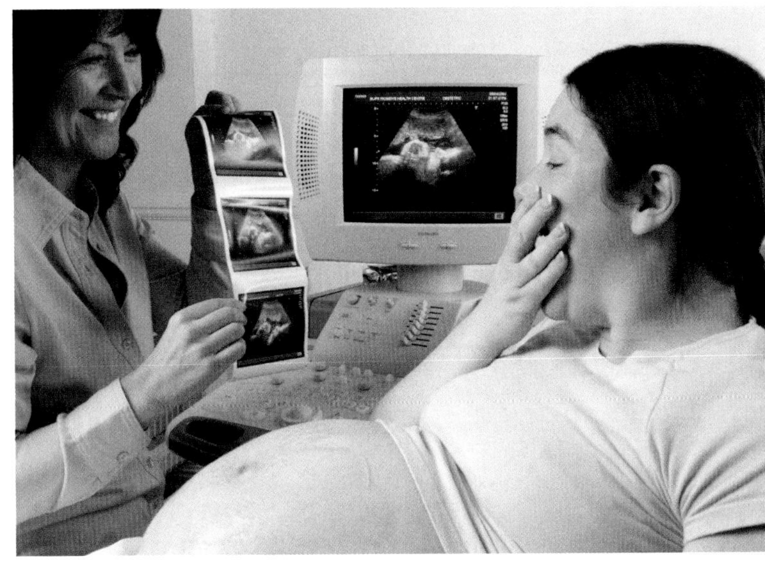

ÉCHOGRAPHIE Le technicien sonde délicatement votre ventre avec un appareil qui détecte les ondes sonores qu'émettent votre utérus et le corps du bébé. Ces ondes sont transmises à un ordinateur et un écran pour y être représentées visuellement.

Dépistage

Avant d'accepter un examen destiné à dépister une anomalie, demandez-vous ce que vous ferez si vous apprenez que votre bébé souffre du syndrome de Down (trisomie 21) ou de spina-bifida. Si la réponse est que vous mènerez votre grossesse à terme, il n'est pas forcément nécessaire de faire l'examen. Si vous savez déjà que vous choisirez d'avorter ou ne savez pas ce que vous ferez, vous avez plus de raisons d'obtempérer. Avant de faire un examen, demandez toujours ce qu'il dépiste, s'il induit un risque, quelle est sa précision, ce qu'il va vous apprendre exactement et s'il existe une autre option.

Examen	Déroulement de l'examen	Ce que l'examen vous apprend
Mesure de la clarté nucale	Mesure de l'épaisseur de la nuque du bébé lors d'une échographie non invasive réalisée vers la 12ᵉ semaine, souvent associée à un bilan sanguin.	Une nuque très épaisse peut indiquer un risque élevé d'anomalie chromosomique. Le cas échéant, on vous proposera une amniocentèse ou une biopsie chorionique.
Recherche des marqueurs sériques	Bilan sanguin qui évalue les risques de trisomie 21, pratiqué entre 11 et 14 semaines de grossesse (date confirmée par échographie).	Un taux d'hormones trop élevé indique un risque de trisomie 21. Au-delà de 1/250, on vous proposera une amniocentèse.
Dosage des AFP	Recherche du taux d'alpha-fœtoprotéines dans le sang, pratiquée entre 15 et 18 semaines.	Un taux plus élevé ou plus bas que la moyenne peut indiquer une trisomie 21 ou un spina-bifida.
Choriocentèse	Prélèvement de cellules placentaires par le col de l'utérus, vers 10 ou 12 semaines.	L'examen des cellules placentaires révèle si le bébé souffre d'anomalies chromosomiques. Cet examen induit un risque de fausse couche de 2 %.
Amniocentèse	Ponction de fluide amniotique avec une aiguille guidée par échographie, à travers la paroi abdominale, entre 12 et 16 semaines.	L'analyse des cellules fœtales permet de dépister des anomalies chromosomiques comme la trisomie 21. Le risque de fausse couche est de 2 %.
Cordocentèse	Prélèvement de sang dans le cordon ombilical, entre la 20ᵉ et la 40ᵉ semaine. (Examen rare.)	Dépistage d'anomalies chromosomiques et d'infections. Le risque de fausse couche est de 1 ou 2 %.

L'évolution de la grossesse

DU CÔTÉ DE LA MÈRE

Comment affronter les inconvénients les plus fréquents ?

* Les nausées sont plus fréquentes au cours des trois premiers mois. Elles n'ont pas toujours lieu le matin, et peuvent s'accompagner de vomissements. Préférez les petites collations aux gros repas. Si vous ne cessez de vomir, consultez votre médecin.

* Il est fréquent d'avoir des crampes aux jambes ou aux pieds. Pour les soulager, tirez vos orteils vers le haut.

* Certaines hormones ralentissent le travail du gros intestin. Mangez beaucoup de fibres, faites de l'exercice et buvez beaucoup d'eau. Les compléments en fer peuvent aggraver la constipation.

* Plus tard au cours de la grossesse, vous risquez d'avoir des indigestions ou des brûlures d'estomac, car, en grandissant, l'utérus appuiera sur votre estomac. Pour éviter cela, mangez plus souvent mais en moindre quantité, en vous tenant bien droite, et évitez la nourriture épicée. Boire du lait, en particulier la nuit, soulage les brûlures d'estomac.

* La pression exercée par le bébé peut engendrer des hémorroïdes (varices situées au niveau de l'anus et du rectum), en particulier si vous êtes constipée. Mangez beaucoup de fibres et évitez de rester debout pendant de longues périodes. Consultez un médecin si le problème devient trop douloureux.

Avoir un bébé qui grandit en soi peut sembler presque miraculeux. En touchant votre ventre, vous aurez parfois du mal à croire que votre enfant s'y trouve. Prenez le temps de penser au côté merveilleux de la grossesse. Vous offrirez tous deux à votre enfant un environnement d'autant plus sécurisant et chaleureux.

Les changements physiques

Il est important que les deux parents comprennent qu'aucune partie du corps de la femme n'échappe à la grossesse. Ainsi, les seins, qui se préparent à l'allaitement, doivent être touchés avec douceur par le père quand il les caresse. En grandissant, l'utérus appuie sur les organes internes et oblige la mère à ne pas trop s'éloigner des toilettes au cours des trois derniers mois de la grossesse. Vous trouverez ci-dessous un résumé des principaux changements qui accompagnent la grossesse.

À trois mois

Les trois premiers mois de la grossesse sont extrêmement importants pour le développement d'un bébé. Le corps de la mère reflète peu la croissance phénoménale du fœtus.

Vous à trois mois de grossesse

* Vous commencez à prendre du poids régulièrement. Les nausées matinales vont bientôt disparaître.
* L'utérus remonte par rapport au bassin et peut se sentir au toucher.
* Le risque de fausse couche est proche de zéro.
* Votre rythme cardiaque est et va rester plus élevé que d'habitude jusqu'à la fin de la grossesse.

Votre bébé à trois mois de grossesse Le fœtus est formé mais doit encore se développer.

* Son corps, complètement formé, a déjà ses doigts et ses oreilles.
* Ses yeux bougent derrière ses paupières closes.
* Il est recouvert d'un fin duvet.
* Il réagit quand on le « touche » (ses muscles se développent).

À six mois

Entre le troisième et le sixième mois, les nausées disparaissent, et le bébé grandit énormément et commence à bouger. Vous débordez d'énergie et êtes en pleine forme.

Vous à six mois de grossesse

* Vous prenez environ 500 grammes par semaine.
* Votre utérus est à moins 5 centimètres au-dessus de votre bassin.
* Vous pouvez avoir des indigestions.
* À partir de 20 semaines, vous sentez votre bébé bouger.

À SIX MOIS DE GROSSESSE Vous prendrez du poids régulièrement chaque semaine et vous vous sentirez en meilleure forme et bien plus dynamique.

AU TERME DE LA GROSSESSE Vous n'avez plus longtemps à attendre. Bientôt, vous et votre partenaire rencontrerez votre bébé pour la première fois.

Votre bébé à six mois de grossesse Le bébé est bien développé et continue à grandir.

* Son ouïe est développée et il reconnaît votre voix.
* Ses proportions s'harmonisent (son corps «rattrape» sa tête).
* Il est bien musclé mais encore assez frêle. Il commence à grossir à partir du sixième mois.
* Ses poumons se développent rapidement.

À neuf mois

Au cours des 12 dernières semaines de grossesse, soit le troisième trimestre, le bébé commence à accumuler de la graisse en vue de la naissance. Son corps et ses poumons deviennent plus matures, se préparant à une vie indépendante.

Vous au cours des dernières semaines de la grossesse Vous remarquerez peut-être les signes suivants:

* Vous pouvez ressentir un certain «allègement» quand la tête du bébé descend dans le bassin.
* Il est plus difficile de trouver une position confortable pour dormir.
* Vos seins sécrètent du colostrum, un liquide nutritif translucide qui précède la montée de lait.

Votre bébé au cours des dernières semaines de la grossesse

* Il pèse environ 2,7 à 3,5 kilos, et mesure 35 à 38 centimètres.
* Sa tête est « engagée » (posée juste au-dessus du col de l'utérus).
* Le placenta mesure 20 à 25 centimètres de diamètre, 3 centimètres d'épaisseur, et contient 1,1 litre de liquide amniotique.
* Sa poitrine peut être gonflée sous l'effet de vos hormones.

La grossesse en un clin d'œil

Visualiser ce qui se passe à la fin de chacun des trois trimestres de la grossesse aide à comprendre le développement du bébé. À la fin du premier trimestre, le bébé ressemble à un minuscule être humain, qui grandit rapidement au cours du second trimestre et s'allonge en grossissant au cours du troisième.

DU CÔTÉ DU PÈRE

Bien que vous ne portiez pas l'enfant, suivre le développement de la grossesse vous aidera à vous attacher émotionnellement à lui avant sa naissance.

L'évolution de la grossesse

* Assister aux examens prénatals (voir p. 28) vous permettra de découvrir avec votre partenaire comment votre bébé se développe.
* N'oubliez pas que le bébé est autant le vôtre que celui de votre compagne. Il est difficile de croire qu'une simple cellule issue de votre sperme et d'un de ses ovules (voir p. 20) puisse se développer si rapidement!
* Savoir comment le bébé se développe dans le ventre de votre partenaire vous aidera à l'aider à supporter les inévitables petits inconforts qui accompagnent toute grossesse (voir p. 30).

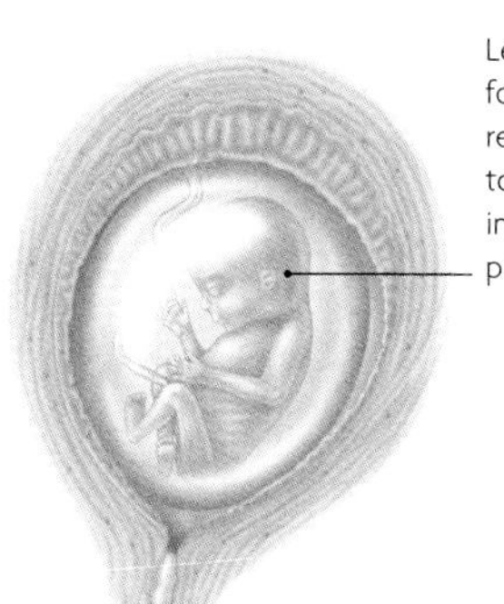

Le fœtus a une forme humaine reconnaissable et tous ses systèmes internes sont en place.

▲ **À TROIS MOIS DE GROSSESSE** L'utérus a environ la taille d'un pamplemousse et commence à se sentir, au-dessus de l'os pubien. Tous les organes du bébé sont formés et virtuellement à l'abri des infections.

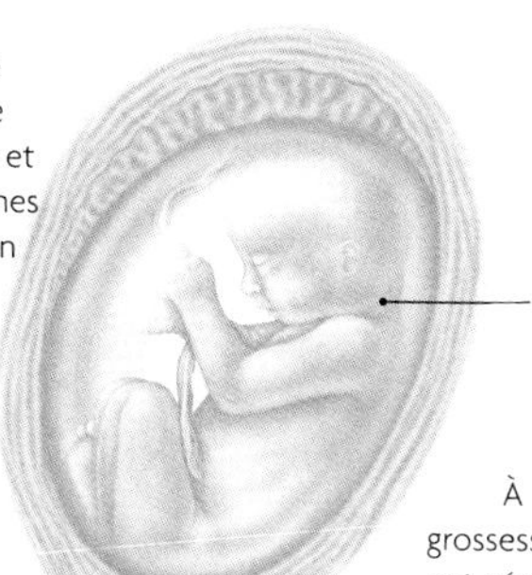

L'ouïe se développe et le bébé réagit au bruit. Sa peau est rouge et fine, sa masse graisseuse, peu développée.

▲ **À SIX MOIS DE GROSSESSE** Les organes sont entièrement formés et le bébé suce son pouce. L'utérus se prépare au travail. Vous pouvez avoir des contractions (voir p. 42).

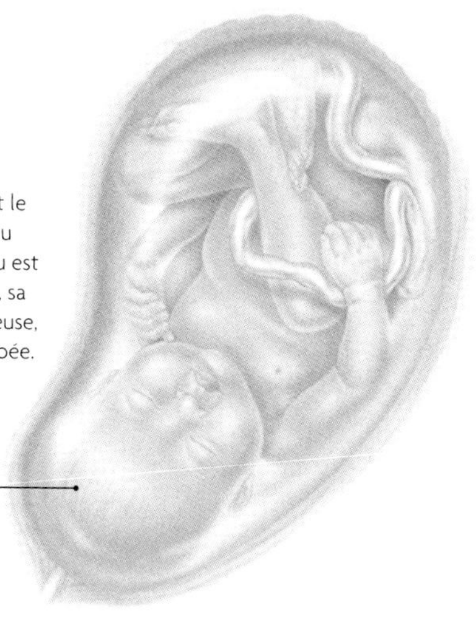

À la fin de la grossesse, le bébé est généralement positionné tête en bas.

▲ **À NEUF MOIS DE GROSSESSE** Vous vous essoufflez vite, car le bébé est désormais assez gros. Ses yeux sont ouverts et il est potelé. Si c'est un garçon, ses testicules sont descendus.

Les grossesses à risques

La plupart des grossesses se déroulent sans incident, mais il arrive aussi que les choses ne se passent pas comme prévu. Un problème inattendu ou un résultat d'examen pessimiste sont inquiétants pour les deux parents, en particulier si tout allait bien jusque-là. Vous étiez convaincus que tout était normal et, soudain, la grossesse est remise en question et vous ne savez que faire. Faire front ensemble et vous renseigner sur les risques possibles vous sera d'une aide précieuse.

Croissance

En tenant compte de la date présumée de la naissance, de la taille des deux parents et des échographies du bébé, le médecin peut estimer que le bébé est « petit pour son âge gestationnel ». Il est inutile de vous alarmer prématurément, mais votre médecin peut alors :

* Vous prescrire des échographies toutes les deux semaines pour surveiller votre bébé et votre placenta.

* Surveiller le rythme cardiaque du bébé.

* Vous suggérer de déclencher l'accouchement ou de pratiquer une césarienne (voir p. 52) pour éviter au bébé la fatigue d'un accouchement.

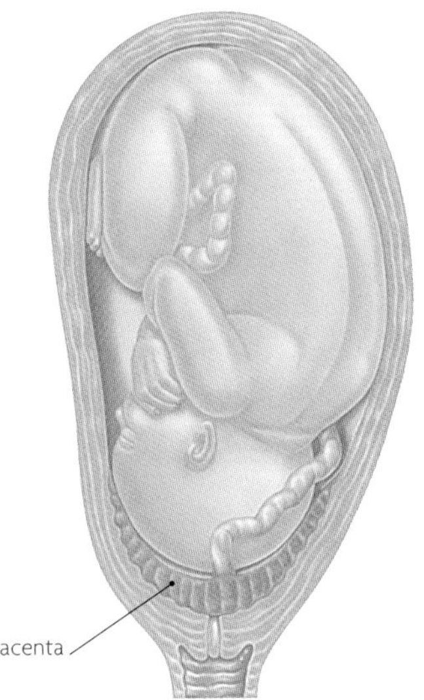

▲ **LE PLACENTA** est situé en bas de l'utérus, et parfois au-dessus du col. La pression exercée par le bébé peut provoquer des saignements.

En cas de pathologie préexistante

Si vous souffrez d'une maladie chronique, vous serez suivie avec une attention particulière. L'asthme, l'épilepsie et les problèmes cardiaques ou rénaux ne rendent pas la grossesse et le travail plus difficiles. Si vous vous soignez, passez tous vos examens prénatals et vous tenez prête à être éventuellement hospitalisée au cours des 10 dernières semaines de la grossesse, vous avez toutes les chances d'accoucher normalement.

Le diabète

La présence de sucre dans les urines n'indique pas nécessairement un diabète. Elle provient le plus souvent du fait que les reins filtrent le sucre différemment lors de la grossesse. Aucun traitement n'est alors nécessaire. Un diabète « latent » peut être contrôlé par l'alimentation mais nécessitera davantage d'examens prénatals. Les diabétiques sous insuline doivent être suivies de près, car leur traitement peut nécessiter un ajustement. Les mères diabétiques ont généralement de gros bébés et se voient parfois proposer de provoquer l'accouchement avant terme ou d'accoucher par césarienne (voir p. 52).

Les saignements vaginaux

Quel que soit le stade de la grossesse, un saignement vaginal doit toujours être pris au sérieux. Un suivi médical attentif peut éviter de sérieux problèmes.

Saignement au cours des trois premiers mois Saigner au début de la grossesse ne signifie pas forcément que vous allez perdre votre bébé. Cela peut indiquer un niveau d'hormones insuffisant pour arrêter vos règles, une érosion cervicale ou encore des polypes (sans incidence sur la grossesse). Si le cœur du bébé bat normalement, il est probable que les saignements ne tarderont pas à s'arrêter et que la grossesse suivra son cours. Reposez-vous et, pendant quelque temps, évitez les relations sexuelles.

Saignements après le premier trimestre Une fois la grossesse avancée, les saignements vaginaux sont rares et peuvent indiquer un problème placentaire comme un placenta « prævia » (situé en bas de l'utérus, parfois

Les grossesses multiples

Les femmes qui attendent plusieurs bébés subissent plus d'examens que les autres. Le nombre de bébés est confirmé par l'échographie et les parents de jumeaux, triplés ou plus sont très bien entourés par le corps médical.

Les inconvénients

Les nausées Les grossesses multiples engendrent souvent des nausées importantes. Mangez peu mais souvent et buvez beaucoup. Les boissons sucrées et les comprimés de glucose vous aideront à avoir de l'énergie.

Une prise de poids importante Vous grossirez plus vite et davantage, car vous portez deux bébés et produisez davantage de liquide amniotique.

Le mal de dos Surveillez votre posture et évitez de soulever des objets lourds. (Votre taux élevé d'hormones relâche vos ligaments pelviens devenus douloureux.)

La fatigue Reposez-vous, mangez de la viande et prenez de l'acide folique et du fer.

Les problèmes digestifs Les maux d'estomac sont souvent plus sévères, car l'estomac est écrasé contre le diaphragme. Prenez des boissons nutritives et des soupes, et multipliez les petits repas.

▶ LA POSITION DES JUMEAUX
Les jumeaux ont généralement la tête en bas tous les deux ou sont placés tête-bêche. Leur position détermine le type d'accouchement dont vous aurez besoin (voir p. 51).

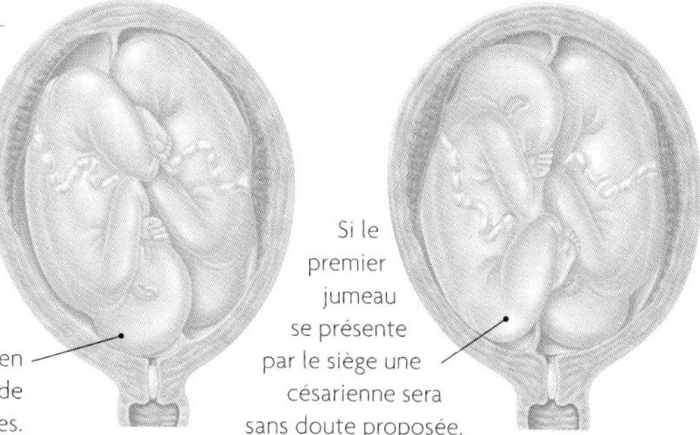

au-dessus du col de l'utérus) ou le début d'un décollement placentaire (placenta qui se sépare de la paroi utérine). Ces deux conditions entraîneront une hospitalisation pour observation et un accouchement par césarienne (voir p. 52).

Pré-éclampsie

La pré-éclampsie est une hypertension potentiellement dangereuse qui touche une femme sur 10. Plus fréquente lors des grossesses primipares ou gémellaires, elle peut apparaître n'importe quand au cours de la seconde moitié de la grossesse, et est sans doute héréditaire. Il n'y a pas de symptôme visible, mais on constate une hypertension et la présence de protéines dans les urines. Le placenta est affecté et le bébé grandit plus lentement qu'il ne devrait. La situation n'est pas réversible, mais l'accouchement met un terme au problème. Le traitement consiste à faire naître l'enfant avant l'apparition de complications. Pour la mère, la naissance inverse généralement les symptômes.

Perte d'un bébé

Nul ne peut imaginer la peine qu'engendre la perte d'un bébé. Faites-vous aider pour faire votre deuil et accepter votre perte.

Les fausses couches précoces

Faire une fausse couche lors des premières semaines de la grossesse est plus fréquent qu'on ne le pense (une première grossesse sur trois). Le problème vient généralement d'un fœtus non viable ou mal implanté. Ce n'est pas forcément douloureux, mais cela peut s'accompagner de crampes qui évoquent des règles. Les deux parents ressentent un sentiment d'abandon et la femme peut devenir très émotive, car son organisme doit gérer d'importants changements hormonaux.

Les fausses couches tardives

Ce type de fausse couche survient entre la 13e et la 24e semaine, et vient généralement de problèmes de placenta ou d'une faiblesse du col de l'utérus, qui s'ouvre sous le poids du bébé. La fausse couche peut également résulter d'une infection. La femme expulse le fœtus, sous anesthésie locale ou générale.

Les bébés mort-nés

Perdre son bébé juste avant ou pendant l'accouchement est très difficile à supporter. De nos jours, les parents peuvent tenir leur enfant décédé, l'habiller, le prendre en photo, lui donner un nom et organiser ses funérailles.

Faire face à votre peine

Ne prenez pas votre peine à la légère. L'épreuve est parfois aggravée par un sentiment de culpabilité ou de remords. Parlez de vos sentiments, ensemble et avec votre médecin. Demandez quelle est la raison du décès, en acceptant que l'on puisse ne pas la connaître exactement. Avant tout, tournez-vous vers l'avenir. La plupart des couples qui ont perdu un bébé ont par la suite des enfants en excellente santé.

Prendre soin de vous

Équilibrer votre alimentation

Il vous faut :

* Des glucides complexes comme les pâtes, les pommes de terre ou les légumineuses, qui donnent de l'énergie.
* Du poisson, de la volaille, des produits laitiers et des céréales complètes, sources de protéines. Ne mangez pas de thon plus d'une fois par semaine et évitez le requin ou le marlin, puisqu'ils contiennent des traces de mercure.
* Peu de matières grasses.
* Des fruits et des légumes crus (vitamine C), des céréales complètes, des noix, des légumes secs, des légumes verts, des produits laitiers, des œufs, des poissons gras et de la viande (vitamine B).
* De la viande rouge, du poisson, des jaunes d'œufs, des abricots et des céréales pour le fer.

Sécurité

Surveillez de près votre hygiène alimentaire :

* La listéria, une bactérie rare présente dans des produits à base de lait non pasteurisé, le foie, les plats précuits et la viande peu cuite peuvent entraîner une fausse couche ou la naissance d'un bébé mort-né.
* La salmonelle, une bactérie infectieuse présente dans les œufs et le poulet, donne de la fièvre, des diarrhées et des maux d'estomac. Il faut bien cuire les aliments.
* La toxoplasmose, dangereuse pour le fœtus, vient d'un parasite présent dans les matières fécales. Mangez la viande bien cuite, lavez-vous les mains après avoir manipulé de la viande crue ou des animaux et portez des gants en jardinant.

La grossesse est un phénomène naturel. Le corps féminin est conçu pour s'y adapter, mais il est important de bien vous alimenter et de rester active pour la vivre le mieux possible.

Poids et alimentation

La grossesse demande beaucoup d'énergie et vous devez manger à la fois pour vous et pour le bébé, qui ne cesse de grandir. Vous pouvez raisonnablement augmenter votre apport nutritionnel de 200 à 300 calories par jour et vous attendre à prendre 9 à 15 kilos (la plupart étant répartis entre le bébé, l'utérus et le liquide amniotique). Ne commencez pas de régime, mais ne mangez pas non plus comme deux ! Arrêtez-vous une fois rassasiée. À partir d'un certain moment, vous ne pourrez plus avaler les mêmes quantités et devrez manger moins mais plus souvent. Ayez toujours des collations saines (fruits secs, galettes de riz, biscottes ou noix) dans votre sac à main, dans votre voiture et sur votre lieu de travail.

Prenez soin de vous

Les hormones de grossesse modifient temporairement l'état des dents, des cheveux, des ongles et de la peau.

Les dents La progestérone attendrit les gencives, qui risquent davantage de saigner. Surveillez vos dents et vos gencives et consultez un dentiste au début de votre grossesse. (Dites-lui que vous êtes enceinte s'il veut vous faire une radiographie car les rayons X peuvent être dangereux pour l'embryon.)

Les cheveux et les ongles Les cheveux droits peuvent onduler et vice versa. Les cheveux poussent et tombent selon des cycles réguliers. La grossesse prolonge souvent la phase de croissance, ce qui rend les cheveux fins épais et brillants, et les cheveux épais, secs et impossibles à coiffer. L'inconvénient est une perte de cheveux après la naissance, même s'ils repoussent par la suite. Les ongles poussent plus vite mais sont plus cassants. Coupez-les courts et enduisez-les régulièrement de crème.

La peau Les œstrogènes donnent à la peau le légendaire teint des femmes enceintes mais rendent les peaux sèches encore plus sèches et les peaux grasses, plus grasses. Des taches brunes (chloasma) peuvent apparaître sur le visage et le cou. Tous les types de peau foncent légèrement, en particulier au niveau des mamelons et le long d'une ligne qui va de l'estomac à l'os pubien. Il est fréquent de voir apparaître sur le visage des petits vaisseaux capillaires dilatés, et sur les seins, les cuisses et l'abdomen, des vergetures, dues à la cassure des fibres de la peau sous l'effet des hormones de grossesse. La plupart de ces marques s'estompent après la naissance.

La fatigue

La fatigue revient périodiquement pendant la grossesse, en particulier au cours des trois premiers mois et des six à huit dernières semaines. Elle est particulièrement intense pendant les premières semaines. À ce moment, le taux élevé de progestérone qui circule dans votre organisme vous donne constamment envie de dormir. Votre métabolisme s'accélère pour répondre aux besoins du bébé et au surcroît de travail imposé à vos organes. En fin de grossesse, la fatigue vient du fait que votre corps travaille 24 heures sur 24, et doit porter un poids supplémentaire qui sollicite votre cœur, vos poumons et vos muscles.

Les solutions

* Ne restez jamais debout si vous pouvez vous asseoir, ne restez jamais assise si vous pouvez vous allonger.
* Si possible, surélevez vos pieds quand vous vous asseyez (en glissant une corbeille à papier ou une boîte sous votre bureau).
* Dormez souvent : posez la tête sur votre bureau lors de votre pause déjeuner, fermez les yeux dans les transports en commun, etc.
* Chez vous, faites des pauses régulières. Certaines personnes aiment s'allonger après le dîner, en fin d'après-midi ou en début de soirée.
* Profitez des fins de semaine pour vous reposer.
* Couchez-vous tôt au moins trois fois par semaine.
* Trouvez des activités qui vous détendent, regardez la télévision ou lisez.
* Allongez-vous et écoutez de la musique (votre bébé l'entend aussi).
* Trouvez des positions qui vous soulagent : par exemple, allongée sur le sol, sur des coussins, genoux pliés à angle droit, pieds posés sur un lit ou une chaise ; ou en position de « premiers secours », allongée sur le côté, la tête et la jambe supérieure soutenues par des oreillers (voir ci-dessous).

La relaxation Vous avez besoin de 30 minutes au moins de repos par jour, aussi mieux vaut connaître des méthodes qui vous permettent de vous détendre rapidement. Fermez les yeux et essayez de chasser toute pensée stressante et souci. Inspirez et expirez doucement et régulièrement en pensant à votre respiration. Ce faisant, ne laissez que des pensées relaxantes traverser votre esprit. Vous apprendrez probablement des techniques de relaxation lors des cours prénatals (voir p. 26) et trouverez nombre d'ouvrages traitant ce sujet.

▼ **POSITION DE RELAXATION** Cette position soulage le dos, permet une meilleure circulation sanguine et augmente l'apport en oxygène du bébé. Glissez des oreillers sous votre tête et entre vos jambes, pour soutenir le genou du dessus.

Mères isolées

Certaines femmes sont seules avec leur bébé, par choix ou, plus souvent, par obligation. Si vous vous trouvez dans cette situation contre votre gré, il est important que vous preniez le temps de « digérer » votre déception, voire votre sentiment d'injustice.

Faites face à vos sentiments

À une époque où les futures mères s'attendent à recevoir soutien et réconfort, et à partager dans la joie la perspective d'être parent, vous expérimentez exactement le contraire. L'idéal est de partager vos sentiments avec des amis ou, encore mieux, avec un professionnel qui vous aidera à isoler chaque problème pour mieux y faire face.

Soyez positive

Évitez les gens qui pourraient avoir une opinion négative vous concernant ou concernant votre situation. Vous ne bénéficiez pas du soutien le plus habituel (celui d'un partenaire) et n'avez nul besoin de négativité, d'où qu'elle vienne.

Prenez soin de vous

Ne négligez pas votre santé. Quand on est seul, il est très tentant de sauter un repas ou de choisir des collations pratiques mais peu diététiques. Ne ratez pas de consultation prénatale. Les professionnels vous aideront à trouver le soutien dont vous avez besoin.

Muscler le plancher pelvien

Le plancher pelvien est constitué de muscles et de tissus fibreux suspendus aux os du bassin.

Les couches de muscles sont plus épaisses au niveau du périnée, où se trouvent les ouvertures de l'urètre, du vagin et de l'anus. Pour sentir votre plancher pelvien, il suffit d'arrêter d'uriner en cours de miction.

Exercices spécifiques

Les muscles du plancher pelvien sont mis à rude épreuve par les hormones de grossesse, qui les détendent. Pour les tonifier, faites les exercices suivants cinq fois par jour. Après la naissance du bébé, ces exercices permettent de limiter les risques de prolapsus.

* Contractez et relâchez rapidement les muscles du plancher pelvien cinq fois de suite.

* Contractez les muscles du plancher pelvien, comptez jusqu'à cinq et relâchez. Répétez cinq fois.

* Pour terminer, répétez cinq fois le premier exercice.

Précautions utiles

Avant tout exercice, étirez-vous pour vous échauffer. Dos droit, respirez régulièrement et fléchissez les pieds. Vos ligaments étant détendus par les hormones, vous devez éviter les mouvements brusques. Arrêtez-vous si vous êtes essoufflée, si vous avez la tête qui tourne, ou ressentez des bouffées de chaleur ou la moindre douleur. Buvez beaucoup pour éviter de vous déshydrater et terminez par de petits étirements.

L'exercice physique

Bouger est aussi bénéfique à la mère qu'au bébé. Le sang de la première circule mieux et le cerveau du second reçoit davantage d'oxygène. Les endorphines, hormones libérées par l'exercice physique, donnent à tous deux un merveilleux sentiment de bien-être, et le bébé adore les balancements. En améliorant votre force, votre souplesse et votre résistance, l'activité physique facilite votre grossesse et vous prépare au travail. Elle vous aide à comprendre votre corps et à vous détendre, ce qui vous permettra de mieux supporter la fatigue et de mieux vous préparer à l'accouchement.

Les exercices les plus recommandés

Essayez de faire chaque jour un peu d'exercice, à votre rythme, en commençant doucement. Arrêtez-vous en cas d'essoufflement ou de douleur. Les sports complets comme la marche ou la natation renforcent le cœur et les poumons. La danse convient à condition de ne pas être trop énergique. Le yoga est idéal, car il étire les muscles et les articulations, soulage les tensions et aide à supporter la douleur de l'accouchement.

Les sports à éviter

Évitez les sports de contact énergiques. Vous pouvez continuer vos activités sportives pendant un certain temps si vous êtes en forme et pratiquez souvent. Cessez le ski, le vélo ou l'équitation après la 20e semaine, car vous risquez d'avoir des problèmes d'équilibre. Ralentissez votre entraînement si vous pratiquez des sports énergiques comme le tennis ou le squash, et évitez les poids et haltères et les exercices abdominaux.

Comment vous préparer au travail

Adopter dès à présent certains exercices et certaines postures vous aidera lors de l'accouchement. Vous apprendrez différentes techniques en assistant aux cours prénatals (voir p. 26). Il est utile que votre partenaire les maîtrise aussi pour pouvoir vous aider à les pratiquer chez vous. Accordez une attention particulière à votre posture pendant la grossesse afin de protéger votre dos. Les hormones de grossesse amollissent vos ligaments en vue de la naissance, ce qui les rend malheureusement plus susceptibles de foulures pendant cette période. Votre dos est le plus vulnérable.

S'asseoir en tailleur Asseyez-vous dos droit (appuyée contre un mur si vous souhaitez), en collant le dessous de vos pieds l'un sur l'autre pour ouvrir l'articulation de vos hanches.

S'accroupir Accroupissez-vous en descendant le plus bas possible, en appuyant votre dos contre un mur ou un divan, ou en prenant appui sur les genoux de votre partenaire, assis sur une chaise. Cet exercice étire et détend le canal vaginal. Certaines femmes adoptent naturellement une position accroupie pour accoucher, car celle-ci aide à pousser (voir p. 46).

Se mettre à quatre pattes Cette position est très efficace contre le mal de dos, en particulier si vous faites en même temps des exercices pour muscler le plancher pelvien (voir ci-contre). Posez la tête et les bras sur une pile de coussins, et demandez à votre partenaire de vous masser le dos.

Beaucoup de femmes adoptent cette position pour soulager leurs lombaires lors du travail, et certaines la choisissent pour accoucher (voir p. 46).

Attention à votre dos

Les hormones de grossesse détendent progressivement les ligaments, ce qui les rend plus douloureux et augmente le risque de souffrir du dos.

Attention à votre posture

Avoir une bonne posture devient de plus en plus important à mesure de l'avancée de la grossesse. Si vous n'y veillez pas, vous aurez tendance à vous pencher en arrière pour équilibrer le poids de votre ventre et vous aurez le dos arqué et les épaules tombantes. Gardez le dos droit, rentrez les fesses, avancez le bassin et tenez les épaules souples (pour éviter les tensions de la nuque).

Éviter de porter des charges lourdes

Évitez de porter un sac lourd pendant longtemps. Vous pourriez vous faire mal aux épaules et à la nuque. Pour soulever un objet posé au sol, pliez les genoux et soulevez-le en le tenant contre votre poitrine, en gardant le dos droit. Ne vous penchez pas et ne faites jamais pivoter votre taille. Vous pourriez vous faire mal dans le bas du dos. Pour vous relever quand vous êtes allongée, redressez-vous en poussant sur vos mains puis mettez-vous à genoux (si vous êtes au sol) ou balancez les jambes au-dessus du bord du lit.

Se lever sans effort

1 **TOURNEZ-VOUS SUR LE CÔTÉ** pour vous relever d'une position couchée, par exemple, après un exercice. Gardez votre dos bien droit et poussez-vous vers le haut en position assise avec vos mains.

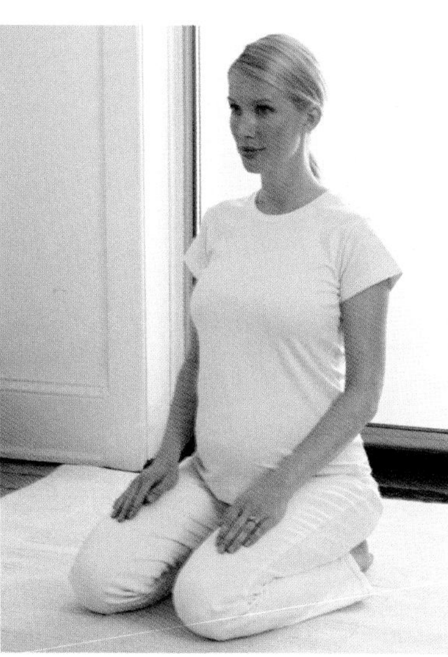

2 **AGENOUILLEZ-VOUS** avant de vous relever (ou balancez vos jambes au-dessus du bord du lit). Tout en gardant votre dos bien droit, soulevez-vous en utilisant les muscles de vos cuisses.

DU CÔTÉ DU PÈRE

Veiller au bien-être de votre partenaire pendant la grossesse fera du bien à votre bébé, améliorera votre relation de couple à long terme et s'avérera essentiel pour la santé physique et émotionnelle de votre partenaire. Évitez toutefois de la traiter comme si elle était malade.

Ce que vous pouvez faire

* Du quatrième au septième mois de la grossesse, votre partenaire aura des cheveux et une peau splendides. La complimenter augmentera sa confiance en elle. Vers la fin de la grossesse, elle commencera peut-être à en avoir assez et à se sentir mal à l'aise et peu séduisante. Encouragez-la alors à sortir et à se faire plaisir.

* Encouragez votre partenaire à manger et à boire correctement. Faites les courses et la cuisine si vous ne le faisiez pas auparavant.

Vous pouvez tous deux suivre les conseils alimentaires fournis en page 36.

* Aidez votre partenaire à se reposer : la fin de semaine, apportez-lui le petit déjeuner au lit et veillez à ce qu'aucun visiteur ne la dérange aux heures où elle aime se reposer, que ce soit juste après le dîner ou en début de soirée. Mettez la télévision dans la chambre pour qu'elle puisse la regarder depuis son lit.

* Portez les objets lourds pour éviter que votre compagne ne se fasse mal (ses muscles sont détendus par les hormones de grossesse). Quand elle soulève un objet, vérifiez qu'elle plie les genoux et non la taille. Portez les paquets et autres objets lourds.

Votre nouveau bébé et votre nouvelle vie

La naissance d'un premier enfant est toujours inoubliable. Les parents s'en souviennent en détail des années plus tard. Chaque naissance est unique, mais celle d'un premier enfant est rendue exceptionnelle par sa « nouveauté ». Il est impossible de prévoir exactement ce que vous éprouverez, sur les plans physique ou émotionnel, mais vous pouvez vous préparer à la plupart des éventualités. Savoir comment se déroule le travail, comment vous pouvez soulager la douleur et ce qui se passera en cas d'imprévu vous aidera à aborder l'accouchement de manière positive.

La façon dont vous allez vivre votre accouchement et les premiers instants passés avec votre bébé sont primordiaux, car c'est alors que se créent les liens d'interdépendance et d'amour qui feront de vous une famille. Rassurez-vous si vous ne ressentez pas immédiatement ce changement. Les liens se renforceront lors des premiers jours qui suivront la naissance, à mesure que vous vous remettrez et que vous gagnerez en assurance.

Compte à rebours

DU CÔTÉ DE LA MÈRE

Le travail peut commencer n'importe quand à partir de 36 semaines de grossesse. Gardez à portée de main les numéros de téléphone de votre partenaire et de l'hôpital, et préparez votre valise ou ce dont vous aurez besoin pour accoucher à domicile.

Voici ce dont vous aurez besoin à la maternité:

* Votre carte d'assurance maladie (valide) et votre carte d'hôpital.
* Un grand T-shirt ou une chemise de nuit courte et ample et des bas, pour le travail.
* Une bouillotte en cas de mal de dos, une bouteille d'eau et une éponge naturelle, un vaporisateur d'eau pour vous rafraîchir, et un miroir pour voir apparaître la tête du bébé.
* Deux chemises de nuit ou pyjamas s'ouvrant devant, une robe de chambre et des pantoufles.
* Des serviettes hygiéniques très absorbantes et des petites culottes en coton ou jetables.
* Des soutiens-gorge d'allaitement et des coussinets jetables.
* Des serviettes de bain et des gants de toilette.
* Pour votre bébé: des vêtements (voir p. 96), des couches, des produits de toilette (voir p. 86 à 88) et peut-être une couverture ou un châle.

À l'approche de la date fatidique, la plupart des femmes trouvent le temps long et se sentent inconfortablement grosses. Le futur père, quant à lui, guette le coup de téléphone tant attendu.

La fin de la grossesse

La grossesse dure normalement 40 semaines mais un bébé peut venir au monde n'importe quand entre la 38e et la 42e semaine. Ne vous inquiétez pas si votre bébé n'est pas né à la date prévue. La plupart des médecins évitent de provoquer l'accouchement si la mère est en bonne santé et ne présente pas de problème particulier, comme une tension élevée. Restez active et organisez quelques sorties. Cela vaudra mieux pour vous deux que de rester chez vous à vous morfondre.

Préparez votre valise pour l'hôpital

Préparez ce que vous emporterez à l'hôpital trois ou quatre semaines avant la date prévue, pour être prête à tout moment. Une visite à la maternité vous aidera à décider quels objets plus volumineux prendre (des coussins ou des oreillers supplémentaires, par exemple).

L'approche du travail

Pendant les quelques jours qui précèdent le travail, certains signes vous démontreront que vous n'avez plus longtemps à attendre.

Sensations de type prémenstruel Certaines femmes se sentent comme au moment où elles vont avoir leurs règles avec, par exemple, un mal de dos persistant.

Contractions de Braxton Hicks Certaines femmes sentent les muscles de leur utérus se resserrer par moment. Ces contractions indolores peuvent commencer vers six mois de grossesse, et réapparaître par intermittence au cours des dernières semaines.

Légères diarrhées Les intestins se relâchent à cause de l'augmentation de l'activité utérine.

Sentiment de légèreté Certaines femmes ressentent une sensation d'allègement sous les côtes quand la tête du bébé descend dans le bassin. Cela peut se produire une semaine ou deux avant la naissance pour un premier bébé, ou n'apparaître qu'au moment du travail.

Regain d'énergie De nombreuses femmes ressentent un regain d'énergie même si elles étaient très fatiguées depuis plusieurs semaines. Peut-être aurez-vous envie de courir partout pour vérifier que tout est prêt pour accueillir le nourrisson.

Irritabilité Certaines femmes sont de mauvaise humeur, s'impatientent et ont le sentiment qu'il est temps que la grossesse s'achève!

Les différentes étapes du travail

Le travail se déroule en trois étapes distinctes : la dilatation de l'utérus, l'expulsion du bébé, et celle du placenta.

La première étape du travail Les contractions apparaissent puis s'enchaînent en gagnant en intensité et en longueur. Cette étape peut durer jusqu'à 12 heures, voire plus pour un premier bébé. La première étape du travail est elle-même constituée de trois phases : la phase latente, la plus longue, dure environ huit heures. Le col de l'utérus s'efface et commence à se dilater. Vient ensuite une phase active pendant laquelle le col continue à s'ouvrir. Enfin, se produit une phase de transition, au cours de laquelle le col se dilate complètement, juste avant qu'il soit nécessaire de pousser. La phase active est la plus douloureuse et vous ressentirez sans doute vers la fin un regain d'énergie qui vous aidera à passer à l'étape suivante.

La deuxième étape Le bébé quitte l'utérus et il est poussé vers l'extérieur par le vagin. Cette étape prend de quelques minutes à deux heures pour un premier bébé et peut s'avérer épuisante.

La troisième étape Le placenta est expulsé, presque sans douleur, bien que vous puissiez ressentir des crampes, comme lors de règles douloureuses. L'expulsion se produit dans la demi-heure qui suit la naissance, ou plus tôt si on vous injecte de l'ocytocine (voir p. 48).

Les différents moyens de soulager la douleur

Quelques semaines à l'avance, parlez à la personne qui vous suit des différents moyens de soulager la douleur, et indiquez vos préférences sur votre plan de naissance (voir p. 27). Beaucoup de femmes aiment l'idée d'accoucher sans médicament, mais vous ne pouvez pas savoir comment vous réagirez une fois le travail commencé.

L'analgésie par inhalation (MEOPA)

Le MEOPA est un mélange équimoléculaire d'oxygène protoxyde d'azote administré à l'aide d'un masque, ou par la bouche avec un embout, au début de chaque contraction (il met environ 20 secondes à agir). Il n'affecte pas le bébé.

La péthidine

La péthidine est un analgésique assez fort qui peut avoir pour effet secondaire de vous rendre malade ou de vous donner le vertige. Elle est injectée à la fin du travail, car elle peut affecter la respiration du bébé et le rendre somnolent.

L'anesthésie épidurale

Cet anesthésique est injecté dans le canal rachidien pour engourdir le corps, du haut de l'abdomen aux orteils, alors que vous restez éveillée et alerte. On insère une aiguille creuse dans le canal rachidien qu'on traverse à l'aide d'un cathéter (tube). Lorsque le tube est en place, on retire l'aiguille pour coller le tube à votre dos au moyen de ruban gommé afin de pouvoir y verser l'anesthésique. Si vous souhaitez bénéficier d'une épidurale, mieux vaut en informer à l'avance la maternité.

« TENS »

La neurostimulation électrique transcutanée (TENS) se fait en fixant dans votre dos des électrodes reliées à un stimulateur. Vous vous administrez de petites décharges sans danger pour stimuler la production de substances analgésiques naturelles, les endorphines.

Les baignoires de naissance

Accoucher dans l'eau aide à soulager la douleur. Le fait de flotter réduit la pression sur l'abdomen (ce qui rend les contractions plus efficaces) et donne une grande liberté de mouvement. Si vous souhaitez donner naissance dans l'eau, inscrivez-vous le plus rapidement possible dans un hôpital ou une maison de naissance équipée pour cela, car les places sont limitées.

Accouchement rapide - le rôle du père

Il arrive que le travail se déroule si vite que la femme ne peut pas attendre d'être à l'hôpital pour pousser. La seconde étape du travail peut prendre deux heures, mais certains bébés naissent après deux ou trois poussées seulement. Si cela se produit, ne paniquez pas. Les bébés qui naissent rapidement sont presque toujours solides et vigoureux, et la plupart des accouchements rapides se passent très bien.

Ce que vous devez faire

* Ne laissez pas votre compagne seule plus d'une minute et aidez-la à prendre la position qui lui semble la plus confortable.

* Téléphonez au médecin ou à la sage-femme. Si vous avez du mal à les joindre, appelez un service d'urgence et demandez qu'on vous envoie une ambulance le plus vite possible.

* Lavez-vous soigneusement les mains et préparez des serviettes propres. Pliez-en une et mettez-la de côté pour le bébé. Si vous en avez le temps, recouvrez les meubles et le plancher de vieux draps ou de plastique.

* Quand vous voyez apparaître la tête du bébé, demandez à votre partenaire d'arrêter de pousser et de se mettre à haleter pour donner plus de chances au vagin de se dilater complètement sans se déchirer.

* Une fois la tête sortie, vérifiez que le cordon n'est pas enroulé autour du cou. Si c'est le cas, glissez un doigt sous le cordon et faites-le passer par-dessus la tête.

* Tenez fermement le bébé pendant qu'il sort (il sera glissant) et donnez-le à sa mère. Enveloppez-le immédiatement dans une serviette pour qu'il ne prenne pas froid.

* Ne touchez pas au cordon ombilical. Si le placenta est expulsé avant l'arrivée des secours, mettez-le dans un récipient en plastique pour qu'un spécialiste en vérifie l'intégralité.

Le déroulement du travail

Début du travail

Pertes vaginales

Des pertes rose brunâtre indiquent que le bouchon muqueux qui obstrue le col de l'utérus pendant la grossesse s'est rompu.

La perte des eaux

La poche des eaux peut se rompe avant le début du travail. Le liquide amniotique coule alors du vagin.

Le processus est indolore. Si vous perdez les eaux, mettez une serviette hygiénique. Il est préférable que le travail commence dans les 24 heures pour éviter au bébé tout risque d'infection.

Le début des contractions

En se contractant, l'utérus ouvre progressivement son col. Les premières contractions ressemblent à des crampes situées en bas du ventre ou du dos et durent quelques secondes. Si elles deviennent régulières et se produisent toutes les 10 à 15 minutes, le travail a commencé.

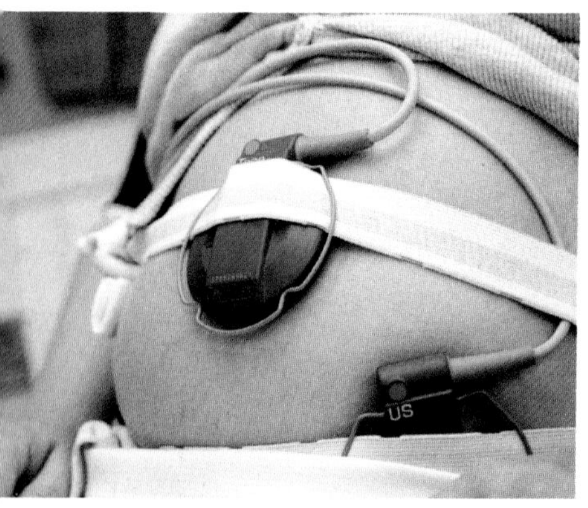

▲ **LE MONITORING FŒTAL ÉLECTRONIQUE**
Dès l'arrivée à l'hôpital, le rythme cardiaque du bébé est contrôlé à l'aide d'un appareil équipé d'électrodes que l'on place sur votre ventre.

Lors d'une première naissance, il est tout à fait naturel que la mère soit excitée et inquiète au début du travail. La meilleure des préparations n'enlève rien à la nouveauté de l'expérience.

Restez active

En vous apercevant que le travail a commencé, vous serez peut-être tentée d'appeler immédiatement l'hôpital. Mieux vaut pourtant attendre, car il est important de rester active au début du travail. Marcher aide à accélérer le processus et rester debout permet souvent de mieux supporter les contractions. Si votre partenaire n'est pas avec vous, téléphonez-lui pour qu'il vous rejoigne le plus vite possible. Ensuite, vaquez normalement à vos occupations le plus longtemps possible. Lorsqu'une contraction survient, arrêtez-vous et respirez calmement en attendant qu'elle passe. Vous pouvez prendre une douche ou un bain pour vous détendre, mais mieux vaut éviter les bains si vous avez perdu les eaux (voir ci-contre à gauche). Si besoin, mangez et buvez en petites quantités. Optez pour des collations énergétiques et des boissons chaudes pour recharger vos batteries.

Quand partir à l'hôpital

Il n'y a habituellement aucune raison de se presser pour se rendre à l'hôpital. Le premier stade dure habituellement huit heures au moins dans le cas d'un premier bébé et vous serez plus à l'aise à la maison. Si vous pensez que le travail a commencé, téléphonez à l'hôpital, mais à moins qu'il ne soit particulièrement éloigné, restez chez vous jusqu'à ce que les contractions soient espacées de cinq à dix minutes et durent environ une minute. Si votre conjoint ne peut pas vous rejoindre à temps, n'essayez pas de conduire, appelez une ambulance ou un taxi.

Une fois à l'hôpital

La naissance n'est désormais plus considérée comme une maladie et certaines salles de travail et de naissance sont très accueillantes. À votre arrivée, vous serez prise en charge par une infirmière qui contrôlera à plusieurs reprises la dilatation du col de l'utérus et le rythme cardiaque du bébé. En fonction des établissements, vous pourrez déambuler entre ces examens, sauf si votre situation impose un suivi continu, qui vous obligera à rester allongée.

Comment mieux supporter les contractions

Il existe différentes façons de soulager la douleur. Parlez-en avec l'infirmière, en lui précisant si vous souhaitez recevoir un analgésique (voir p. 43). Elle essayera de respecter vos choix et vous aidera à mieux supporter les contractions.

Quelle position adopter

Se tenir droite accélère le travail, car la gravité aide le bébé à descendre. Vous tenir debout ou accroupie en vous appuyant sur votre partenaire vous permettra de contrôler la douleur tout en bénéficiant de sa chaleur et de son soutien aimant.

Comment se passer d'analgésique

* Détendez-vous le plus possible, en particulier entre les contractions. Concentrez-vous sur votre souffle quand vous expirez et relâchez les épaules. Vous apprendrez les techniques de respiration et de relaxation lors de vos cours prénatals, mais assurez-vous de les pratiquer avant le grand jour.
* Marchez entre les contractions, puis adoptez la position de votre choix: accroupie ou debout en vous appuyant sur votre compagnon, à quatre pattes, à genoux en prenant appui sur un oreiller posé sur une chaise, etc.
* Comptez à l'envers en partant de 100 pour détourner votre attention de la douleur. Gardez les yeux ouverts pour « faire sortir » la douleur.
* Concentrez-vous sur un objet présent dans la pièce.
* Si vous avez la bouche sèche, avalez une gorgée d'eau en pressant une éponge imbibée d'eau. Si nécessaire, demandez à votre partenaire de vous masser le dos pendant les contractions.
* N'hésitez pas à dire (ou à hurler) ce que vous voulez.

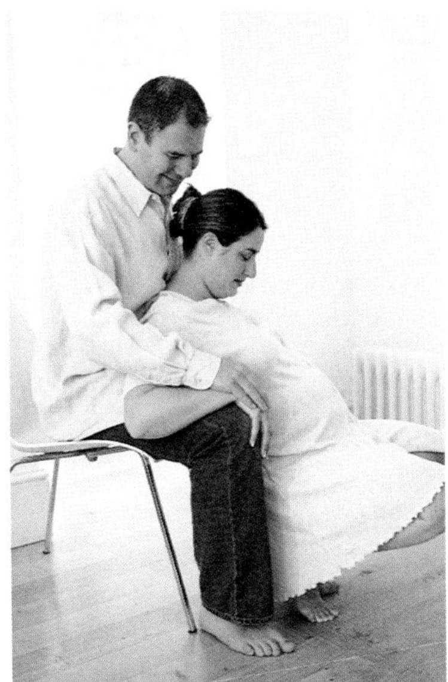

▲ **POSITION ACCROUPIE SOUTENUE**
Accroupissez-vous entre les genoux de votre partenaire assis sur une chaise, en faisant porter votre poids sur ses jambes.

▲ **POSITION DEBOUT SOUTENUE**
Tenez-vous debout, genoux fléchis, en laissant si nécessaire votre compagnon supporter votre poids.

DU CÔTÉ DU PÈRE

Votre simple présence est un énorme réconfort pour votre compagne. Suivez votre instinct sans oublier de lui demander ce dont elle a besoin.

Ce que vous pouvez faire

* Vous montrer aimant, proche, calme, doux et rassurant.

* Être là quand votre conjointe a besoin de votre présence, mais lui laisser de l'espace si c'est ce qu'elle désire.

* Être positif et ne rien critiquer. Votre partenaire a besoin de soutien, d'encouragement et de compréhension.

* Offrir votre aide (une bouillotte si elle a mal au dos, un vaporisateur d'eau si elle a chaud, de l'eau si elle a la bouche sèche, etc.).

* Respecter le choix de votre compagne de ne pas prendre d'analgésique, mais ne pas la contredire si elle change d'avis.

* Parler à l'infirmière ou au médecin si vous ne comprenez pas ce qui se passe ou si vous êtes inquiet. Ils sont là pour vous aider tous les deux et n'oubliez pas que ce sont des professionnels qui ont à cœur la santé de la mère et du bébé. En même temps, ne portez pas toute votre attention sur l'équipe et les appareils médicaux.

* Si votre conjointe se met en colère ou semble excédée, ne lui en tenez pas rigueur. C'est sa façon de faire face à une situation extrêmement stressante. Cela risque surtout de se produire lors de la phase de transition de la deuxième étape du travail (voir p. 43). Restez positif, la seconde étape n'est pas loin.

La naissance de votre enfant

Assistance lors de l'accouchement

Pour un accouchement normal par voie naturelle, vous serez assistée par une infirmière et votre médecin, mais vous pouvez aussi être aidée par :

* Votre sage-femme accréditée, si vous avez choisi cet accompagnement.
* L'obstétricien de service.
* Un gynécologue.
* Un pédiatre en cas de risque pour le bébé.

Le travail est désormais bien entamé, mais vous devez encore franchir une étape, plus courte mais parfois plus difficile : pousser le bébé hors de votre ventre pour pouvoir, enfin, le rencontrer.

La seconde étape du travail

Les contractions poussent désormais le bébé dans le canal vaginal et vous devez rester aussi droite que possible pour que la gravité l'aide à descendre. Prenez la position qui vous semble la plus confortable (assise sur un lit, accroupie entre les genoux de votre partenaire, appuyée sur une chaise, à quatre pattes ou encore sur un siège de naissance). Votre compagnon et le personnel hospitalier s'adapteront à votre choix. Entre les contractions, pratiquez les techniques de respiration que vous avez apprises et relâchez les muscles du plancher pelvien, du rectum et de l'anus.

L'apparition de la tête de votre bébé

Le médecin ou le gynécologue vous dira à quel moment la tête de votre bébé apparaît dans l'ouverture du vagin. Écoutez-le attentivement, il vous dira quand pousser, et quand arrêter. En prenant votre temps et en laissant votre vagin se détendre lentement, vous pouvez éviter une déchirure. Voir la tête du bébé à l'aide d'un miroir est encourageant, car vous savez désormais que la naissance est imminente.

L'épisiotomie

L'épisiotomie est une incision chirurgicale du périnée pratiquée pour aider la tête du bébé à sortir. Vous n'en aurez pas forcément besoin, mais si l'infirmière ou le médecin estime que l'intervention est nécessaire, ils vous demanderont la permission de la pratiquer au moment où la tête du bébé apparaît (voir ci-dessus). L'épisiotomie est plus fréquente lors d'un premier accouchement, car le périnée est moins souple et risque davantage de se déchirer. On la pratique également si le bébé est très gros, en cas d'accouchement par le siège ou s'il est nécessaire d'employer des forceps ou une ventouse (voir p. 51). Si vous n'avez pas eu d'épidurale, les muscles de votre plancher pelvien seront anesthésiés localement. Les tissus vaginaux et les muscles

◀ **LE MOMENT DE LA NAISSANCE** Tenir votre bébé dans vos bras pour la première fois, immédiatement après qu'il est né, est une expérience inoubliable. Ce moment est si plein d'émotions que vous pleurerez probablement de joie et de soulagement.

Préparatifs essentiels pour accoucher à domicile

La sage-femme, la femme et/ou le couple sont responsables de la préparation adéquate pour un accouchement à domicile. Selon l'Ordre des sages-femmes du Québec, la sage-femme doit, entre autres, veiller à :

* Déterminer l'admissibilité de la femme au suivi par une sage-femme.

* Discuter avec la femme des informations adéquates incluant les résultats des recherches récentes sur les avantages, les inconvénients et la sécurité d'un accouchement planifié à domicile.

* S'assurer que les procédures de transport ambulancier et de transferts sont organisées localement et disponibles si besoin.

* Visiter le domicile, avant la 36e semaine de grossesse, notamment pour y planifier son organisation.

* Faire signer à la femme un consentement éclairé avant la 36e semaine de grossesse.

* S'assurer de la disponibilité de l'équipement, du matériel et des médicaments nécessaires pour un accouchement planifié à domicile.

* Garder en sa possession une copie du dossier régulièrement tenu à jour.

* S'assurer d'un moyen de communication en cas de situation nécessitant une consultation médicale ou un transfert urgent.

Pour en savoir davantage, consultez l'information complète disponible sur le site de l'Ordre des sages-femmes du Québec : osfq.org.

sous-jacents sont coupés au pic d'une contraction. L'incision est recousue après l'expulsion du placenta (voir p. 48).

L'expulsion de votre bébé

La tête du bébé est la partie la plus large de son corps, et elle sort lentement. Le médecin vérifie que le cordon n'entoure pas le cou du bébé et enlève le fluide qui couvre sa bouche et sa gorge. Il vous demande de haleter sans pousser, puis, lors de la contraction suivante, il tournera lentement votre bébé pour que ses épaules sortent l'une après l'autre et qu'il glisse vers l'extérieur. Les contractions cesseront immédiatement et vous éprouverez un merveilleux sentiment de délivrance. Tous les bébés ne crient pas immédiatement.

La première rencontre

Le moment que vous attendez depuis neuf mois est enfin arrivé. Tenir votre bébé pour la première fois justifie tout ce que vous avez enduré au cours de la grossesse. L'infirmière va probablement poser le nouveau-né sur votre ventre ou dans vos bras, pendant qu'elle clampe et coupe le cordon ombilical. Laissez votre bébé sentir votre peau, tenez-le près de votre visage et laissez-le vous regarder. Partagez ce moment avec votre partenaire et savourez l'instant. Cette rencontre va changer vos vies à tout jamais. C'est le moment où vous devenez parents.

DU CÔTÉ DU PÈRE

Soutenir votre compagne lors de l'accouchement et voir naître votre bébé sont des expériences bouleversantes. La seconde étape du travail demande beaucoup d'efforts à la mère, mais vous pouvez l'aider de différentes façons.

Ce que vous pouvez faire

* Aidez votre partenaire à prendre la position qui lui est la plus confortable.

* Parlez-lui et encouragez-la en permanence. Restez en contact physique pour qu'elle sache que vous êtes là.

* Si vous voyez apparaître la tête de votre bébé, décrivez-la ou montrez-la à sa mère avec un miroir pour lui donner du courage (sans gêner le personnel, qui doit suivre les progrès du bébé seconde par seconde et surveiller la sortie de la tête).

* Si le médecin est d'accord, clampez et coupez vous-même le cordon ombilical. C'est le moment où votre bébé devient « autonome ».

* Si vous avez envie de pleurer, laissez-vous aller. C'est l'un des moments les plus émouvants de votre vie.

* Une fois que votre bébé est né, partagez avec votre conjointe les premières minutes de sa vie.

* Photographiez ou filmez votre compagne et votre bébé, mais ne limitez pas votre participation à cela. Partager cet instant est plus important que tout.

Après la naissance

Créer des liens

À la naissance, la plupart des animaux cherchent d'instinct à créer des liens. Les bébés humains n'échappent pas à cette loi de la nature.

Ce qui se passe à la naissance
Votre bébé reconnaît votre voix et perçoit votre visage s'il se trouve entre 20 et 25 centimètres du sien. Dans les minutes qui suivent la naissance, vous serez hypersensible à votre nourrisson et pourrez presque instantanément créer des liens indéfectibles si vous restez seuls sans interférence (demandez à avoir cet instant d'intimité si on ne vous le propose pas). Ne vous inquiétez pas si l'attirance n'est pas immédiate. Vous êtes sans doute tous deux épuisés. L'amour devra alors attendre.

▲ **APPRENDRE À CONNAÎTRE VOTRE BÉBÉ**
Votre relation avec votre bébé commence à la seconde où il vient au monde. Tandis que vous apprendrez à vous en occuper, votre amour pour lui grandira et deviendra plus profond.

La première heure qui suit la naissance de votre bébé sera précieuse pour vous trois. Les procédures médicales et administratives ne vous empêcheront pas de profiter de votre bébé. Vous et votre famille pourriez souhaiter qu'on vous laisse en paix pour câliner votre bébé et apprendre à vous connaître mutuellement.

Votre bébé après la naissance

Juste après la naissance, l'infirmière évalue la santé du bébé grâce au test d'Apgar (voir ci-contre). Si votre bébé respire sans difficulté, il restera sans doute dans vos bras pendant les premières minutes qui suivent sa naissance. S'il a besoin d'aide pour respirer, il recevra de l'oxygène à l'aide d'un masque, sur une table chauffante placée dans la salle d'accouchement. La plupart des bébés deviennent roses assez vite et retrouvent rapidement les bras de leurs parents, mais il arrive aussi, plus rarement, que le bébé ait besoin d'être transféré pendant quelque temps dans un service de soins néonatals (voir p. 62). Au cours des deux premières heures, le bébé est pesé, mesuré et soigneusement ausculté par le personnel médical.

L'expulsion du placenta

Le placenta est généralement expulsé avec l'aide d'un médicament appelé ocytocine, injecté au moment de la naissance. Après avoir coupé le cordon, le médecin appuiera délicatement sur votre ventre en tirant doucement sur le cordon pour extraire le placenta. Une fois le placenta sorti, il vérifiera qu'il est entier. Si vous préférez une expulsion naturelle, sans ocytocine, sachez que cela prendra un peu plus de temps et qu'il peut y avoir des saignements.

Comment vous sentirez-vous ?

Juste après la naissance, la température de votre corps va chuter de quelques degrés, et vous allez peut-être vous mettre à trembler assez violemment jusqu'à ce que votre corps se réchauffe. Vous aurez besoin d'être enveloppée dans une couverture et peut-être de mettre des bas. Si le travail vous a donné faim, demandez une petite collation facile à digérer (par exemple du thé et du pain). Buvez beaucoup, si vous en avez envie.

Si vous avez besoin de points de suture

Après la naissance, le médecin examine le périnée et décide s'il est nécessaire de le recoudre. Des recherches montrent que les petites déchirures guérissent mieux si on n'y touche pas. Toutefois, en cas d'épisiotomie (voir p. 46), vous devrez être recousue. Le médecin fera les points sous anesthésie locale. Si vous le souhaitez, vous pourrez continuer

Le test d'Apgar

Le test d'Apgar, nommé d'après le docteur Virginia Apgar, qui l'a mis au point, sert à évaluer la santé des nouveau-nés. Une minute, puis cinq minutes après la naissance, l'infirmière ou le médecin contrôle le rythme cardiaque, la respiration, la tonicité musculaire, les réflexes et la couleur de la peau du bébé. Chaque paramètre reçoit une note allant de 0 à 2 pour un total de 10. Un score de 7 ou plus est normal. Un premier score faible suivi d'un second score normal n'est pas inquiétant et peut se produire quand la seconde étape du travail a été longue, ou que le bébé subit les effets secondaires d'une injection de péthidine (voir p. 43).

* Rythme cardiaque supérieur à 100 = 2 ; inférieur à 100 = 1 ; inexistant = 0.

* Respiration régulière ou pleurs = 2 ; respiration lente ou irrégulière = 1 ; absence de respiration = 0.

* Bébé actif (bon tonus musculaire) = 2 ; seuls les mains et les pieds bougent = 1 ; bébé amorphe = 0.

* Bons réflexes = 2 ; réflexes faibles = 1 ; absence de réflexe = 0.

* Bébé rose = 2 ; corps rose mais extrémités bleues = 1 ; peau bleue ou pâle = 0. La couleur de la peau indique la manière dont les poumons fonctionnent.

à câliner votre bébé pendant l'opération, mais c'est également un moment privilégié pour le confier à son père, qui aura alors l'occasion de créer lui aussi un lien avec son enfant.

Le premier repas

Mettre le bébé au sein dans la première heure qui suit la naissance augmente les chances de pouvoir l'allaiter. De nombreuses femmes se sentent capables d'allaiter leur bébé juste après la naissance, mais les nouveau-nés n'ont pas tous envie de téter. Demandez à l'infirmière de vous aider à mettre le bébé au sein et ne vous inquiétez pas s'il ne tète pas immédiatement. Cela ne signifie pas que vous ne pourrez pas l'allaiter mais plus simplement qu'il n'a pas faim ou qu'il est fatigué. Le bébé peut aussi être légèrement endormi par les produits que vous avez reçus lors de l'accouchement, comme la péthidine, dont les effets mettent quelques heures à disparaître (voir p. 43).

L'importance du colostrum

Pendant les trois ou quatre jours qui suivent la naissance, la mère produit du lait colostrum, « premier lait » riche en protéines et contenant des anticorps qui protègent le nouveau-né des infections, ainsi qu'une substance appelée lactoferrine, qui agit comme un anticorps naturel. Allaiter son bébé aide par ailleurs l'utérus à se contracter.

DU CÔTÉ DU PÈRE

Même si vous êtes aussi épuisé émotionnellement que votre partenaire, ne sous-estimez pas l'effort physique qu'elle a dû fournir.

Ce que vous pouvez faire

* Vous ressentirez sans doute une bouffée d'euphorie après la naissance du bébé, mais si le travail a été long et difficile, votre compagne risque d'être trop épuisée pour ressentir immédiatement la même excitation. Cela ne signifie pas qu'elle n'est pas aussi ravie que vous, mais après l'accouchement, ne vous étonnez pas si elle a du mal à exprimer immédiatement son enthousiasme. Prenez-la dans vos bras et dites-lui combien vous êtes fier d'elle et de votre fils ou de votre fille. Restez avec eux le plus longtemps possible, y compris quand ils quitteront la salle d'accouchement.

* Félicitez votre partenaire pour ses efforts et dites-lui combien vous l'aimez. Ne sous-estimez pas votre contribution. Beaucoup de pères qui assistent à la naissance de leur enfant ont l'impression de ne pas avoir été très utiles. En réalité, la plupart des mères affirment que le soutien émotionnel et les encouragements de leur compagnon les ont beaucoup aidées.

* Portez votre bébé dans vos bras pendant que votre compagne est recousue ou auscultée. Allez dans un coin calme de la pièce pour faire connaissance avec votre bébé. Regardez-le dans les yeux en le tenant à 20 ou 25 centimètres de votre visage, pour qu'il puisse vous voir, sentir votre odeur et vous identifier.

Les accouchements assistés

DU CÔTÉ DE LA MÈRE

Il est normal de se sentir découragée quand on est obligée d'avoir recours à une aide pour accoucher par voie naturelle ou à une césarienne en urgence (voir p. 52). Vous préparer à cette éventualité limitera votre déception après la naissance.

Comment réagir en cas d'imprévu ?

* L'équipe médicale vous dira toujours pourquoi elle recommande telle ou telle procédure, que ce soit avant ou pendant le travail. Posez des questions, et si nécessaire, demandez qu'on vous réexplique la situation.

* Une fois le travail commencé, vous aurez peut-être du mal à vous concentrer. Demandez à votre partenaire de se faire expliquer en détail les raisons de l'intervention, afin qu'il puisse vous relayer l'information. À moins que vous ne soyez inconsciente, l'équipe médicale doit vous demander votre permission. Ce n'est pas à votre compagnon de pendre les décisions.

* L'essentiel est la sécurité du bébé, mais cela ne signifie pas que vos sentiments ne comptent pas. Beaucoup de femmes n'arrivent pas à évacuer l'idée (pourtant illogique) qu'elles sont responsables du fait que les choses ne se sont pas passées comme prévu. Si c'est votre cas, parlez-en au père, à votre sage-femme, à une infirmière ou à votre médecin. Avoir un bébé peut libérer des émotions profondément enfouies qu'il est bon de reconnaître et d'accepter, afin d'apprécier pleinement votre nouvelle maternité.

Si le travail est difficile, il existe différentes façons d'accélérer l'accouchement. Si l'on vous propose une méthode autre que naturelle, demandez que l'on vous explique en quoi elle est nécessaire, quels en sont les risques et ce qui se passera si vous attendez un peu.

L'accouchement provoqué

Il est parfois nécessaire de provoquer l'accouchement en déclenchant le travail avec des médicaments. On provoque généralement l'accouchement s'il n'a pas eu lieu spontanément à la 42e ou 43e semaine, si la santé de la mère ou du bébé se détériore au cours des dernières semaines de la grossesse, ou si le travail est trop difficile. Ne vous en faites pas si la naissance doit être provoquée. Il n'y a rien de mal, pourvu qu'on agisse uniquement pour des raisons médicales et pour votre bien-être et celui du bébé.

Les différentes façons de déclencher le travail

Généralement, on provoque l'accouchement de manière progressive, à l'aide de la prostaglandine de synthèse, puis en procédant à une rupture artificielle de la poche des eaux et en posant une perfusion d'ocytocine si le travail est encore trop lent.

* La prostaglandine de synthèse, l'hormone qui déclenche le travail, est placée dans le vagin sous forme de comprimés ou de gel, pour dilater le col.
* La rupture artificielle des membranes déclenche ou intensifie les contractions.
* L'ocytocine, une hormone de synthèse administrée par intraveineuse, déclenche les contractions ou les accélère. Le débit de la perfusion est augmenté progressivement pour que les contractions gagnent en intensité.

Si vous avez des jumeaux

Les grossesses multiples sont excitantes mais s'accompagnent souvent pour la mère d'une certaine inquiétude à propos de l'accouchement. Les professionnels de la santé les suivent particulièrement de près et recommandent davantage certaines interventions, souvent obligatoires mais parfois évitables. De nombreux jumeaux ou triplés naissent par voie naturelle, après un travail normal. Le travail est suivi par monitoring électronique et on vous proposera souvent une épidurale en raison des risques accrus d'intervention. Cela signifie que vous serez déjà sous anesthésie si le praticien doit utiliser des forceps ou pratiquer une césarienne pour la naissance du second jumeau. Si le premier jumeau se présente par le siège, le médecin vous proposera sans doute de faire naître les deux bébés par césarienne élective. (voir p. 52)

Si le bébé se présente par le siège

Tous les bébés ne se retournent pas. Ceux qui se présentent par le siège sortent généralement les fesses, puis les jambes et, en dernier, la tête. Par mesure de sécurité, on les fait souvent naître avec des forceps, avec une ventouse obstétricale ou par césarienne, mais l'accouchement par voie naturelle est parfois possible. Les bébés qui se présentent par le siège naissent presque tous à l'hôpital. Les risques d'intervention étant importants, la mère reçoit une épidurale pour être déjà sous anesthésie si le médecin doit employer des forceps ou pratiquer une césarienne (voir p. 52). Les risques d'épisiotomie sont également plus importants (voir p. 46), car les fesses du bébé peuvent passer sans élargir suffisamment l'ouverture vaginale pour que la tête suive ou qu'il soit possible d'insérer des forceps pour l'attraper.

L'accouchement par forceps ou ventouse obstétricale

Même si vous accouchez par voie naturelle, vous pourriez avoir besoin d'aide, en particulier au moment de pousser. En fonction des circonstances, le médecin utilisera des forceps ou une ventouse obstétricale (qui fonctionne par aspiration), qui nécessitent tous deux une épisiotomie.

Les forceps Les forceps sont constitués de deux « cuillères » que l'on place de part et d'autre de la tête du bébé pour la tirer en toute sécurité dans le canal vaginal, sans trop la compresser. Normalement, on ne les utilise qu'une fois la tête du bébé engagée dans le bassin.

La ventouse obstétricale (ou vacuum extractor) Moins brutale que les forceps, elle s'utilise dans les mêmes circonstances. Le col de l'utérus doit être complètement dilaté et la tête du bébé doit être engagée dans le canal vaginal. La canule de la ventouse laissera sur la tête du bébé une marque qui disparaîtra en deux ou trois semaines.

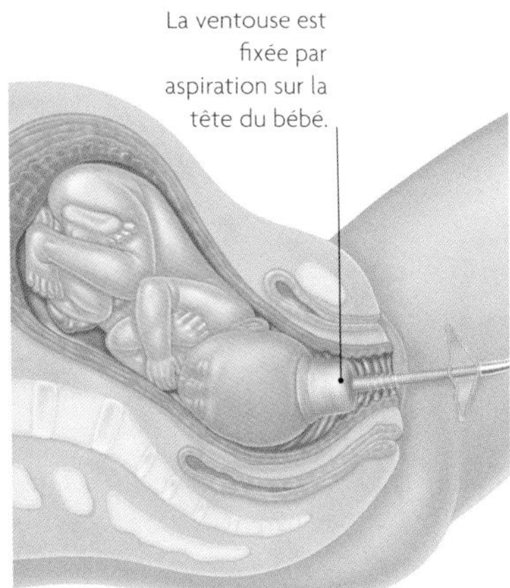

▲ **ACCOUCHEMENT PAR VENTOUSE OBSTÉTRICALE** La canule de la ventouse est fixée par aspiration sur la partie inférieure de la tête du bébé. Le praticien sort progressivement le bébé en tirant doucement sur l'appareil.

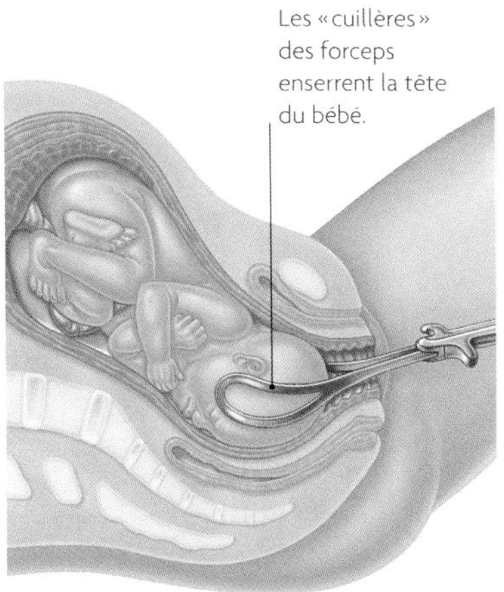

▲ **ACCOUCHEMENT PAR FORCEPS** Les forceps ressemblent à une grande pince formée de deux cuillères, qui sont introduites l'une après l'autre et permettent de sortir le bébé à l'aide de petites tractions, pendant les contractions.

DU CÔTÉ DU PÈRE

Un accouchement qui ne se passe pas comme prévu peut être très effrayant, pour vous comme pour la mère. Préparez-vous psychologiquement à une intervention non prévue.

Ce que vous pouvez faire

* Bien avant la date prévue, discutez avec votre partenaire pour connaître ses préférences en cas d'intervention (mais n'oubliez pas qu'elle peut changer d'avis une fois le moment venu).

* À moins d'une urgence absolue, veillez à ce que les interventions proposées soient effectuées avec le consentement de votre compagne, et à ce que vous ou elle puissiez poser des questions si quelque chose n'est pas clair. L'équipe médicale doit avoir le consentement de votre partenaire pour toute intervention.

* Si le personnel médical propose une intervention que votre conjointe souhaite éviter, essayez de gagner du temps. Par exemple, si le travail s'est ralenti, suggérez un changement de position avant la mise en place de procédures destinées à l'accélérer.

* Si l'équipe médicale utilise un équipement électronique très complexe, ne vous laissez pas distraire. Concentrez-vous sur votre partenaire et non sur la technologie.

* N'oubliez pas que si un imprévu se produit et qu'une intervention chirurgicale s'impose, ce ne sera jamais la faute de votre compagne. Tout le monde agira dans son intérêt et celui de votre bébé.

* Quoi qu'il arrive, parlez-en ensuite avec la mère mais aussi avec des amis et, si nécessaire, avec des professionnels de la santé.

Pourquoi une césarienne ?

Différentes raisons peuvent entraîner la pratique d'une césarienne :

* Tête du bébé trop grande pour votre bassin (disproportion céphalo-pelvienne).
* Présentation par le siège (bébé fesses en bas).
* Présentation transversale (bébé à l'horizontale).
* Problème médical (pré-éclampsie, diabète, etc.).
* Problèmes de placenta.
* Travail trop lent ou interrompu (risque de souffrance fœtale).
* Souffrance fœtale, même si le travail continue normalement.

L'accouchement par césarienne

Les césariennes sont en nette progression dans de nombreux pays, notamment au Canada. Pratiquées par des experts, elles sont souvent plus sûres qu'une extraction difficile par forceps. Certains actes effectués au début du travail, comme l'administration de médicaments pour déclencher l'accouchement ou une épidurale, augmentent les risques de césarienne. S'il vous recommande une césarienne, le médecin devra vous expliquer clairement pourquoi, même en cas d'urgence. Si vous souhaitez éviter ce genre d'opération, demandez si vous pouvez attendre, ou s'il existe une autre solution à tenter avant.

Les césariennes électives

Une césarienne élective est une césarienne planifiée à l'avance, pour une raison connue avant le début du travail (baisse de tension, bassin trop étroit, présentation par le siège, etc.) (voir p. 51). Votre obstétricien abordera sans doute le sujet avec vous et votre partenaire deux ou trois semaines avant la date prévue, et la césarienne sera planifiée. Cette méthode d'accouchement ne se fait pas sur demande.

Les césariennes non planifiées

Une césarienne non planifiée est pratiquée quand le déroulement du travail la rend préférable à un accouchement par voie naturelle (par exemple, si le bébé montre des signes de détresse, repérés à son rythme cardiaque et à ses mouvements ; si le travail n'avance pas malgré l'emploi de médicaments pour l'accélérer ; ou encore si votre état se détériore). Si vous n'avez pas eu d'épidurale, la césarienne se fera sous anesthésie générale.

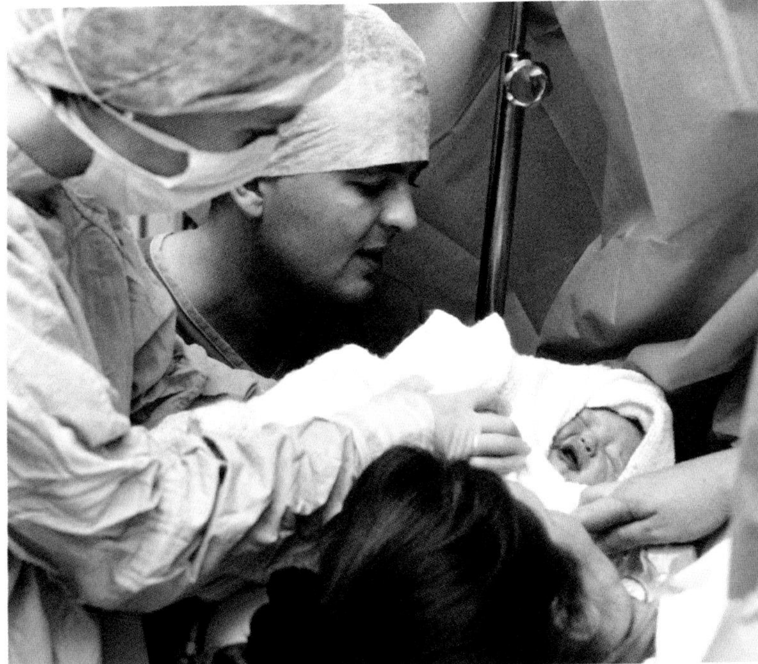

▶ **LA NAISSANCE DE VOTRE BÉBÉ** Si vous subissez une césarienne sous épidurale, vous pourrez, le père et vous, partager les premiers moments du bébé juste après la naissance.

Le déroulement de l'opération

Avant la césarienne, le pubis est rasé et on insère un cathéter dans la vessie. Il est également fréquent de recevoir une perfusion saline.

L'anesthésie La majorité des césariennes électives et certaines césariennes pratiquées en urgence sont effectuées sous épidurale, car la mère se remet plus rapidement de l'intervention. L'épidurale permet de rester éveillée sans ressentir de douleur et de bénéficier de la présence du père. Le champ opératoire est masqué par un drap placé verticalement sur la poitrine. L'anesthésie met 5 à 10 minutes pour opérer et peut donc être utilisée dans certains cas d'urgence. Si on vous administre une anesthésie générale, votre partenaire ne sera pas autorisé à rester dans la salle, mais il pourra tenir le bébé en attendant votre réveil.

L'opération Le ventre est incisé le long d'une petite ligne horizontale, tracée à la limite supérieure des poils pubiens. Le bébé est extrait à travers une incision similaire pratiquée dans l'utérus. Le fluide amniotique est aspiré, puis le bébé est doucement sorti du ventre. La mère ressent parfois de légères tractions lors de l'extraction du bébé. Le chirurgien vous préviendra au moment où il sort le bébé de l'utérus.

Après la naissance La naissance du bébé prend environ 10 minutes. Vous ou votre partenaire pouvez tenir le bébé pendant l'expulsion du placenta et pendant que le praticien vous recoud. Les bébés nés par césarienne ont souvent besoin d'aide pour commencer à respirer. C'est pourquoi un pédiatre assiste à toute l'opération. Refermer les incisions peut prendre jusqu'à 45 minutes.

Le rôle du partenaire de naissance

Une césarienne, même élective, peut être inquiétante car c'est une opération assez lourde. Votre partenaire sera sans doute angoissée si l'opération n'était pas prévue, mais vous pourrez l'aider de différentes façons.

* Si on vous conseille une césarienne et que votre partenaire a du mal à parler au médecin, demandez pourquoi on vous recommande cette intervention. Bien qu'elle doive donner sa permission, votre partenaire ne saura peut-être pas clairement par la suite pourquoi la césarienne était nécessaire, et il est important que vous puissiez le lui expliquer.
* À moins que votre partenaire soit sous anesthésie générale ou que l'opération soit trop urgente, demandez si la césarienne peut avoir lieu sous épidurale pour pouvoir rester.
* Durant l'opération, asseyez-vous près de la tête de la mère et rassurez-la en lui disant que tout va bien.
* Vous n'êtes pas obligé de regarder, et si la vue du sang vous angoisse ou que vous vous sentez mal (ce qui arrive souvent), quittez rapidement la pièce pour ne pas déranger l'équipe médicale.
* Si la césarienne se fait sous anesthésie générale, votre partenaire mettra un peu plus d'une heure à se réveiller et vous aurez sans doute l'occasion de tenir votre bébé. Savourez cet instant. La césarienne vous offre la possibilité de passer des instants précieux avec votre bébé et de créer des liens avec lui juste après la naissance.

DU CÔTÉ DE LA MÈRE

Il est normal de s'inquiéter à l'idée de subir une césarienne ou d'être un peu déçue d'en subir une en urgence après un début de travail normal.

Quelques faits concernant la césarienne

* Au Québec, près du quart des accouchements se font par césarienne.
* Si on vous administre une anesthésie générale, vous mettrez plus longtemps à vous réveiller et à vous sentir proche de votre bébé. Ne vous inquiétez pas, vous créerez des liens plus tard, en particulier quand vous commencerez à allaiter (voir p. 49).
* Vous n'aurez qu'une minuscule cicatrice, cachée par les poils pubiens.

Le premier jour

La vie à l'hôpital

Certains aspects de la vie à l'hôpital peuvent être fatigants, mais vous pourrez y rencontrer d'autres mères.

Votre bébé près de vous

Dans la plupart des maternités, les bébés restent dans un berceau, près du lit de leur mère.

La nourriture et la boisson

Si la nourriture qu'on vous propose vous paraît insipide, demandez à votre compagnon de vous apporter des fruits frais pour lutter contre la constipation et buvez beaucoup d'eau.

Les visites du personnel de santé

L'infirmière vérifiera votre épisiotomie, vos lochies et votre utérus (voir p. 64). En plus de donner le premier bain au bébé, elle vous montrera comment nettoyer son nombril et l'allaiter. Le médecin accoucheur peut examiner la mère et l'enfant, ou celui-ci sera suivi par un pédiatre dès la naissance, à la convenance des parents.

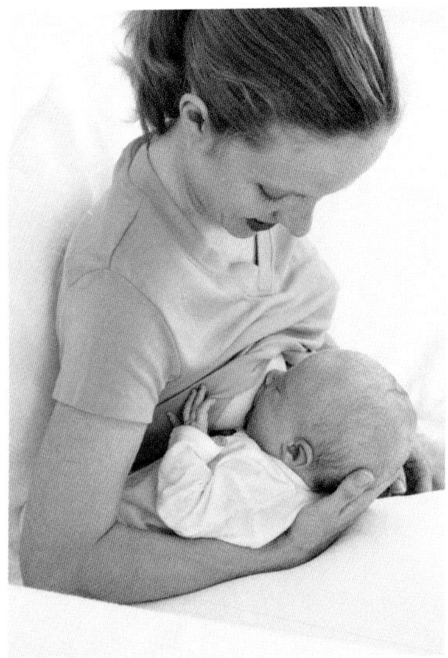

▲ **POSITION CONFORTABLE** Installez votre bébé sur un oreiller et nichez son corps sur votre bras.

Voici venu le moment que vous attendez tous deux depuis presque un an. Votre bébé est né et vous êtes passés par toute une gamme d'émotions très fortes : soulagement, fierté, joie, excitation et triomphe. À présent, votre bébé dort paisiblement près du lit de sa mère et vous pouvez reprendre vos esprits.

Vos réactions après la naissance

Aussi étrange que cela puisse paraître, les parents peuvent ressentir un manque juste après la naissance. Où est l'élan d'amour que vous devriez ressentir pour votre bébé ? Le sujet est rarement abordé, mais de nombreux parents, sinon la majorité, n'éprouvent pas un attachement irrésistible pour leur bébé juste après sa naissance. Les émotions fortes sont souvent suivies de périodes où l'on est moins émotif et, par comparaison, elles semblent un peu ternes. Avoir un bébé ne fait pas exception à la règle. La naissance de votre enfant a été un moment très intense pour vous, mais le rythme de la maternité s'impose à vous, et une chambre impersonnelle n'est pas un lieu particulièrement propice à l'intimité que vous souhaiteriez partager en ce jour si spécial, en particulier si vous êtes épuisés.

Projetez-vous dans l'avenir

Deux ou trois heures après la naissance, votre partenaire rentrera seul dans une maison vide, vous laissant vous demander comment va se passer votre première nuit en tant que mère. Si les choses ne se déroulent pas exactement comme vous l'aviez prévu, soyez philosophes. La vie avec votre bébé ne commencera vraiment que le jour où vous l'emmènerez chez vous.

Après une césarienne

La césarienne est une intervention importante et vous souffrirez une fois les effets de l'anesthésie dissipés. En plus des analgésiques, voici quelques astuces qui vous aideront à supporter la douleur :

- Tenir et allaiter votre bébé risque de vous faire mal en raison de la pression exercée sur votre cicatrice. Pour l'éviter, posez le bébé près de vous, sur le lit (voir p. 79) ou sur un oreiller (voir ci-contre à gauche).
- Bouger vous aidera à vous remettre et le personnel médical vous encouragera à vous lever le plus vite possible après la naissance. Soutenez votre cicatrice quand vous marchez.

Comment porter votre bébé

Il est naturel d'être nerveux à l'idée de porter et de manipuler un nouveau-né pour la première fois. Les bébés sont très robustes malgré leur apparente fragilité, mais ne contrôlent pas leur cou, ce qui rend leur tête ballante; leurs articulations très souples imposent de les habiller avec une extrême douceur (voir p. 96). Soutenez toujours la tête de votre bébé et soulevez-le comme indiqué ci-dessous.

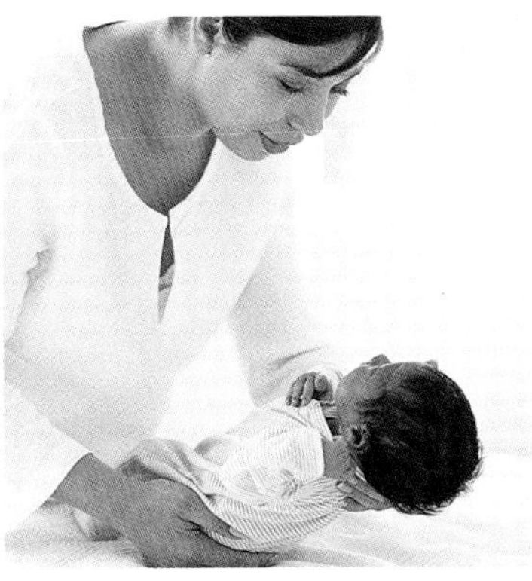

◀ **POUR SOULEVER VOTRE BÉBÉ** Glissez une main sous les fesses de votre bébé et prenez sa tête avec l'autre main. Soulevez-le doucement mais d'un geste ferme vers vous de façon à ne pas le surprendre. Tenez-le ensuite près de vous en lui parlant continuellement et en le regardant dans les yeux.

▲ **PORTEZ-LE SUR VOTRE AVANT-BRAS** Certains bébés aiment qu'on les tienne, le visage vers le bas, alors qu'ils regardent autour d'eux. Tenez votre bébé en plaçant sa joue contre votre avant-bras afin qu'il puisse sentir votre peau contre son visage.

◀ **BERCEZ-LE DANS VOS BRAS** Votre bébé se sentira en sécurité si vous le bercez dans vos bras ou dans le creux de votre coude. Rappelez-vous qu'il peut vous voir clairement si vous le tenez de 20 à 25 centimètres de votre visage. Il est important de toujours soutenir sa tête.

L'après

Pendant les premières 24 heures, vous vous sentirez un peu perturbée et ressentirez des douleurs qui passeront assez vite :

* Votre périnée sera douloureux, en particulier s'il a été recousu. Évitez les longs bains (l'eau peut abîmer les tissus cicatriciels et ramollir les points).

* Vous aurez du mal à uriner ou souffrirez en le faisant. Versez de l'eau tiède sur votre vulve pendant la miction.

* Un périnée endolori et une couture peuvent empêcher vos intestins de se vider. Soutenez votre vulve avec une compresse quand vous vous soulagez.

* Vous redresser quand vous êtes allongée peut être douloureux. Calez-vous avec des coussins et installez-vous à moitié assise et à moitié allongée pour soulager la pression.

Le retour à la maison

Les nouveaux pères

Quand vous rentrerez chez vous après la naissance, vous vous sentirez sans doute un peu seul. Profitez-en pour téléphoner à vos proches et à vos amis. Vous aurez sans doute envie de raconter l'accouchement et vos interlocuteurs seront avides de détails.

Les pères ont aussi besoin de sommeil

Même si vous vous sentez trop énervé pour dormir, veillez à rattraper votre retard de sommeil. Vous avez eu une journée épuisante et ne pourrez soutenir votre partenaire à son retour si vous êtes trop fatigué.

Préparez votre domicile

Employez utilement la période que vous passerez seul chez vous pour faire la lessive et le ménage, et remplir vos placards de denrées alimentaires et d'articles ménagers. Fixez le siège du bébé dans la voiture si vous ne l'avez pas encore fait pour que tout soit prêt pour son arrivée.

La famille en visite

Certains établissements encouragent désormais les mères à rentrer chez elle le jour même de la naissance (si tout s'est bien passé). Cela peut sembler très rapide, mais vous vous détendrez mieux et récupérerez plus facilement dans votre environnement familier. N'oubliez pas qu'un retour précoce ne signifie pas un retour à la normale. Accoucher est épuisant et vous ne devriez recevoir aucune visite pendant les deux premiers jours, car vous ne bénéficierez pas du soutien offert en maternité.

Le premier jour de votre bébé

Il y a tant à apprendre lors de la première journée de bébé, mais vous vous sentirez sans doute maladroite et anxieuse à l'idée de prendre soin de lui. En plus d'essayer de le faire manger, vous devrez apprendre à changer une couche, à laver son visage (voir p. 90) et à l'habiller.

Si votre bébé refuse de manger

Ne vous inquiétez pas si le premier jour, votre bébé refuse de manger. Si vos seins vous font souffrir, tirez le colostrum (voir p. 83) pour pouvoir allaiter plus facilement quand votre bébé aura faim. Lorsque cela arrivera, vous serez peut-être obligée de l'allaiter toutes les deux heures.

Quand votre bébé dort

Votre bébé sera probablement vif et éveillé pendant une heure ou deux après la naissance, puis il alternera des périodes de veille et de sommeil pendant le reste de la première journée. Prenez-le à tour de rôle dans vos bras plutôt que de le laisser dans son berceau.

Quand votre bébé pleure

À moins d'être vraiment un gros dormeur, votre bébé va probablement pleurer plusieurs fois au cours du premier jour, et vous serez étonnés par la vigueur de ses pleurs et par le fait que vous les reconnaîtrez immédiatement. Ces phénomènes ne doivent rien au hasard. Les bébés sont programmés pour signaler leurs besoins avec force, et les adultes pour y répondre rapidement. Prenez le bébé chaque fois qu'il crie. Installez-le confortablement avec vous dans votre lit, à moins que vous ne souhaitiez dormir.

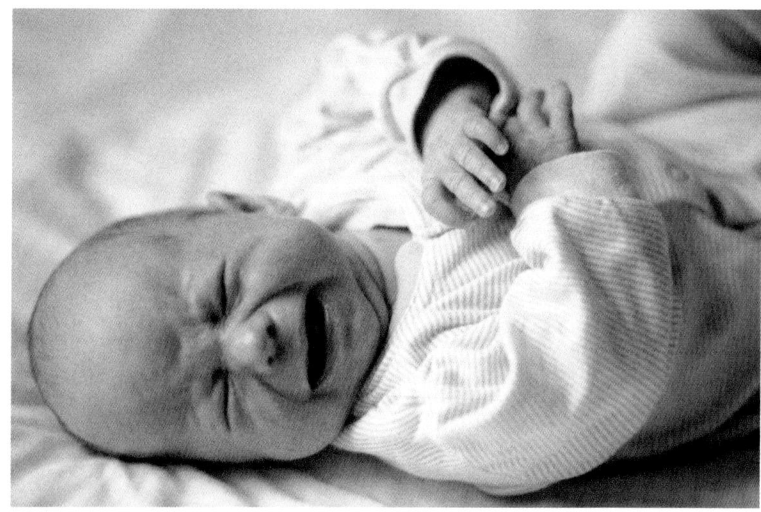

▶ **COMMENT RÉPONDRE À VOTRE BÉBÉ**
Un nouveau-né ne peut présenter que trois états : éveillé et paisible, éveillé et en pleurs ou endormi. Les pleurs constituent son moyen de communication. Il peut avoir faim, être mal à l'aise, fatigué ou pleurer sans raison apparente.

PROFITEZ DE VOTRE NOUVEAU BÉBÉ Prenez votre bébé et parlez-lui ou laissez-le simplement dormir dans vos bras. Vous ne pouvez gâter un bébé en lui donnant trop d'attention au cours de ces précieux premiers jours.

S'adapter au rôle de parents

DU CÔTÉ DE LA MÈRE

Même si vous avez hâte de rentrer chez vous, profitez de la période passée à l'hôpital pour reprendre des forces et demander des conseils. Si vous rentrez chez vous dans les deux jours qui suivent la naissance, acceptez l'aide de vos amis et proches.

Ce que vous pouvez faire

* Quand votre partenaire vous rend visite à l'hôpital, racontez-lui tout ce que vous avez appris sur la façon de vous occuper du bébé. Si vous apprenez ensemble à prendre soin de lui, vous démarrerez sur un pied d'égalité et votre compagnon sera plus enclin à prendre des initiatives une fois chez vous.
* Profitez des premiers jours pour faire appel au réseau de soutien que vous aurez forgé en participant aux cours prénatals. Préparez-vous à rester seule quand votre conjoint ira travailler et que vos proches viendront vous voir moins souvent.
* Certaines femmes ont des crises de larmes au cours des premiers jours, en particulier lors des premières montées de lait, trois ou quatre jours après la naissance. Le baby blues (voir p. 132) est une réaction normale due à la soudaine diminution des hormones de grossesse et à la prise de conscience de votre nouvelle responsabilité. Il dure généralement 7 à 10 jours, pendant lesquels la mère se sent très fatiguée, en particulier si l'accouchement a été long. Soyez ouverte et partagez vos sentiments avec votre partenaire.

Au cours des premiers jours, vous serez peut-être déroutée par le fait de passer, sans transition, de moments pendant lesquels vous êtes très entourée par le personnel médical, à des moments où vous êtes censée tout faire toute seule. Si vous avez l'impression que vous occuper de votre bébé laisse peu de temps à votre couple, efforcez-vous de partager avec votre partenaire ce que vous apprenez (au sujet des soins à prodiguer au bébé), plutôt que de lui cacher votre nervosité et votre appréhension.

Prendre soin l'un de l'autre

L'arrivée d'un premier bébé donne naissance à trois nouvelles relations : la relation mère-bébé, la relation père-bébé et la relation entre les parents. La dernière est la plus complexe, car malgré le lien qui vous unissait avant la conception de votre enfant, vous ne pensiez pas auparavant l'un à l'autre en tant que père et mère. Vous devez commencer à vous voir l'un l'autre d'une manière tout à fait nouvelle, réinventer votre relation à la lumière de vos nouveaux rôles, et être plus compréhensifs, patients, tolérants et indulgents qu'avant. Par-dessus tout, vous devez être plus généreux et moins égoïstes. L'évolution de votre relation peut engendrer des tensions dans votre couple, et vous devez être disponibles et ouverts l'un envers l'autre (voir p. 128).

Recherchez l'aide de professionnels

Profitez du temps passé à l'hôpital et des visites de l'infirmière ou du médecin pour poser des questions, même banales. La plupart des professionnels estiment qu'il est vital de rassurer leurs patients. Toutefois, à la maternité, le personnel médical n'aura peut-être pas toujours le temps de vous renseigner au moment où vous le souhaitez, en particulier si vos questions portent sur l'allaitement. Si nécessaire, une fois de retour chez vous, référez-vous à un CLSC, à Info-Santé ou à une accompagnante, qui pourront vous donner des conseils pratiques pendant plusieurs mois, et atténuer la nervosité que vous risquez de ressentir en vous trouvant soudain seule avec votre enfant.

Les conseils de votre famille et de vos amis

Au début, vos proches et vos amis vont sans doute vous abreuver de conseils. Bien que, s'ils sont délivrés sur un ton autoritaire, cela puisse vous irriter, les conseils d'autres parents reflètent leur expérience et peuvent être très rassurants. Si leurs avis vont à l'encontre des vôtres, ignorez-les, et faites les choses de la manière que vous estimez la meilleure.

Le sentiment d'isolement

Après l'agitation qui a entouré le travail et la naissance, qui ont totalement occupé votre esprit, vous risquez de vous sentir tous les deux un peu isolés et désorientés pendant quelques jours. Cette impression d'isolement risque d'influencer la manière dont vous vous comportez l'un avec l'autre quand vous êtes ensemble. La nouvelle mère peut se sentir déroutée par la vie à l'hôpital. Même entourée, elle est soudain responsable d'un petit être qui dépend entièrement d'elle, alors même qu'elle se sent épuisée ou qu'elle souffre. Le nouveau père peut, quant à lui, se sentir mal à l'aise et détaché de cette nouvelle situation, quand il va et vient de l'hôpital à votre maison vide.

Parlez ensemble

Quand vous êtes ensemble, parlez de vos sentiments et racontez-vous ce que vous avez fait pendant votre séparation. La plupart des établissements permettent aux pères de venir en dehors des horaires de visite. Vous pourrez donc sans doute passer beaucoup de temps ensemble et vous soutenir pendant cette séparation, courte, mais importante.

▲ **UN DOUX MOMENT ENSEMBLE** Au cours des premiers jours suivant la naissance de bébé, un moment de paix et de relaxation est essentiel. Cela vous donne la chance de souligner la naissance, d'accueillir votre nouveau bébé, d'établir un lien avec lui et d'apprendre à vivre en famille.

DU CÔTÉ DU PÈRE

En tant que nouveau père, vous aurez peut-être l'impression d'être isolé de votre compagne, en particulier pendant qu'elle est à l'hôpital. Vous sentirez une joie profonde que vous souhaiterez partager avec elle, mais elle vous semblera peut-être un peu distante, car elle se remet physiquement de la naissance et essaie d'allaiter.

Ce que vous pouvez faire

* Prenez les devants : apprenez à vous occuper du bébé avant son retour de l'hôpital.

* Apprenez à connaître votre bébé. Profitez de ses premiers jours pour créer des liens avec lui. Même quand sa mère est là, changez-le et apprenez à le manipuler, parlez-lui, tenez-le près de votre visage quand il est éveillé, et dans vos bras quand il dort. Apportez-le à votre partenaire quand elle doit l'allaiter, bercez-le en marchant, et essayez d'assister à son premier bain.

* Ne vous étonnez pas si votre compagne a des sautes d'humeur. Au cours de la première semaine, certaines mères sont victimes du baby blues, une dépression due à la diminution soudaine des hormones de grossesse et à l'idée de leurs nouvelles responsabilités. Elle sera peut-être aussi très fatiguée si le travail a été long. Le baby blues s'atténue après 7 à 10 jours. Soyez particulièrement attentif et parlez à votre partenaire de ses sentiments. (Certaines femmes essayent de les cacher pour ne pas inquiéter leur compagnon ou par peur de ne pas être prises au sérieux.)

Votre nouveau-né

Les réflexes du nouveau-né

Le bébé naît avec des réflexes innés destinés à l'aider à survivre, qui disparaissent au cours des premières semaines (voir p. 156).

Le réflexe d'agrippement de la main

Le bébé attrape ce qu'on lui met dans les mains. Ce réflexe (si fort qu'il peut soulever son propre poids) disparaît en deux semaines.

La marche automatique

Quand le pied du bébé touche une surface ferme, il fait un pas (qui n'a en réalité rien à voir avec la marche).

Le réflexe de Moro

Quand le bébé est surpris, il étend les bras et les jambes comme pour freiner une chute.

Le réflexe de succion

Quand vous touchez sa joue, le bébé tourne automatiquement la tête et cherche à téter.

Les nouveau-nés sont rarement mignons et beaucoup de parents, un peu surpris par l'apparence de leur bébé, pour se tranquilliser, sont tentés de l'examiner sous toutes les coutures !

L'aspect du nouveau-né

La taille des nouveau-nés varie énormément. Un bébé parfaitement normal peut peser de 2,5 à 4,5 kilos, mais même un bébé de 4,5 kilos semble minuscule et vulnérable à la naissance. Certains bébés ont l'air contusionnés. Leur tête peut avoir une forme allongée si ses os ont bougé lors de leur passage dans le canal vaginal, mais elle s'arrondira lors des jours suivants. Le crâne du bébé peut aussi présenter des marques dues aux instruments utilisés pour l'aider à naître (voir p. 51), ou une petite cicatrice si un moniteur fœtal a été fixé dessus. Jusqu'au premier bain, les cheveux, si le bébé en a, sont souvent mêlés d'un peu de sang et de fluide amniotique séché.

Les mains sont généralement fermées. Les ongles peuvent être longs et sont parfois tachés de méconium.

Les jambes sont parfois si serrées qu'il est difficile de les déplier (ne forcez surtout pas).

Les organes génitaux semblent gros à cause des hormones de grossesse. Pour la même raison, les filles et les garçons ont parfois les seins gonflés à la naissance. Les filles ont parfois des pertes vaginales pendant un jour ou deux.

Le cordon ombilical sèche et se recroqueville en deux ou trois jours, puis un professionnel enlève la pince, et le morceau restant tombe dans les dix jours.

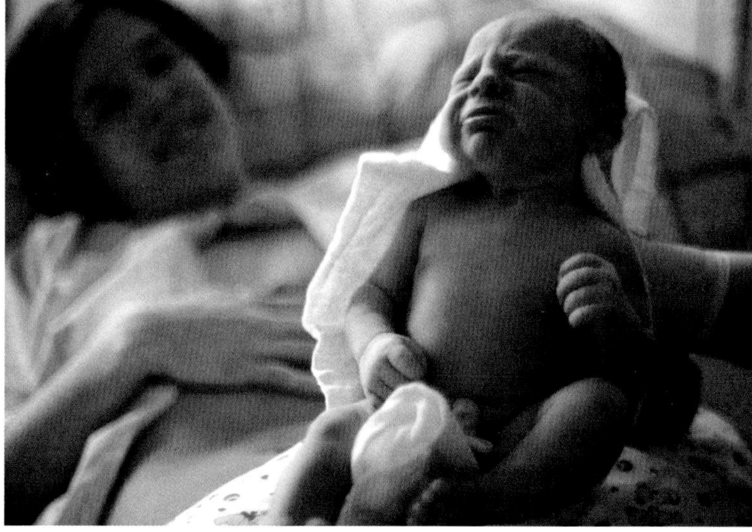

▶ **LA TÊTE DU BÉBÉ** Comparée au reste de son corps, la tête du bébé paraît grande et peut présenter une bosse sur un côté, à l'endroit où les os ont été poussés lors de l'accouchement (les os du crâne sont mous et peuvent se chevaucher pour protéger le cerveau). Les os du crâne fusionnent après quelques mois, à l'exception d'une zone appelée fontanelle, située au sommet du crâne et couverte d'une membrane épaisse. Le pouls est perceptible à cet endroit.

Ce que peut faire votre nouveau-né

La vue Les bébés peuvent voir nettement un visage s'il est situé entre 20 et 25 centimètres du leur, et leur rythme cardiaque augmente quand ils sont regardés avec attention. Parlez à votre bébé en souriant; il réagira en gigotant et en ouvrant et fermant la bouche (sa première tentative de conversation).

L'ouïe Les bébés entendent très bien. Ils reconnaissent les voix de leurs parents et y répondent instantanément. Dès sa naissance, parlez, chantez des chansons et lisez des histoires à votre bébé.

Le mouvement Les bébés adorent le mouvement (après tout, ils ont «flotté» dans un utérus pendant neuf mois). Portez votre bébé le plus souvent possible. Manipulez-le délicatement quand vous le changez, faites-le doucement applaudir et pliez délicatement ses genoux. Évitez les mouvements brusques qui le feraient sursauter.

Préoccupations relatives à votre nouveau-né

Préoccupations	Qu'est-ce que c'est et comment le traiter?
Marques de naissance	De nombreux bébés ont des marques de naissance qui s'estompent au cours des premiers mois. Certaines, appelées «fraises», peuvent toutefois durer beaucoup plus longtemps. Des taches bleuâtres situées en bas du dos des bébés de certaines ethnies, à peau foncée, sont parfois prises par erreur pour des bleus.
Points blancs	Certains bébés ont, sur l'arête du nez, de minuscules points blancs qui disparaissent après quelques semaines.
Urticaire néonatale	Une plaque rouge peut apparaître sur la peau du bébé, qui ressemble à de l'urticaire. Il peut également y avoir de petites taches jaunes, mais celles-ci ne durent que quelques jours.
Méconium	C'est une substance poisseuse vert foncé présente dans les intestins du bébé, qu'il évacue généralement au cours des deux ou trois premiers jours.
Jaunisse	La jaunisse néonatale, assez fréquente, indique un foie encore immature. La peau est jaunâtre et les urines, foncées. Si nécessaire, réveillez le bébé pour le nourrir (et vérifiez qu'il boit suffisamment). Cette jaunisse se traite par photothérapie.
Respiration irrégulière	Les bébés reniflent, éternuent beaucoup et ont parfois le hoquet. Ils peuvent même arrêter de respirer pendant une ou deux secondes, mais la respiration devient vite régulière.
Ampoules sur les lèvres	Les ampoules blanches sur les lèvres sont dues aux tétées. Elles sont indolores et disparaissent en quelques jours.
Crâne bosselé	Certains bébés ont, sur le crâne, une bosse due à un saignement sous la peau pendant l'accouchement; tout à fait normale, cette bosse disparaît en quelques semaines.

Visites médicales du nouveau-né

Le bébé est examiné de la tête aux pieds avant la sortie de la maternité.

La vision
Le médecin dirige une lumière devant les yeux du bébé et note s'ils bougent au son de sa voix. Il vérifie aussi la présence de cataractes.

Le cœur et les poumons
Le médecin écoute le cœur du bébé et vérifie sa respiration.

La capacité de succion
Le médecin vérifie ses réflexes de succion. Il insère un doigt dans la bouche du bébé pour examiner le palais et voir s'il suce correctement.

Les organes internes
Le médecin palpe délicatement le ventre et vérifie l'anus.

La colonne vertébrale
Le médecin touche la colonne pour vérifier les vertèbres.

Contrôle des hanches
Le médecin vérifie que les jambes et les hanches ne montrent aucun signe de luxation congénitale.

Test de Guthrie
À environ six jours, une goutte de sang prélevée au talon du bébé est analysée pour tester ses fonctions thyroïdiennes et dépister une éventuelle phénylcétonurie, une maladie rare qui, si elle n'est pas traitée à temps, peut entraîner un retard mental. Le test permet également de vérifier si le bébé souffre d'autres maladies comme la fibrose cystique.

L'ouïe
Un test d'audition a lieu au cours des premiers jours suivant la naissance. Il est rapide et sans douleur. Si la réaction n'est pas évidente, on pourrait soumettre votre bébé à un deuxième test.

Les bébés en service néonatal

L'aspect d'un bébé prématuré

Si votre bébé est né avant terme, il est peut-être un peu différent de ce à quoi vous vous attendiez :

* Sa peau est rouge, molle et ridée, car il n'a pas eu le temps d'accumuler de graisse.

* Il est couvert de duvet (lanugo).

* Sa tête semble très grande.

* Il est fin et osseux, en particulier au niveau des côtes et des fesses et ses membres sont très maigres.

* Sa respiration semble laborieuse et irrégulière.

* Ses mouvements sont peut-être saccadés.

L'alimentation des bébés

Certains bébés sont nourris par perfusion de glucose ou intubation nasale de lait jusqu'à ce qu'ils soient capables de téter. Le lait maternel est particulièrement bon pour le prématuré, car il est adapté à son âge gestationnel. Il est parfois possible d'administrer le lait de la mère par intubation.

Le passage à l'allaitement

Une fois votre bébé prêt à téter, vous devrez faire preuve de beaucoup de patience pour l'habituer au sein. Évitez le plus possible les biberons si vous souhaitez uniquement l'allaiter (les bébés les plus faibles s'habituent rapidement au biberon et refusent ensuite le sein).

Il est normal d'être inquiet quand un bébé a besoin de soins particuliers. N'oubliez pas que le but du service néonatal est de l'aider à retrouver une bonne santé.

Pourquoi certains bébés ont-ils besoin de soins particuliers ?

On croit souvent que seuls les prématurés ont besoin de soins particuliers, alors qu'en réalité, environ un bébé sur 10 a besoin d'une assistance médicale accrue. Il existe à cela différentes raisons.

Les bébés prématurés Les bébés nés avant 37 semaines de grossesse sont considérés comme prématurés. Ils ont besoin d'une surveillance continue et parfois d'aide pour s'alimenter et respirer.

Les bébés dont le poids est faible Les bébés qui pèsent 2,5 kilos ou moins sont considérés comme ayant un poids peu élevé. Ils peuvent être prématurés ou nés à terme mais petits pour leur âge gestationnel (voir p. 34), et doivent parfois passer un peu de temps dans un service néonatal.

En cas de risque pour la santé du bébé Un bébé qui a eu des difficultés à respirer lors de l'accouchement ou qui a contracté une infection peut nécessiter une surveillance particulière. Le bébé peut aussi souffrir d'une malformation diagnostiquée avant la naissance.

Les soins spéciaux

Les bébés qui nécessitent des soins spéciaux sont pris en charge par des services néonatals, ce qui peut signifier un transfert vers un autre établissement, comme l'Hôpital Sainte-Justine et The Montreal Children's Hospital. Les bébés prématurés ou petits pour leur âge gestationnel peuvent avoir du mal à respirer, être sensibles aux infections, ne pas parvenir à maintenir leur température ou à s'alimenter correctement. Sans aide, un taux de sucre sanguin trop bas peut entraîner des dommages au cerveau. Le bébé peut aussi manquer de fer ou de calcium. Pour toutes ces raisons, il doit être mis sous surveillance constante dans un incubateur équipé d'un système d'alimentation par intraveineuse ou intubation (voir ci-contre, à droite), jusqu'à ce qu'il rattrape son retard de croissance et puisse s'alimenter et respirer sans aide.

Ce que vous pouvez faire

Avoir un bébé en soins intensifs provoque une impression de manque à ses parents. Votre bébé est né, mais n'est pas où il devrait être, dans vos bras. S'il est né avant terme, vous aurez peut-être le sentiment d'avoir été dépossédée de la fin de grossesse. Beaucoup de parents peuvent avoir l'impression que le bébé n'est pas vraiment le leur, mais appartient plutôt à l'équipe médicale du service néonatal qui s'occupe de lui. Souvenez-vous toujours qu'il s'agit de votre enfant et qu'il sera bientôt chez vous, où est sa place. Impliquez-vous le plus possible dans les discussions concernant sa santé et dans ses soins, et concentrez-vous sur le jour où il sera réellement tout à vous, quand vous l'emmènerez chez vous.

Comment pouvez-vous participer aux soins ?

Les services néonatals encouragent vivement les parents à venir nourrir, laver et changer leur bébé. Certains établissements mettent des chambres à leur disposition, et les laissent s'occuper de l'enfant un jour ou deux avant sa sortie pour qu'ils apprennent à s'occuper quotidiennement d'un bébé (cela est particulièrement important en cas de naissances multiples).

Comment établir un contact

Le fait que votre bébé soit dans un incubateur ne signifie pas que vous ne pouvez pas le toucher, l'embrasser ou le prendre dans vos bras. Le contact physique est primordial, car il aide le bébé à se développer. Si l'enfant est dans un incubateur fermé, vous pourrez le toucher, jouer avec lui et le câliner en passant les mains dans des hublots prévus à cet effet. Parlez-lui et chantez le plus possible pour qu'il entende votre voix. L'amour est essentiel aux prématurés et le contact physique les aide à se sentir bien et à se développer.

Quand on porte un bébé contre sa peau, sa température corporelle s'élève s'il avait froid puis redescend une fois qu'il s'est réchauffé. On sait également désormais que les bébés prématurés bénéficient du fait d'être portés constamment entre les seins de leur mère (demandez si vous pouvez essayer). Le contact peau à peau est aussi bénéfique aux parents qu'au bébé, car il permet de faire grandir les liens qui les unissent. Il vous aidera beaucoup si vous êtes nerveux (certains parents ont du mal à considérer l'enfant comme le leur tant qu'il est en unité de soins intensifs).

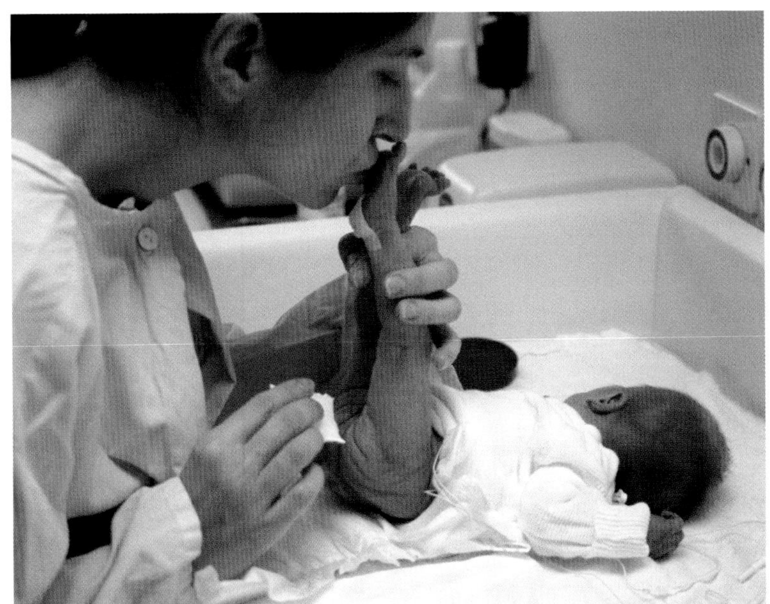

Les équipements spécialisés

De nombreux parents sont inquiets de la technologie employée en service néonatal. Parlez-en au personnel médical. Vous accepterez plus facilement la situation si vous savez à quoi servent les différents équipements :

* L'incubateur fournit au bébé un environnement chaud et humide.
* Le respirateur aide le bébé à respirer.
* L'humidificateur s'assure que le ventilateur envoie de l'air chaud et humide dans l'incubateur.
* Le moniteur avertit le personnel si le bébé arrête de respirer.
* Le saturomètre mesure le taux d'oxygène dans le sang du bébé.
* Le tensiomètre, ou appareil à pression, mesure la pression artérielle du bébé.
* Une « bulle » en plastique peut être utilisée pour fournir de l'oxygène au bébé quand il respire seul.
* Le glucomètre vérifie les taux de glucose sanguin du bébé.
* L'électrocardiogramme enregistre son rythme cardiaque.
* Le bilirubinomètre évalue le risque de jaunisse ou ictère.
* Une lampe photothérapeutique traite la jaunisse à l'aide de lumière bleue (un masque protège les yeux).
* Dans les incubateurs ouverts, un système chauffant garde le bébé au chaud.

◀ **PASSEZ DU TEMPS AVEC VOTRE BÉBÉ**
Passer le plus de temps possible avec votre bébé l'aidera à se développer, et vous aidera à démystifier la technologie qui l'entoure et à créer des liens solides avec lui.

Vous et votre corps

Les consultations

Entre la 4e et la 6e semaine après la naissance, le médecin vérifie que le corps de la mère a retrouvé son état antérieur à la grossesse. Comme le bébé, lui aussi, doit être examiné au cours de cette période, vous pouvez tous les deux voir le médecin lors de la même consultation (voir p. 155). Le médecin va prendre votre tension et examiner votre utérus, votre cœur, vos seins et vos éventuelles cicatrices. C'est le moment idéal pour parler de contraception ou poser des questions. La consultation comprend généralement les examens suivants :

* Tension artérielle.
* Vérification du rythme cardiaque.
* Pesée.
* Examen du ventre pour vérifier que l'utérus a retrouvé sa taille initiale.
* Examen des seins et des mamelons.
* Toucher vaginal pour évaluer la taille et la position de l'utérus, et l'état des muscles vaginaux.
* Examen de la couture du périnée. (Dites au médecin si l'endroit est douloureux, en particulier pendant les relations sexuelles.)
* Examen attentif de la cicatrice si vous avez eu une césarienne.
* Le médecin va également vous conseiller en matière de contraception.

Le corps de la femme met plus de neuf mois à récupérer complètement de la grossesse et de l'accouchement. Pendant environ une semaine après la naissance, vous vous sentirez faible, et ne pourrez ni marcher longtemps ni porter d'objet lourd. Même si vous vous sentez bien, essayez de ne pas vous surmener.

Le retour à la normale

Le terme médical désignant la période de rétablissement qui suit une naissance est post-partum. Cette période dure théoriquement quatre semaines, mais la plupart des femmes se remettent bien plus vite des suites de l'accouchement, même si l'ajustement émotionnel demande plus longtemps. Pendant une ou deux semaines après la naissance, votre corps subira des changements rapides et parfois incommodants. Si c'est votre premier accouchement, il est important que vous compreniez que les pertes vaginales, les seins douloureux gorgés de lait et les crampes abdominales font partie du processus !

Comment votre corps se remet-il ?

Le col de l'utérus et le vagin Ces organes, dilatés durant la délivrance, mettent au moins 7 à 10 jours à reprendre leur élasticité et à se resserrer. Muscler votre plancher pelvien (voir p. 38) aidera votre vagin à se resserrer. Commencez immédiatement après la naissance.

Les écoulements utérins (lochies) La plaie laissée par l'expulsion du placenta peut saigner pendant 6 semaines. Les pertes de sang (lochies) sont rouges (4 à 5 jours), roses à brunes (6 à 8 jours) puis jaunes à blanches (7 à 10 jours). En cas d'effort trop violent, le saignement peut redevenir rouge et abondant. Parlez-en à votre médecin et reposez-vous, les pieds surélevés.

L'utérus Juste après la naissance, l'utérus diminue de volume pour retrouver la taille qu'il avait à environ quatre mois de grossesse. À partir du dixième jour environ, on ne peut plus le sentir au toucher. Un médecin vérifiera qu'il reprend sa taille normale. Environ 6 semaines après la naissance, il aura retrouvé sa taille d'avant la grossesse.

Les ovaires Vous recommencerez à ovuler 6 à 14 semaines après la naissance et vos règles réapparaîtront 8 à 16 semaines plus tard. Les hormones produites par l'allaitement peuvent supprimer les règles pendant plusieurs mois, mais allaiter n'est pas une méthode contraceptive fiable. Utilisez un moyen de contraception dès que vous souhaitez reprendre des relations sexuelles avec pénétration (voir p. 137).

La sexualité après un accouchement

Vous pouvez avoir des relations sans coït quand vous le souhaitez, mais mieux vaut vous abstenir de relations avec pénétration jusqu'à la disparition des lochies (voir p. 136). De toute façon, vous n'aurez probablement ni l'un ni l'autre envie d'avoir de relations pendant quelque

Inconforts postnatals

Inconforts	Ce que vous pouvez faire
Cicatrice	Les points peuvent «tirer» pendant deux semaines. Ne restez pas longtemps debout et prenez des bains quotidiens pour éviter les infections. Séchez la cicatrice avec un sèche-cheveux plutôt qu'avec une serviette. Gardez de l'eau d'hamamélis au réfrigérateur et appliquez-la avec une compresse stérile pour calmer la douleur. Si les points ne se résorbent pas, ils devront être retirés par une infirmière ou un médecin.
Incontinence urinaire	Après un accouchement, de nombreuses femmes ont des fuites urinaires quand elles toussent, éternuent, font de l'exercice ou même quand elles rient. Le problème vient de la dilatation et de l'affaiblissement des muscles du périnée. La solution consiste à muscler le plancher pelvien (voir p. 38).
Seins gorgés de lait	Trois ou quatre jours après le début de la lactation, les seins, gorgés de lait, sont inconfortablement gonflés, durs et sensibles. Soulagez-les en mettant votre bébé au sein dès qu'il le souhaite, en prenant des bains chauds, ou en posant dessus des compresses chaudes. Portez toujours un soutien-gorge de grossesse qui soutient bien la poitrine.
Douleurs abdominales	Certaines femmes ressentent des crampes violentes semblables à celles ressenties lors de règles douloureuses, en particulier pendant l'allaitement. En effet, la même hormone, appelée ocytocine, stimule l'éjection du lait (voir p. 78) et provoque les contractions qui font se rétracter l'utérus.
Migraines	Après une épidurale, un petit pourcentage de femmes (moins de 1 %) est victime de migraines très douloureuses. Le problème survient quand, au moment de poser l'aiguille, une ponction minuscule est faite dans la membrane de la colonne vertébrale. Si c'est votre cas, allongez-vous, buvez beaucoup et prenez des analgésiques de type paracétamol, jusqu'à ce que la minuscule plaie ait cicatrisé et que les migraines aient disparu. (Cela prend généralement deux jours.)

temps. En effet, la plupart des hommes voient leur libido diminuer pendant un certain temps après la naissance d'un bébé, en particulier s'ils ont assisté à l'accouchement. La baisse de libido est encore plus longue chez les femmes. Il est difficile de se sentir sexy quand on souffre de contusions vaginales, d'une couture douloureuse, et de seins sensibles et gonflés. Vous aurez surtout envie de vous reposer pour récupérer. Si vous avez été recousue, faites sentir les points à votre partenaire une fois la cicatrice guérie. Il sera beaucoup plus compréhensif après les avoir palpés (voir p. 46). Abordez ces aspects avec un brin de philosophie, et parlez-en ouvertement et avec amour. Vous éviterez ainsi que des problèmes se développent à long terme.

Après une césarienne

Les femmes qui accouchent par césarienne sont surveillées plus attentivement et restent plus longtemps à l'hôpital que celles qui accouchent par voie naturelle. Les médecins veulent être sûrs que la mère et l'enfant se portent bien, et le séjour à l'hôpital peut durer environ cinq jours.

La cicatrice

En principe, les fils sont résorbables.

La période de récupération

Vous ne vous rendrez sans doute compte de la fatigue engendrée par la césarienne qu'une fois de retour chez vous. Cela ne durera pas, mais vous mettrez au moins un mois à récupérer complètement.

Faites-vous aider

Évitez les mouvements qui tirent sur les points tant que la plaie n'est pas cicatrisée. Demandez à votre partenaire, à des amis ou à des proches de vous aider dans votre vie quotidienne. Ne soulevez pas d'objets lourds et évitez de conduire pendant quelques semaines.

La cicatrisation de la plaie

Au début, veillez à ce que la cicatrice soit sèche et bien aérée. Vous pourrez vous baigner une fois le pansement retiré. Consultez votre médecin si la plaie devient rouge ou s'enflamme, car cela indique une légère infection qui peut nécessiter une prise d'antibiotiques. La cicatrice va progressivement devenir moins douloureuse, mais risque de gratter lorsque les poils pubiens repousseront. Portez des sous-vêtements qui vont jusqu'à la taille pour éviter toute irritation.

Reprise du sport

Même si vous pratiquiez régulièrement un sport avant votre grossesse, vous devez éviter pendant au moins neuf mois les exercices fatigants d'aérobie. Évitez aussi les sports qui sollicitent les abdominaux, et ne retournez dans une salle de sport qu'après en avoir parlé à votre médecin. Votre corps vient de vivre neuf mois de durs labeurs qui se sont terminés par cet effort ultime qu'est le travail et vous avez besoin de temps pour récupérer. Demandez à un professionnel de vous établir un programme d'entraînement progressif, commencez très doucement, et n'espérez pas retrouver votre niveau ou votre endurance avant au moins un an.

▲ **PROMENEZ-VOUS** Le simple fait de promener votre bébé est un bon moyen de faire de l'exercice. Votre enfant appréciera aussi un peu d'air frais et un changement d'ambiance.

Prenez soin de vous

La grossesse et l'accouchement ne sont pas des maladies et votre corps est conçu pour récupérer naturellement, mais cela ne signifie pas que vous ne pouvez rien faire pour l'aider. Jadis, les femmes restaient confinées pendant plusieurs semaines après l'accouchement. De nos jours, on conseille de se reposer les deux ou trois premières semaines pour bien récupérer et pouvoir allaiter sans problème (voir p. 78). La graisse emmagasinée par votre organisme au cours de la grossesse est destinée à fournir les calories nécessaires à l'allaitement et prendra quelques semaines à disparaître. La plupart des femmes sont surprises de la rapidité avec laquelle elles retrouvent leur forme et leur poids d'avant la grossesse quand elles allaitent.

Les exercices postnatals

Perdre du poids n'est pas la même chose que regagner de la tonicité musculaire. Vous devrez muscler votre ventre et votre périnée pour qu'ils redeviennent comme avant. Cependant, trouver le temps et l'énergie de faire de la gymnastique vous semblera sûrement utopique juste après la naissance. Les muscles abdominaux se détendent et s'écartent pour faire de la place au bébé, mais il vous suffira de faire les exercices présentés dans ce livre pendant 10 minutes par jour pour retrouver votre tonicité musculaire. Vous pouvez également faire des choses toutes simples comme des étirements et des flexions vers l'avant alors que votre bébé est couché et se détend. N'oubliez pas de bien vous échauffer avant les exercices (voir ci-dessous).

En avant

Commencez doucement (vos muscles et ligaments sont encore détendus par la progestérone) et n'oubliez pas les muscles de votre plancher pelvien (voir p. 38). Vous ne les voyez pas, mais ils sont importants.

Avant de faire de l'exercice physique

Vous pouvez commencer les exercices présentés ci-contre n'importe quand, mais mieux vaut éviter les plus vigoureux jusqu'à la disparition des lochies (voir p. 64). Si vous avez une déchirure ou une épisiotomie, n'effectuez aucun étirement avant d'être guérie.

L'échauffement Les athlètes et les danseurs s'échauffent toujours avant de s'entraîner ou de pratiquer leur art, car ils savent que cela permet d'éviter bien des problèmes musculaires. L'échauffement est aussi important lors des exercices postnatals. Il aide à soulager les tensions, limite les risques de déchirures et de claquage en préparant les muscles et les articulations, et évite les crampes et les raideurs après l'exercice.

Si vous avez eu une césarienne Vous pouvez pratiquer les exercices de musculation du plancher pelvien, mais attendez votre consultation postnatale pour les autres exercices.

Attention Ne faites pas d'exercice si vous êtes fatiguée ou si vous vous sentez mal, et soyez prudente si vous avez souffert du dos. Évitez les exercices abdominaux. Évitez de faire des redressements assis et de soulever les jambes bien droit. Arrêtez toujours un exercice si vous ressentez une douleur.

Vous entraîner

Entraînez-vous peu mais souvent. Commencez par faire chaque mouvement une ou deux fois, puis augmentez jusqu'à 10. Soufflez pendant l'effort et arrêtez-vous si vous souffrez.

Faites le dos rond

1 **METTEZ-VOUS À QUATRE PATTES**, mains et genoux légèrement écartés, la tête et le cou dans l'alignement du dos.

2 **CONTRACTEZ LES FESSES** et arquez lentement le dos. Gardez les bras droits, sans bloquer les coudes. Cet exercice soulage le bas du dos.

Tonifiez votre ventre

1 **ALLONGEZ-VOUS SUR LE SOL**, jambes fléchies et bras le long du corps. Rentrez le ventre et plaquez le bas du dos au sol. Comptez jusqu'à quatre, puis relâchez.

2 **PIEDS À PLAT**, basculez le bassin vers le haut et levez la tête aussi loin que possible. N'essayez pas de vous asseoir, il suffit de soulever la tête, voire les épaules.

Relevé des épaules (pas avant deux semaines)

1 **ATTENDEZ AU MOINS DEUX SEMAINES** après la naissance pour faire cet exercice. Allongez-vous, jambes fléchies, comme précédemment. Essayez de toucher vos genoux avec vos mains en les faisant glisser le long de vos cuisses.

2 **UNE FOIS LES MAINS** aussi proches que possible de vos genoux, rentrez le ventre en soufflant et levez la tête. Comptez jusqu'à quatre puis relâchez.

Levés de jambes

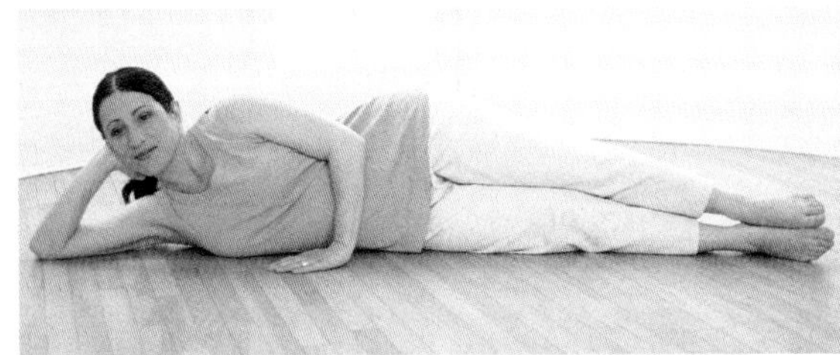

1 **CET EXERCICE SIMPLE RENFORCE LES CUISSES ET LES ABDOMINAUX**. Allongez-vous confortablement sur le côté en soutenant votre tête avec une main et en posant l'autre devant vous, pour ne pas basculer. Alignez vos jambes, votre bassin et vos épaules.

2 **LEVEZ LA JAMBE SUPÉRIEURE EN LA GARDANT TENDUE, GENOU ET PIED** tournés vers l'avant. Comptez jusqu'à deux, puis reposez. Répétez à plusieurs reprises, puis tournez-vous et répétez avec l'autre jambe.

Flexions latérales

TENEZ-VOUS DEBOUT, PIEDS ÉCARTÉS, les bras le long du corps. Penchez-vous lentement vers un côté, au niveau de la taille, en tendant la jambe opposée. Revenez et répétez de l'autre côté.

Prendre soin de votre bébé

L'émotion de la naissance s'est calmée et vous voilà de retour chez vous. Mais, comme bien des nouveaux parents, vous vous sentez peut-être dépassés par le travail que nécessite ce tout-petit au quotidien. Au-delà des questions purement pratiques que sont l'équipement et la layette, il faut choisir les bonnes couches et apprendre les bons gestes pour l'hygiène de l'enfant. Sans oublier des points plus cruciaux : comment allaiter durablement, apaiser les pleurs de votre bébé et résister au manque de sommeil. Au fil du temps, vous connaîtrez mieux votre enfant et deviendrez capables de prévoir et de satisfaire ses besoins. Votre tâche restera intense, mais les moments de joie et les corvées moins enrichissantes se succédant équitablement, vous aurez le bonheur de voir votre bébé grandir et progresser.

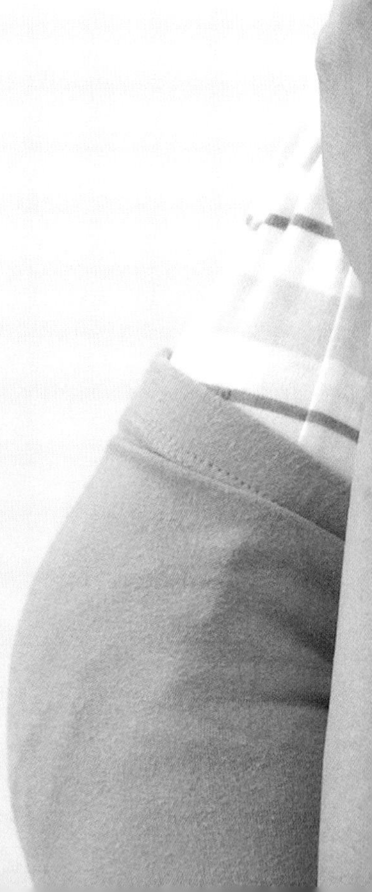

Les premières semaines

DU CÔTÉ DE LA MÈRE

Même si vous n'aviez pas enduré l'accouchement, les premiers mois de votre bébé vous paraîtraient fatigants. Prenez soin de vous et écoutez vos envies.

Comment vous dorloter

* Reposez-vous en même temps que votre enfant. Profitez de sa sieste pour récupérer vos heures de sommeil. Si ses heures de repos ont lieu dans la matinée, imitez-le. Sinon, attendez l'après-midi.

* Confiez-vous à votre compagnon. Si vous vous sentez débordée, il faut le lui dire, pour votre bien comme pour celui de l'enfant. Quand il est à la maison, incitez-le à s'occuper de celui-ci. Ne couvez pas trop votre bébé et ne tentez pas de tout faire seule.

* Osez demander de l'aide. Si vous vous sentez seule, ne vous emmurez pas dans le silence.

Les propositions de vos parents et de vos amis vous paraissent peut-être un peu lointaines, mais vous serez entendue si vous les appelez au secours.

* Sortez de chez vous (voir p. 135). Rester enfermée peut vous mener à la dépression ; vous devez donc sortir le plus souvent possible. Si certains de vos amis ou voisins ont, eux aussi, des enfants en bas âge, cela peut vous aider. Vous avez pu rencontrer d'autres jeunes parents pendant les séances de préparation à l'accouchement. Les fréquenter vous permettra de partager de bons moments, mais aussi d'exprimer vos inquiétudes. En plus, lorsque votre bébé grandira, il aura déjà un cercle d'amis avec qui jouer.

Passé les mois de préparation et le grand moment de la naissance, vous êtes à la maison et, enfin, vous formez une famille. Vous allez maintenant apprendre à vous occuper de ce bébé qui, en un an, passera de l'état de nouveau-né vulnérable à celui d'enfant sociable et communicatif. Cette période est très gratifiante, mais elle nécessite bien du travail, et exige que vous vous y consacriez pleinement, dès le début.

Prendre de nouvelles habitudes

Pour les nouveaux parents, le plus difficile est parfois de s'adapter avec souplesse à une vie nouvelle plus imprévisible. Nous suivons presque tous un emploi du temps bien établi, où nous faisons presque toujours la même chose à la même heure ; accepter de rompre cette routine peut s'avérer difficile. Inversement, vous aviez peut-être la chance de faire ce qui vous plaît au moment qui vous plaît. Si vous essayez d'appliquer un tel mode de vie à un nouveau-né, vous êtes condamné à l'échec. Assouplissez plutôt vos habitudes pour suivre le rythme de votre enfant et vous verrez s'installer tôt ou tard un schéma régulier.

Suivez le rythme de votre enfant

Si l'on vous déconseille de prendre dans vos bras votre nouveau-né qui pleure, sous prétexte que « pleurer, c'est bon pour ses poumons » ou qu'« il va s'endormir dans deux minutes », faites la sourde oreille : il ne faut pas faire attendre un bébé. En effet, s'il doit pleurer pendant 10 minutes avant de recevoir un peu d'attention, il risque de prendre des habitudes qui vous rendront la vie difficile. Un bébé « facile » est soit un enfant dont les besoins sont satisfaits rapidement, soit un enfant qui a compris que ses appels ne seront pas entendus et qui devient apathique. Vous ne pouvez pas « gâter » votre nouveau-né, sauf si vous lui imposez une alimentation trop strictement réglée sur l'horloge et si vous faites passer vos besoins avant les siens. Dans ce cas, il sera frustré et deviendra difficile à calmer. Un nouveau-né est trop jeune pour faire la différence entre ses propres besoins et ceux de son entourage.

Reclassez vos priorités

Tout en calant vos activités sur le rythme de votre enfant, vous devrez être très souples sur des notions telles que l'heure de vos repas et vos travaux ménagers, surtout si vous tenez à vos petites habitudes et êtes pointilleux sur la tenue de votre maison. Il est important de concentrer vos efforts sur votre bébé, de prendre de bonnes habitudes et de prendre confiance en vous. Au début, vous serez peut-être pris de court, maladroits et nerveux (comme tout le monde), mais une nouvelle routine s'établira bien vite et vous parviendrez à libérer le temps nécessaire pour effectuer les tâches qui étaient là avant la naissance de l'enfant.

En cas de déprime

Si l'un des membres de votre couple, ou même les deux, se sent déçu ou insatisfait, si la réalité ne correspond pas à ce que vous aviez imaginé, n'en concluez pas trop vite que vous êtes dépressif : vous êtes probablement désemparé, sans plus. C'est tout naturel, car vous êtes fatigué. Face à un enfant qui pleure beaucoup, une mère peut se dire qu'elle est en faute, et éprouver parfois ce fameux baby blues, ou dépression post-partum (voir p. 132). Le père, lui, peut se sentir incapable d'apporter toute l'aide nécessaire, surtout s'il travaille. Pas de panique : vous vous adapterez bientôt à cette nouvelle situation. Toutefois, si ces sentiments persistent, parlez-en à votre médecin. Il vous aidera à comprendre que tous les parents passent par là, mais il pourra également détecter tout signe de réelle dépression, simple à traiter quand elle est diagnostiquée à temps (voir p. 133).

Soutenez-vous mutuellement

Si vous êtes conscients des difficultés que vous rencontrerez peut-être pendant ces quelques mois, vous pourrez rassurer votre compagne ou votre compagnon en lui disant que votre couple s'en tire plutôt bien. Sachez écouter les doutes ou les impressions de l'autre, et n'oubliez jamais que ces soucis sont temporaires. Vous découvrirez alors que la joie d'être parents n'est pas un mythe.

Organisez vos nuits

Que faire	Pourquoi
Préparez-vous à passer des nuits en pointillé	Beaucoup d'enfants se réveillent une ou deux fois par nuit, même après l'âge de 12 mois. Si vous en êtes conscients, il sera plus facile de l'accepter.
Partagez le travail	Levez-vous chacun votre tour, c'est important. Vous suivez peut-être le schéma traditionnel qui veut que le père travaille à l'extérieur tandis que la mère reste à la maison, mais n'oubliez pas que s'occuper d'un bébé est un travail à temps plein.
Changez vos habitudes de sommeil	Une nuit en pointillé n'est pas forcément une nuit blanche. En adoptant un nouveau mode de sommeil, vous pourrez vous lever, vous occuper de l'enfant, puis vous rendormir sans problème.
Gardez votre bébé tout près de vous	Si vous posez le berceau tout près de votre lit, vous n'aurez pas besoin de vous lever au moment de la tétée. Avant de vous rendormir, remettez votre enfant dans son berceau. (voir p. 102).
Restez ensemble	Dormir séparément pourrait affaiblir à la fois votre relation de couple et votre relation avec votre enfant. Ne faites chambre à part qu'en cas d'extrême nécessité : maladie ou épuisement, par exemple.
Évitez le manque de sommeil	Un manque de sommeil qui dure trop longtemps peut avoir de fâcheuses conséquences. Mieux vaut donc que les deux parents perdent chacun un peu de repos, plutôt que l'un d'eux ne s'épuise en assurant seul toutes les tâches.

DU CÔTÉ DU PÈRE

Pour endosser pleinement votre rôle de père, les premières semaines de votre enfant sont primordiales.

Ce que vous pouvez faire

* Soutenez votre compagne. Au début, elle sera très fatiguée par l'accouchement et par les conséquences physiques et émotionnelles de l'allaitement. Offrez-lui le temps et l'espace dont elle a besoin pour se consacrer aux besoins de l'enfant et répétez-lui qu'elle assure très bien cette mission difficile. Votre soutien moral peut tout changer.

* Libérez du temps pour l'aider. Si vous travaillez, consacrez-vous pleinement à votre compagne et à votre enfant dès que vous rentrez chez vous.

* Donnez de l'amour à votre bébé. Un nouveau-né a besoin de tout l'amour qu'on peut lui donner, et celui de son père est tout aussi précieux que celui de sa mère. Un enfant nourri au sein a forcément besoin de sa mère au moment des repas, mais pour les autres occasions, il appréciera votre présence et votre attention. Ces moments d'intimité lui montreront qu'il peut être en sécurité avec chacun de ses parents, ce qui l'aidera à prendre ses marques tout en soulageant votre compagne.

* Créez des liens avec votre bébé dès sa naissance. Votre affection pour lui sera renforcée si vous lui consacrez beaucoup de temps. Partager équitablement les soins de votre enfant sera bénéfique pour vous, pour votre couple et pour votre famille.

L'équipement

Sécurité

Vous devez procéder à une inspection attentive de votre logement pour assurer la sécurité de votre enfant. Avant que l'enfant n'apprenne à se déplacer, vérifiez que vous avez :

* Un cache-prise dans chaque prise d'électricité.
* Des coins de table en mousse.
* Des systèmes de sécurité pour verrouiller le lecteur de DVD, les portes, les tiroirs et les placards (surtout dans la cuisine), ainsi que le réfrigérateur.
* Une barrière de protection pour la cuisinière.
* Une rallonge à enrouleur pour les appareils électriques tels que bouilloire, fer à repasser et grille-pain.
* Une barrière de sécurité en haut et en bas de l'escalier, ainsi qu'à l'entrée de la cuisine.

▲ **BAIGNOIRE** Pendant les trois ou quatre premiers mois, il vous faudra une bassine à fond plat, sur pieds ou à poser sur une surface solide. Certains modèles s'encastrent dans une baignoire.

▲ **MATELAS À LANGER** Un tapis à langer, à la fois confortable et commode, évite de tout salir au moment de changer une couche ou de laver votre bébé.

S'équiper pour son bébé, voilà qui est excitant et gratifiant, et vous voudrez ce qui se fait de mieux. Mais, au moment d'aménager sa chambre, n'oubliez pas que votre enfant n'aura besoin, les premiers temps, que de quelques objets essentiels.

Les indispensables

Les fabricants d'accessoires pour enfants l'ont bien compris : les couples qui attendent leur premier bébé sont prêts à débourser sans compter. Mais il n'est pas nécessaire de se ruiner pour fournir à un nouveau-né ce dont il a besoin.

▶ **CHAISE HAUTE** Une chaise haute permet de faire manger votre bébé à la même table que le reste de la famille. La hauteur du siège et celle du plateau sont réglables.

SIÈGE POUR BÉBÉ Un petit siège, stable ou à bascule, permet d'installer confortablement un enfant qui ne tient pas encore assis. Ne posez jamais ce siège ailleurs que sur le sol.

▲ **LIT D'ENFANT** Quand votre bébé sera trop grand pour tenir dans sa bassinette, il lui faudra un lit. Choisissez un modèle qui permette de placer le matelas à deux hauteurs différentes, et dont l'un des côtés puisse être abaissé, pour épargner votre dos.

◀ **BERCEAU** Pour un nouveau-né, un berceau est à la fois simple et léger. Vous pouvez le personnaliser en réalisant vous-même la garniture intérieure et le galon (avec du pur coton).

LE PORTE-BÉBÉ Il existe plusieurs types de porte-bébé destinés aux tout-petits. Essayez-les pour choisir le plus maniable. Quand votre enfant sera capable de tenir assis, un porte-bébé dorsal sera peut-être plus confortable.

La promenade

Votre enfant ne saura pas marcher avant l'âge d'un an, et même à ce moment, il lui faudra une poussette ou un siège d'auto. Mieux vaut réfléchir au long terme en achetant ces accessoires importants et assez chers.

▲ **SIÈGE D'AUTO POUR ENFANT** En voiture, les bébés de moins de 10 kilos doivent être installés dos à la route. Les sièges peuvent être fixés à l'avant ou à l'arrière du véhicule, mais l'enfant sera plus en sécurité sur le siège arrière. S'il est assis dos à la route, sa tête, son cou et sa colonne vertébrale sont mieux protégés.

◀ **LANDAU ET POUSSETTE** Il est préférable d'acquérir un landau qui se transforme ensuite en poussette. Vérifiez qu'il est facile à plier et déplier, et que la hauteur de la poignée vous convient. Un landau comme celui-ci convient jusqu'à ce que l'enfant tienne assis tout seul, vers six mois. On peut alors démonter la nacelle et la remplacer par un siège.

Les articles d'occasion

S'il existe un centre de dépôt d'articles d'occasion pour enfants près de chez vous, allez le visiter. Toutefois, vérifiez avec soin l'état des articles. Certains doivent toujours être achetés neufs.

Les bons achats d'occasion

* Les vêtements, surtout ceux du premier âge et les tenues d'extérieur.

* Le linge de lit (sauf les couettes), que vous laverez avant usage.

* La bassinette, que vous devrez peut-être garnir d'un matelas neuf.

* Les jouets, s'ils sont en plastique ou en bois et exempts de toutes fentes ou éclats. Évitez les jouets en métal ou démontables, qui peuvent contenir des pièces métalliques invisibles.

* Les grands accessoires en matière plastique et le stérilisateur.

Inspectez deux fois plutôt qu'une

* Le landau et la poussette. Inspectez les freins et le système de pliage.

* Le lit. S'il est équipé d'un bord rabattable, vérifiez que celui-ci est en bon état ; là aussi, il peut être sain de remplacer le matelas.

* Le lit pliant. Faites fonctionner le mécanisme et vérifiez l'état du sac de transport. Achetez éventuellement un matelas neuf.

* La chaise haute. Vérifiez que les vis soient bien fixées et inspectez toute fente ou trou qui pourrait contenir des restes d'aliments.

* Les accessoires de sécurité : écoute-bébé ou barrière d'escalier, s'ils sont en très bon état.

À éviter

* N'achetez jamais un siège d'auto d'occasion.

L'allaitement au sein

Les avantages de l'allaitement

Voici quelques-uns des nombreux avantages de l'allaitement.

* L'enfant et sa mère développent une relation intime.

* Votre lait est toujours prêt, stérile, à température idéale et très digeste.

* Il est constitué d'un mélange équilibré de protéines, sucres, graisses, sels minéraux, vitamines et fer.

* Il protège contre l'infection et pourrait prévenir les allergies.

* Les bébés nourris au sein ont moins d'érythème fessier et produisent des selles plus liquides et moins odorantes.

* Allaiter son enfant facilite l'élimination des graisses accumulées pendant la grossesse.

Le lait maternel est l'aliment le mieux adapté à votre bébé, celui qui lui fournit en quantité nécessaire tous les nutriments dont il a besoin pendant ses six premiers mois. Le père, lui aussi, a son rôle à jouer pendant l'allaitement.

Un bon commencement

Vous n'avez pas besoin d'équipement spécialisé, mais uniquement d'un soutien-gorge à bonnets ouvrants et de quelques coussinets pour les seins. Certaines femmes allaitent sans la moindre difficulté, mais pour d'autres, tout n'est pas simple, surtout au début. Gardez le moral : suivez pas à pas les conseils de la page 80 et partagez vos soucis avec votre compagnon, votre entourage ou votre médecin. Et n'oubliez pas que votre bébé est, lui aussi, un débutant ; il faut être patiente.

Stimuler la lactation

Au début de la tétée, votre bébé boit un liquide clair et aqueux qui étanche sa soif. Ensuite, le lait devient plus riche en matières grasses et en protéines et répond à tous ses besoins nutritionnels. Pour être sûre d'en produire assez, nourrissez-vous correctement et buvez abondamment, surtout quand il fait chaud et que votre enfant a soif plus souvent. Nourrissez votre bébé à volonté, dès qu'il a faim. Votre organisme produira tout le lait

▶ **DANS UN FAUTEUIL** Posez vos pieds bien à plat sur le sol. Calez votre dos et vos bras sur des coussins et, pour maintenir l'enfant à la bonne hauteur, placez un oreiller sur vos genoux.

nécessaire. Si votre enfant tète lentement pendant les tout premiers jours, vous devrez peut-être tirer votre lait pour stimuler la lactation (voir p. 83). S'il tète souvent, n'ayez pas peur de manquer de lait, même si vos seins sont petits : leur taille n'a rien à voir avec la lactation. Ce qui compte, c'est que vous vous reposiez entre les tétées afin que votre métabolisme puisse récupérer. Pour beaucoup de femmes, la tétée de milieu de soirée est la plus fatigante : le lait est moins abondant et l'enfant lui-même peut être agité. Essayez de vous reposer dans l'après-midi et préparez le souper à l'avance.

La fréquence des tétées

Préparez-vous à donner le sein très souvent – pendant les premières semaines, jusqu'à 10 fois par 24 heures. Au début, l'allaitement occupera tout votre temps, mais vous constaterez que votre bébé sera satisfait et s'endormira facilement. Vers six à huit semaines, il tétera mieux et moins souvent. N'établissez pas d'horaires stricts : il serait contrarié dans ses habitudes et le stress vous empêcherait de produire assez de lait. Pendant les premières semaines, changez de sein à chaque tétée pour équilibrer la production de lait et vous épargner des douleurs. Beaucoup d'enfants tètent plus facilement d'un côté que de l'autre. Donnez alors d'abord à votre bébé le sein qu'il apprécie moins.

Les positions d'allaitement

Il faut s'installer confortablement avant de commencer la tétée, car elle peut durer un certain temps. Que vous soyez assise ou allongée, assurez-vous que votre enfant est bien tourné vers vous. Ainsi, il y a plus de chances qu'il prenne le mamelon correctement dès son premier essai. La position couchée vous conviendra peut-être mieux si vous avez subi une épisiotomie et que vous êtes mal à l'aise en étant assise. Si vous avez subi une césarienne et que votre estomac tire encore, essayez d'enfouir les pieds de votre bébé sous votre bras.

Le réflexe « d'évacuation »

Un bon contact est nécessaire lorsque votre bébé tète le sein : ses gencives doivent s'emparer solidement de l'aréole et le mamelon doit être bien inséré dans sa bouche pour qu'il puisse aspirer le lait directement dans sa gorge et l'avaler. Pendant que le bébé tète, les nerfs de l'aréole stimulent l'hypothalamus dans le cerveau, ce qui stimule à son tour la glande pituitaire et sécrète l'ocytocine. Votre sein se détend alors, permettant d'évacuer le lait.

▼ EN POSITION ALLONGÉE Cette position convient si vous êtes fatiguée ou si vous voulez éviter de faire peser votre enfant sur la cicatrice de la césarienne. Couchez-vous sur le côté et posez l'enfant contre vous pour qu'il tète le sein qui se trouve côté matelas.

La bonne position

1 **SOUTENEZ LE DOS DE VOTRE ENFANT** et maintenez son cou avec votre main et vos doigts pour le rapprocher de votre sein. Son nez et votre mamelon doivent être à la même hauteur. Dès qu'il percevra l'odeur du lait, votre bébé ouvrira la bouche. S'il est encore nouveau-né, caressez-lui doucement la joue : par réflexe, il se tournera alors vers votre sein.

2 **IL DEVRAIT SAISIR LE MAMELON** immédiatement. Sinon, soutenez votre sein d'une main et approchez votre enfant afin que votre mamelon se trouve à hauteur de sa bouche. Vos seins sont stimulés de façon à produire du lait grâce à la succion du bébé, de sorte que, plus il suce avidement, plus vos seins fourniront de lait. Vos seins produiront ce dont votre bébé a besoin et vous n'en manquerez pas.

3 **POUR LIBÉRER LE MAMELON** – La tétée crée un effet d'aspiration, à tel point qu'il peut être difficile de sortir le mamelon de la bouche de l'enfant. Pour cela, glissez doucement le bout de votre petit doigt dans le coin de sa bouche. Ne tirez jamais sur votre sein pour le libérer de la succion : cela pourrait irriter votre mamelon et faire échouer votre projet d'allaitement.

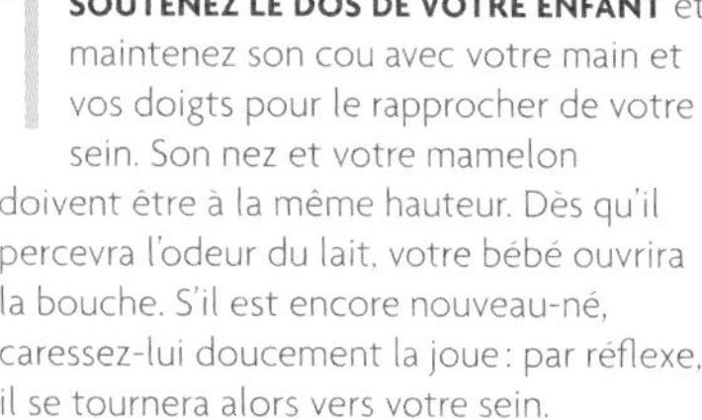

La bonne position

Pour que l'allaitement réussisse, il est important de savoir comment un enfant tète. Il ne suce pas le mamelon, mais le serre entre sa langue et la voûte de son palais. Il est important qu'il saisisse avec fermeté le mamelon et l'aréole (ce qui stimule la montée du lait), qu'il doit prendre assez loin dans sa bouche pour que le lait soit avalé facilement et descende directement dans sa gorge.

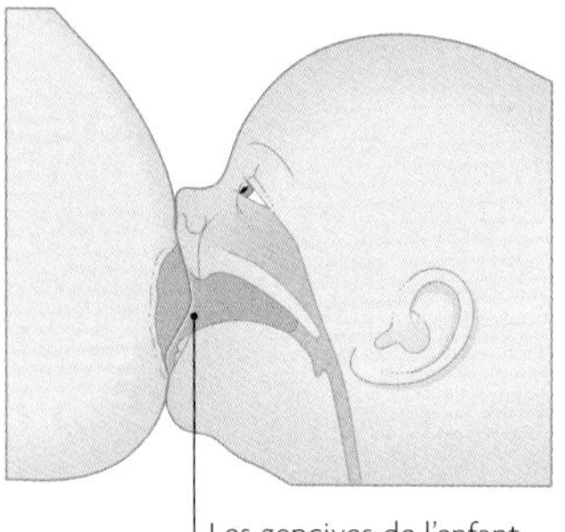

Les gencives de l'enfant doivent encercler l'aréole.

Tenez bon

Il est rare que l'on parvienne à allaiter un enfant sans la moindre complication. Vous aurez peut-être cette chance, mais vous devez être consciente que des problèmes peuvent se présenter. Ces difficultés ne sont pas insolubles; vous devez être soutenue, conseillée et bien décidée à réussir.

Prenez soin de vos seins

Vos seins doivent faire l'objet de soins particuliers lorsque vous allaitez. Achetez au moins deux soutiens-gorge d'allaitement, les meilleurs que vous pouvez vous permettre. Un bon soutien-gorge réduira votre inconfort si vos seins deviennent douloureux. Quelques semaines avant la naissance, demandez, au magasin, les conseils d'une experte qui vous permettra d'en essayer quelques-uns. Cherchez un soutien-gorge muni d'attaches à l'avant et de bretelles larges qui ne s'enfonceront pas dans vos épaules. Les soutiens-gorge à ouverture devant ou munis d'une attache à fermeture-éclair s'ouvrent facilement d'une main alors que vous tenez votre bébé. Portez votre soutien-gorge en tout temps, même la nuit, puisque vous aurez besoin d'un bon soutien.

Prenez grand soin de vos seins et de vos mamelons. Baignez-les chaque jour dans l'eau, mais évitez le savon, puisqu'il déshydrate la peau et favorise la douleur et la fissuration des mamelons. Séchez-les doucement et, si vous le pouvez, laissez-les à l'air libre pendant un moment après l'allaitement. Les coussinets pour les seins aident à garder les mamelons propres et au sec, même si toutes les femmes ne les jugent pas essentiels.

Les sujets d'inquiétudes pendant l'allaitement

Inquiétudes	Ce que vous pouvez faire
La durée de la tétée	Votre enfant absorbe 80 % de son lait au cours des 5 premières minutes. Pendant les 5 minutes qui suivent, il boit un lait plus crémeux. Il faut donc compter environ 10 minutes par sein. Il est rare qu'un enfant nourri au sein soit sous-alimenté, même quand il ne tète que très brièvement. Toutefois, ne limitez pas le temps passé à chaque sein. Si votre bébé est heureux de téter, laissez-le faire.
La tétée dure trop longtemps	Beaucoup de nouveau-nés mettent plusieurs jours à maîtriser la tétée et passent donc beaucoup de temps au sein. Un enfant qui tète n'avale pas forcément du lait; il passe un bon moment, tout simplement. Si le vôtre a tendance à s'endormir, laissez-le se nourrir en tétant d'un côté, puis présentez l'autre sein à la prochaine tétée.
La prise de poids de l'enfant	Il est inutile de peser votre bébé avant et après chaque tétée. Le gain de poids d'un enfant nourri au sein se calcule sur une période de deux à trois semaines, car il n'est pas régulier. Les très rares cas de sous-alimentation sont le plus souvent dus à une mauvaise position de l'enfant.
Si vous êtes malade	Les infections les plus courantes, telles que le rhume, ne justifient pas un arrêt de l'allaitement. Restez couchée et demandez à votre compagnon de vous apporter l'enfant au moment de la tétée. Vous pouvez également tirer votre lait pour que votre conjoint le lui donne au biberon. Si vous prenez des médicaments, rappelez à votre médecin que vous allaitez, car certains traitements sont alors déconseillés.
Dans les lieux publics	L'allaitement est la façon la plus commode de nourrir votre enfant, et vous êtes en droit d'y procéder à tout moment et en tout lieu. Pour plus de discrétion, portez un soutien-gorge d'allaitement, facile à ouvrir d'une main, et préservez votre intimité en vous couvrant d'un châle ou d'un chandail.

Douleurs et inflammations

Les douleurs des mamelons sont la première raison qui mène certaines femmes à abandonner l'allaitement. Il est toutefois possible de les éviter. Assurez-vous que votre enfant est en bonne position et qu'il prend bien tout le mamelon; ne tirez jamais sur celui-ci à la fin de la tétée (voir ci-contre). Séchez vos mamelons en les tamponnant avec des coussinets en coton jetables. N'employez pas de mouchoirs en papier, ils s'effilocheraient. Si possible, laissez vos seins sécher à l'air. Si des crevasses apparaissent, une pommade, comme la vaseline, vous soulagera. En cas de douleurs aiguës, n'attendez pas que votre bébé ait très faim pour le mettre au sein: s'il est calme, il tétera plus doucement. Avant de commencer, amorcez la montée de lait en pressant le bout de votre mamelon.

▲ **EN DÉPLACEMENT** L'un des avantages de l'allaitement au sein, c'est qu'il permet de nourrir l'enfant n'importe où, n'importe quand.

Canaux bouchés et mastite

Des vêtements serrés ou un engorgement peuvent boucher un conduit de lait, provoquant ainsi une tache rougeâtre dure sur le sein. Pour éviter cette situation, allaitez souvent, encouragez votre bébé à vider vos seins et assurez-vous que votre soutien-gorge soit bien ajusté. Un conduit obstrué peut entraîner une infection aiguë qu'on appelle mastite, qui enflamme le sein. Si vous en souffrez, poursuivez l'allaitement, car votre sein doit se vider de son lait. Votre médecin peut vous prescrire des médicaments afin d'éliminer l'infection.

DU CÔTÉ DU PÈRE

Votre soutien est essentiel.

Ce que vous pouvez faire

* Soyez encourageant.

* Ne laissez pas votre compagne seule pour allaiter, sauf si elle vous le demande. Elle pourrait se sentir abandonnée, et vous, écarté.

* Votre partenaire voudra peut-être tirer son lait pour que vous nourrissiez votre enfant au biberon la nuit. Posez alors le bébé contre votre torse nu pour qu'il ait l'impression d'être au sein.

* Sachez que les seins de votre conjointe seront peut-être durs, sensibles ou douloureux durant les premières semaines d'allaitement.

Si vous avez des jumeaux

Ne vous laissez pas décourager par ceux qui vous disent qu'on ne peut pas allaiter ses jumeaux. Bien des femmes ont prouvé le contraire et, comme tous les bébés, les jumeaux tirent un énorme bénéfice du lait maternel. Vos seins peuvent produire suffisamment de lait pour deux enfants, qui ont par ailleurs besoin d'établir une relation intime avec vous. Quand l'allaitement sera bien établi, vous pourrez même les nourrir tous les deux à la fois.

Trouvez du soutien Il est crucial d'avoir confiance en soi pour allaiter des jumeaux. Discutez avec des mères qui ont vécu l'expérience. Les associations de soutien sont là pour vous conseiller.

Une double tétée Pour nourrir vos bébés ensemble, posez-les sur le dos, la tête en avant et calés contre un coussin, puis passez un bras au-dessus de chacun.

Pour commencer, un à la fois Au début, apprenez à bien placer vos bébés au sein, un par un. Les premiers jours, il sera peut-être plus facile d'allaiter

▶ **LA DOUBLE TÉTÉE** Lorsque l'allaitement sera devenu régulier, vous pourrez donner le sein à vos deux bébés à la fois.

vos enfants séparément ; cela vous permettra aussi de les connaître individuellement. Toutefois, cette méthode prend beaucoup plus de temps que la double tétée.

Vous aurez assez de lait La lactation répond systématiquement à la demande ; vos seins sécréteront donc, à coup sûr, la quantité de lait nécessaire. Si l'un des enfants a un appétit plus robuste que l'autre, commencez par faire téter le plus lent. Le plus gourmand stimulera ensuite la lactation.

Prenez soin de vous Mangez de bon appétit, buvez beaucoup et reposez-vous le plus possible. Les besoins des jumeaux sont les mêmes que ceux des autres enfants, mais multipliés par deux, ce qui peut s'avérer fatigant. N'hésitez pas à vous faire aider.

▲ **UTILISER UN TIRE-LAIT** Commencez en plaçant doucement l'entonnoir de la pompe sur l'une de vos aréoles en prenant soin de former un joint étanche. Vous devez ensuite actionner le levier ou le plongeur de la pompe pour extraire votre lait.

Comment tirer son lait

Vous pouvez tirer votre lait afin que votre compagnon donne le biberon à votre bébé. Les premiers jours, c'est aussi un bon moyen de vous soulager si vous sécrétez trop de lait. Et, si votre enfant est dans une unité de soins (voir p. 62), vous pourrez ainsi le nourrir vous-même. Rares sont les femmes qui trouvent cette opération facile, sachez-le. Il faut apprendre à le faire. Si votre lait « fuit » d'un côté pendant que vous donnez le sein de l'autre, recueillez-le et mettez-le de côté dans un récipient stérile.

Utiliser un tire-lait

Il est plus rapide de tirer son lait avec un appareil qui exerce une succion régulière et rythmée. Avec un tire-lait manuel, on plaque une coquille hermétique sur l'aréole et on crée un vide grâce à une ventouse. Le lait est alors aspiré. Les tire-lait électriques sont plus chers, mais d'un emploi plus facile. Ils imitent mieux le processus de succion d'un enfant. Si vous tirez souvent votre lait – pour reprendre le travail avant le sevrage de votre bébé, par exemple –, mieux vaut vous procurer un appareil électrique.

Tirer son lait à la main

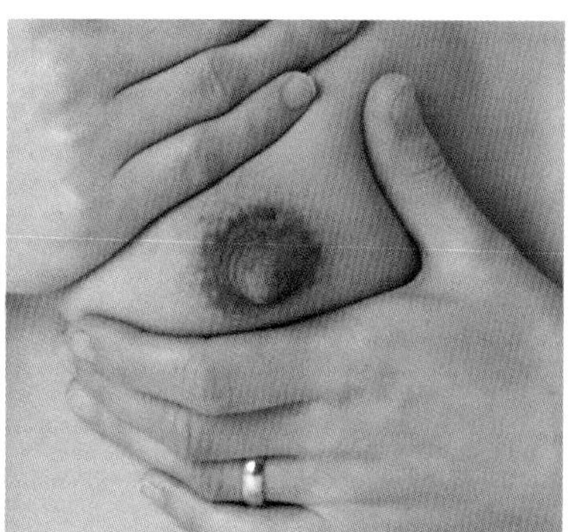

1 **MASSEZ VOTRE SEIN** du plat de la main, en allant des côtes vers l'aréole.

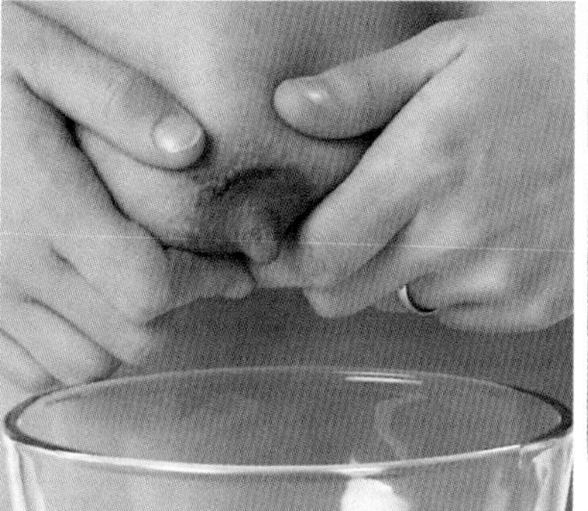

2 **PINCEZ DOUCEMENT** la peau qui entoure l'aréole pour serrer les principaux canaux galactophores, sous le mamelon.

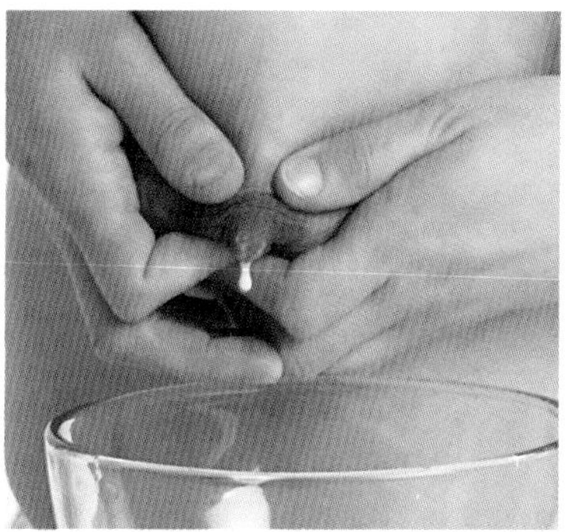

3 **RECUEILLEZ LE LAIT** dans un récipient stérile ; il se conservera quelques heures au réfrigérateur. Pour une attente plus longue, congelez-le.

L'allaitement au biberon

Stériliser un biberon

L'hygiène et la préparation adéquate du biberon sont importantes afin d'éviter des problèmes de santé chez votre bébé. Pour vous assurer que celui-ci se développe bien et pour éviter les infections:

* Procurez-vous le matériel nécessaire à l'avance, et apprenez à laver et à stériliser les biberons.
* Lavez-vous systématiquement et soigneusement les mains avant de manipuler les biberons et de nourrir votre enfant.
* Suivez scrupuleusement le mode d'emploi de votre stérilisateur.
* Pour être stérilisé, un biberon doit rester complètement immergé dans le liquide pendant au moins deux heures; suivez les recommandations du fabricant.
* Si vous procédez à six ou sept tétées par jour pendant les premières semaines, changez le bain de stérilisation deux fois par jour. Vous pourrez ensuite le renouveler une seule fois par jour.
* Préparez six biberons de lait à la fois et gardez-les au réfrigérateur. Lorsqu'il n'en restera plus que deux, préparez le lot suivant.
* N'augmentez pas le dosage de lait en poudre et n'y ajoutez jamais de sucre.
* À la fin de la tétée, jetez le reste de lait, rincez et videz le biberon, fermez-le et rangez-le en attendant la prochaine stérilisation.
* Ne donnez jamais à votre enfant le reste du biberon précédent: il pourrait être contaminé.
* Ayez sous la main une réserve de lait tout prêt, en cas d'urgence.

Je ne vais pas vous mentir en vous disant que le biberon est aussi bon pour l'enfant que le lait maternel. Mais je ne veux pas non plus vous culpabiliser. Si vous hésitez, relisez les pages précédentes afin de bien prendre en compte tous les avantages de l'allaitement. Le biberon présente surtout un intérêt bien particulier: les deux parents peuvent se répartir équitablement l'allaitement de leur enfant.

Les avantages du biberon

Vous pouvez tous deux donner le biberon à votre bébé et cette méthode est un bon moyen de mettre le père à l'ouvrage. Rien ne vous empêche de recréer l'intimité de la tétée en serrant l'enfant tout contre vous, dans le creux de votre bras. Son visage se trouvera à 20 ou 25 centimètres du vôtre et vous pourrez échanger vos regards (voir p. 61). Le plus souvent possible, serrez votre bébé contre votre peau.

Comment donner le biberon

Avant tout, vérifiez que le débit de la tétine n'est ni trop faible ni trop puissant: lorsque vous renversez le biberon, il doit s'écouler plusieurs gouttes par seconde. Votre bébé décidera peut-être lui-même de faire une pause pour un rot. Il n'est pas nécessaire de provoquer le rot à tout prix en donnant des tapes dans le dos de votre enfant. Laissez-le boire sans pause jusqu'à ce qu'il décide d'arrêter.

À L'HEURE DU BIBERON Serrez votre bébé contre vous, regardez-le sans cesse et parlez-lui pendant toute la tétée. Posez un coussin sur vos genoux pour qu'il soit à la bonne hauteur. Il associera bientôt le plaisir de téter avec votre visage.

Comment préparer le lait

1 **REMPLISSEZ UN BIBERON** d'eau fraîchement bouillie. En utilisant la cuillère prévue à cet effet, égalisez la poudre avec le revers d'un couteau.

2 **AJOUTEZ LE LAIT EN POUDRE** à l'eau bouillante. Versez une cuillérée à la fois et évitez d'en verser trop.

3 **ASSUREZ-VOUS** d'avoir utilisé la bonne quantité de lait. Placez la tétine sur le biberon.

4 **AGITEZ LE BIBERON** pour vous assurer que le lait se mélange parfaitement. Refroidissez le biberon dans un bol d'eau froide.

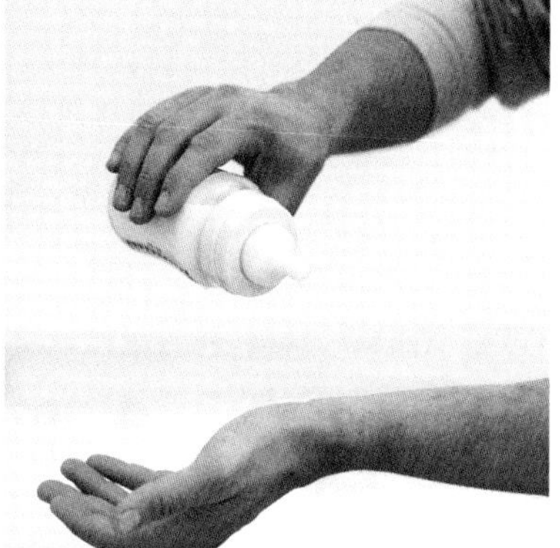

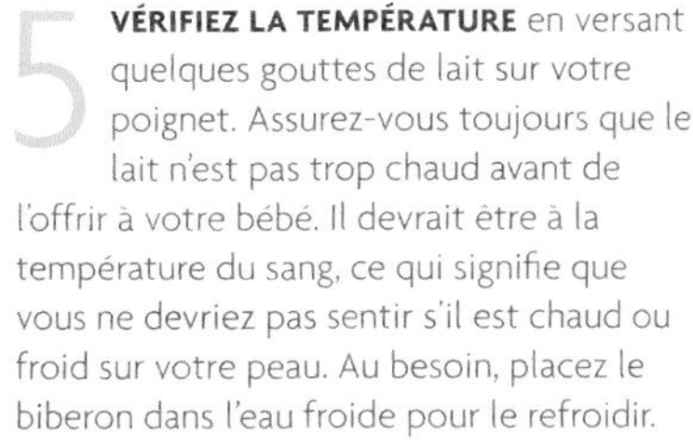

5 **VÉRIFIEZ LA TEMPÉRATURE** en versant quelques gouttes de lait sur votre poignet. Assurez-vous toujours que le lait n'est pas trop chaud avant de l'offrir à votre bébé. Il devrait être à la température du sang, ce qui signifie que vous ne devriez pas sentir s'il est chaud ou froid sur votre peau. Au besoin, placez le biberon dans l'eau froide pour le refroidir.

Ce qu'il vous faut

* Un stérilisateur à vapeur ou chimique
* De l'eau stérilisée chaude
* Du lait en poudre et une cuillère à mesurer
* Un couteau pour araser
* 6 à 8 biberons

Bien nettoyer les biberons

L'alimentation au biberon exige une hygiène sans faille. Le lait est un terrain fertile pour les bactéries responsables de maladies telles que la gastro-entérite. Stérilisez les biberons, tétines et autres accessoires jusqu'à ce que votre bébé ait six mois. Quand votre enfant aura plus de 12 mois, il suffira de laver tous ces accessoires au lave-vaisselle.

* Brossez les biberons et tétines à l'eau chaude savonneuse pour en supprimer toute trace de lait, puis rincez-les abondamment à l'eau froide.
* Nettoyez bien les tétines, sans oublier le bord intérieur, et vérifiez que les trous sont bien nets. Rincez-les à l'eau froide.

Les couches

L'érythème fessier

Pour éviter toute irritation, changez votre enfant sans trop attendre, surtout s'il a déféqué. En décomposant l'urine, les bactéries des fèces génèrent de l'ammoniac, qui peut irriter la peau. Veillez à ce que la peau de votre bébé soit bien propre et exposée à l'air. N'employez de pommade qu'à titre préventif. Si des rougeurs apparaissent, laissez l'enfant fesses nues le plus souvent possible et laissez-le jouer un moment sur son tapis à langer. Appliquez ensuite une crème protectrice à chaque changement de couche. Si les symptômes persistent plus de deux ou trois jours, demandez conseil à votre médecin.

Vous devrez utiliser des couches pendant au moins deux ans et demi, jusqu'à ce que votre enfant maîtrise pleinement sa vessie et ses intestins. Il faut donc apprendre à changer votre bébé efficacement. Réfléchissez bien pour savoir quel type de couches vous convient le mieux : de nos jours, vous avez le choix.

Comment choisir

Le marché propose tant de produits jetables qu'il peut être difficile de faire un choix. Si vous souhaitez des couches réutilisables, sachez que plusieurs modèles se sont substitués à la bonne vieille couche en tissu-éponge que l'on fixait avec des épingles de sûreté. Chaque modèle a ses avantages et ses inconvénients. À moins de souscrire à un service de nettoyage, les couches réutilisables nécessitent plus de travail, puisqu'il faut les laver et les sécher. Les couches jetables, elles, sont plus chères, même si l'on tient compte du coût de l'entretien des couches en toile. On a beaucoup parlé de leur impact écologique, depuis leur fabrication jusqu'à leur mise à la poubelle. Les couches en tissu restent évidemment moins néfastes pour l'environnement.

Couches, protège-couches et fixations

Voici une sélection de quelques couches. Tous les modèles peuvent convenir à votre enfant, qui doit simplement être changé aussi souvent que nécessaire.

Couches jetables

Culotte plastifiée

Couche lavable

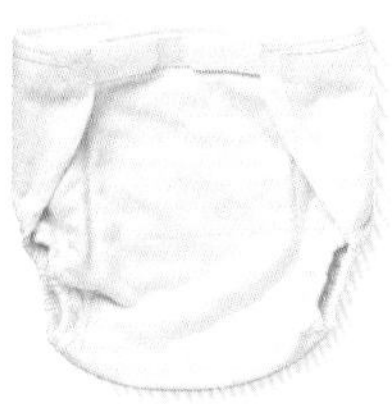

Couche lavable avec velcro

Protège-couche

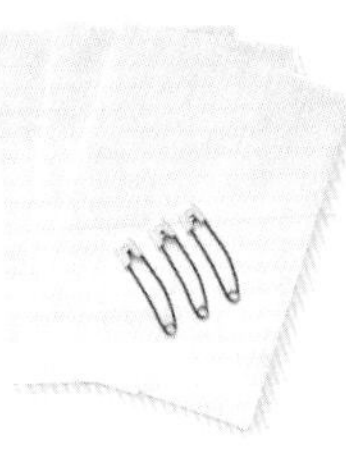

2 langes en coton et épingles de sûreté

Les couches en tissu

Le modèle le plus traditionnel est un carré en tissu-éponge, épais et parfois inconfortable, surtout quand l'enfant commence à se déplacer. Il existe des modèles plus modernes, taillés et cousus ; certains sont équipés d'une bande velcro ou d'un système de fixation sans épingle, ce qui élimine le souci de l'épingle de sûreté. Si vous choisissez ce type de couches, garnissez-les d'une doublure jetable ou réutilisable pour éliminer les excréments les plus salissants.

Garçon ou fille ?

Certaines marques jetables tiennent compte de la différence des sexes : puisque les garçons mouillent plutôt l'avant de la couche, le modèle masculin est plus épais devant. Dans le cas des filles, c'est l'arrière qui est le plus absorbant.

Changer votre bébé

Votre enfant doit être changé et nettoyé dès qu'il a sali sa couche. Le nombre d'interventions varie d'un bébé à l'autre.

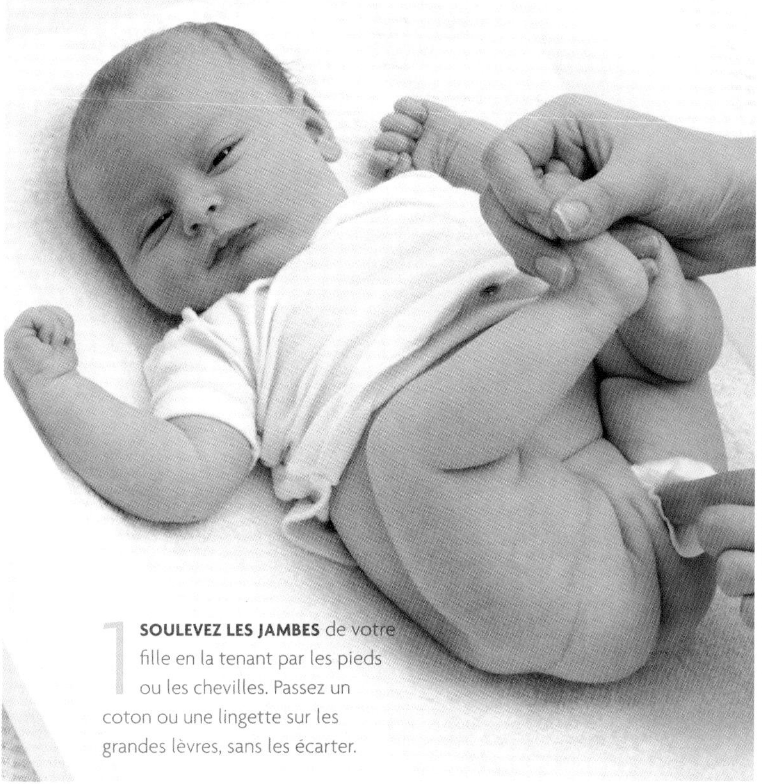

1 **SOULEVEZ LES JAMBES** de votre fille en la tenant par les pieds ou les chevilles. Passez un coton ou une lingette sur les grandes lèvres, sans les écarter.

Les filles

Nettoyez toujours la vulve d'avant en arrière, pour éviter de déposer près du vagin des bactéries venant de l'anus. Ne passez pas le coton entre les lèvres ; contentez-vous de supprimer toute trace d'excréments avec un coton humide.

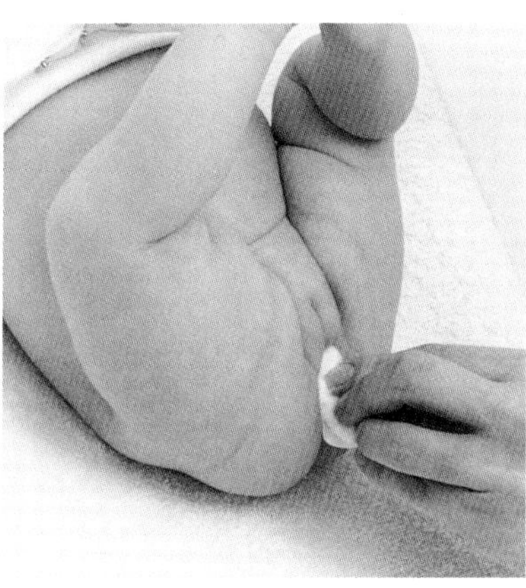

2 **NETTOYEZ** la vulve de l'avant vers l'arrière avec un coton ou une lingette propre.

Les garçons

Pendant que vous lui ôtez sa couche, couvrez le sexe de votre garçon avec un mouchoir en papier, au cas où il urinerait. Passez un coton humide autour du pénis et du scrotum. N'essayez pas de le décalotter, il est encore bien trop jeune.

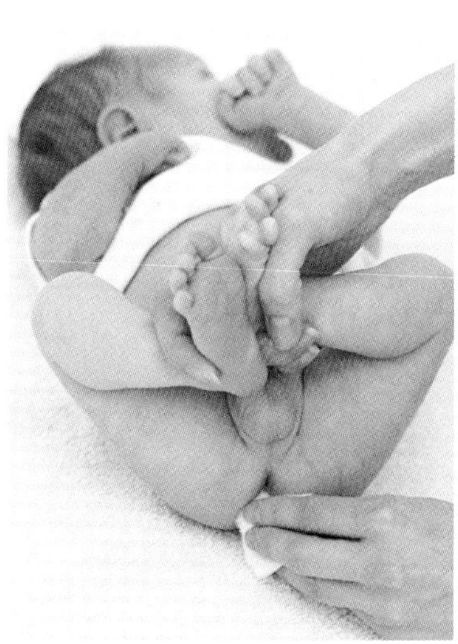

1 **SOULEVEZ SES JAMBES** en les tenant par les chevilles. Passez un coton humide sur les parties génitales. Changez chaque fois de tissu ou de coton.

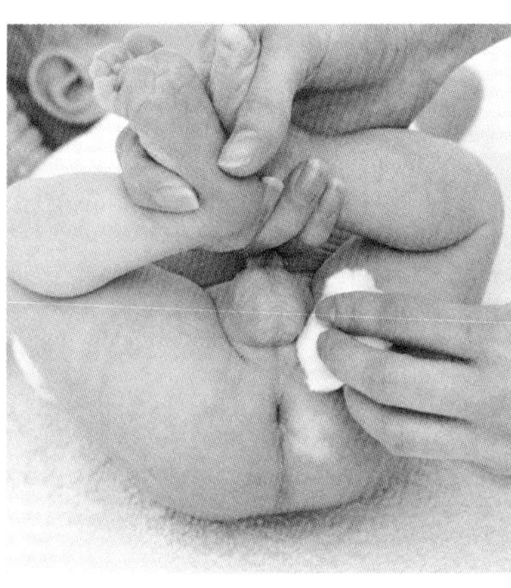

2 **VÉRIFIEZ** qu'il ne reste plus aucune trace de saleté. Remontez le coton vers le pénis en partant du pli des jambes.

Changer la couche de votre bébé

Pour changer votre enfant, couchez-le sur une surface plane et ferme, couverte d'un matelas à langer ou d'une serviette. Épargnez votre dos en choisissant une table à la bonne hauteur ou agenouillez-vous au pied d'un lit. Ne laissez jamais votre bébé seul s'il est en hauteur. Un nouveau-né peut gigoter énergiquement et tomber d'une table, en particulier quand il a faim ou quand il pleure. Ayez à portée de main tout ce dont vous aurez besoin. Jetez les fèces aux toilettes, mais pas les couches jetables ni les protège-couches. Emballez-les dans un sac que vous mettrez dans une poubelle couverte.

1 **ÔTEZ LA COUCHE SALE** et nettoyez soigneusement l'enfant (voir p. 87). Si vous avez utilisé de l'eau, assurez-vous que tous les plis de sa peau sont bien secs. Soulevez doucement votre bébé pour glisser la couche propre sous ses fesses.

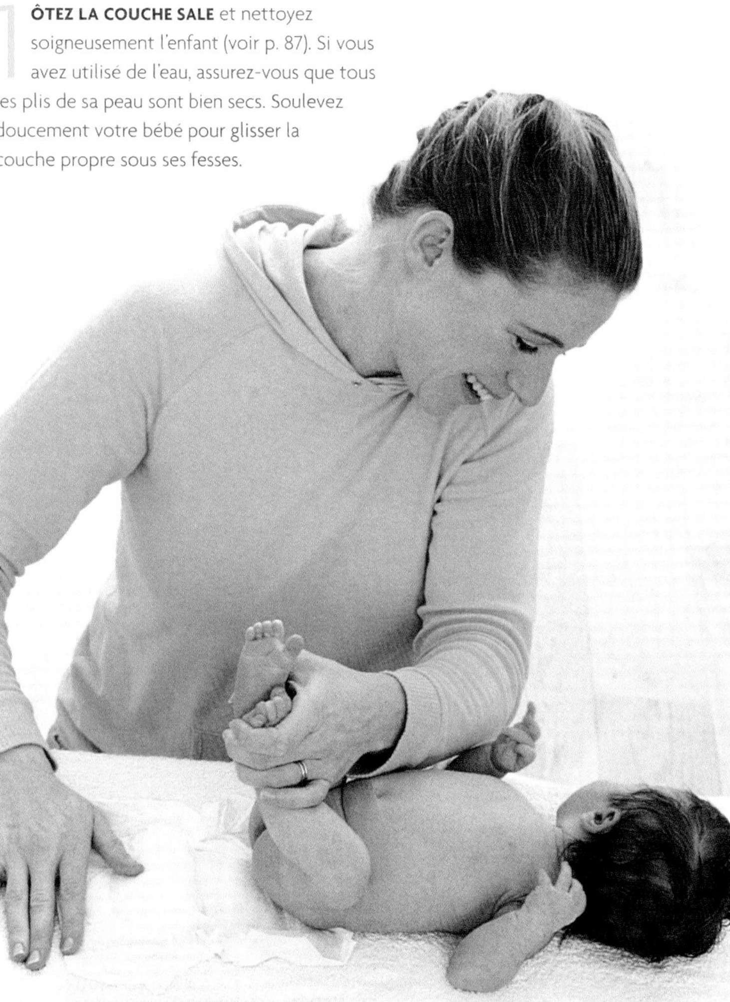

Ce qu'il vous faut

* Un matelas à langer
* Des mouchoirs en papier
* Une couche
* Un bol d'eau tiède ou des lingettes humides
* De la crème protectrice
* Une poubelle ou un sac en plastique

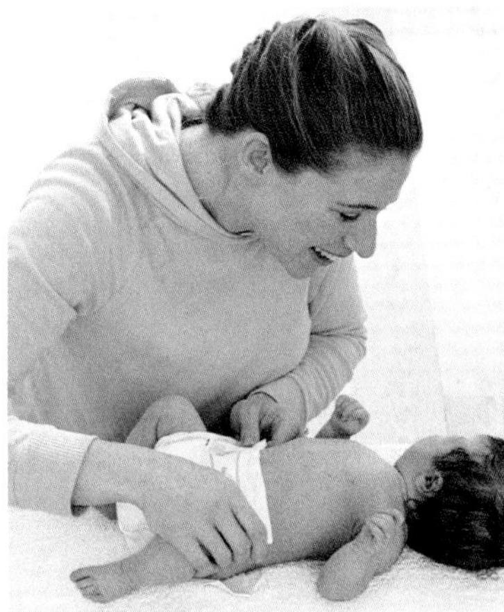

2 **RABATTEZ** l'avant de la couche en la tenant avec les deux mains. Tendez la couche pour qu'elle arrive le plus haut possible. Rabattez les coins vers l'arrière, de part et d'autre de la taille du bébé.

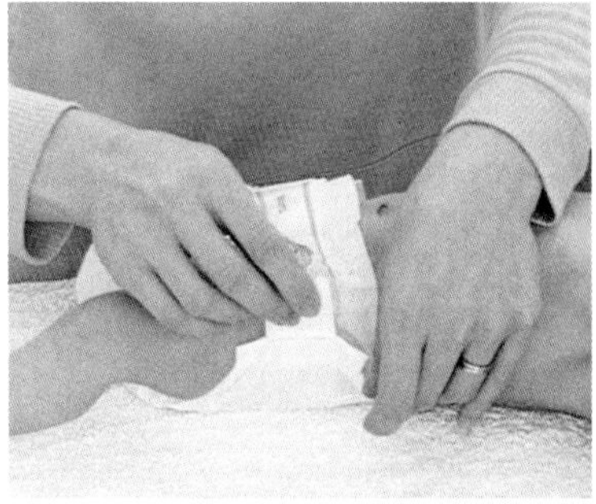

3 **TOUT EN EMPÊCHANT** la couche de glisser, rapportez et fixez les bandes adhésives sur l'avant.

Comment changer une couche réutilisable

La technique pour changer les couches réutilisables est la même que pour les couches jetables, mais vous aurez un plus grand nombre d'étapes à suivre. Vous devez tremper les couches sales dans un seau d'eau contenant une solution avant de les laver.

1 **NETTOYEZ SOIGNEUSEMENT VOTRE BÉBÉ** de la façon décrite à la page 87. Placez une doublure propre à l'intérieur de la couche. Glissez la couche préparée et la partie extérieure étanche sous les fesses de votre bébé. Tirez l'avant de la couche le plus loin possible vers le haut et retenez-la au moyen d'attaches.

2 **TIREZ LA PARTIE EXTÉRIEURE** sur la couche et retenez-la au moyen de boutons à pression ajustables. Assurez-vous que le bébé est à l'aise et que la partie extérieure est bien serrée contre la couche afin de prévenir les fuites.

▶ **DÉPLACEMENT LIBRE** Les couches réutilisables ajustées sont bien moins volumineuses que les couches en tissu traditionnelles. Votre bébé se déplacera aussi facilement qu'il l'aurait fait avec des couches jetables.

La toilette

Quelques astuces

Pour que le bain ou la toilette soit rapide et sans danger :

* **Procédez dans une pièce** bien chauffée et sans courant d'air, mais pas forcément dans la salle de bain. Utilisez un seau pour remplir et vider la baignoire.

* **Si vous employez une éponge** ou un gant de toilette, réservez-en l'usage à votre enfant, et à lui seul. Lavez-les souvent.

* **N'introduisez jamais** de bâtonnet de coton dans l'oreille d'un bébé : vous risquez d'abîmer son tympan. Contentez-vous d'essuyer la cire qui est visible de l'extérieur.

Les tout-petits ne se salissent guère et n'ont pas besoin d'un bain quotidien. Toutefois, l'heure du bain est un agréable moment de jeu et de câlin, que les bébés eux-mêmes finissent par apprécier. Pour le père, c'est souvent l'occasion de s'impliquer dans la vie de son enfant. Bientôt, le bain fera partie de la routine quotidienne et annoncera l'heure du coucher.

Avec un nouveau-né

Bien souvent, et c'est compréhensible, donner un bain à un nouveau-né si petit et si fragile rend ses parents nerveux. En dépit des apparences, votre bébé est solide, à condition que vous le manipuliez d'une main ferme et délicate. Les bons gestes feront bientôt partie de vos nouvelles habitudes, mais vous devez vous accorder le temps nécessaire. Au tout début, votre nouveau-né vous paraîtra peut-être très tendu ; il n'est pas forcément nécessaire de le baigner chaque jour. Une bonne toilette, comme expliqué ci-dessous, est tout à fait suffisante.

Une toilette complète et rapide

L'hygiène de votre enfant sera assurée si vous lui lavez le visage, les mains et les fesses, sans même le déshabiller complètement. Cela peut faire partie de la routine quotidienne au moment de l'habiller, le bain ne devenant nécessaire que tous les deux ou trois jours. Vous gagnerez du temps et votre bébé sera moins perturbé.

1 **DÉSHABILLEZ LE BÉBÉ** sur un matelas à langer ou une serviette. Laissez-lui son gilet ou enroulez-le dans une serviette. Essuyez doucement son visage, ses oreilles et les plis de son cou avec un coton mouillé d'eau tiède. Séchez en tamponnant, en insistant sur les plis du cou.

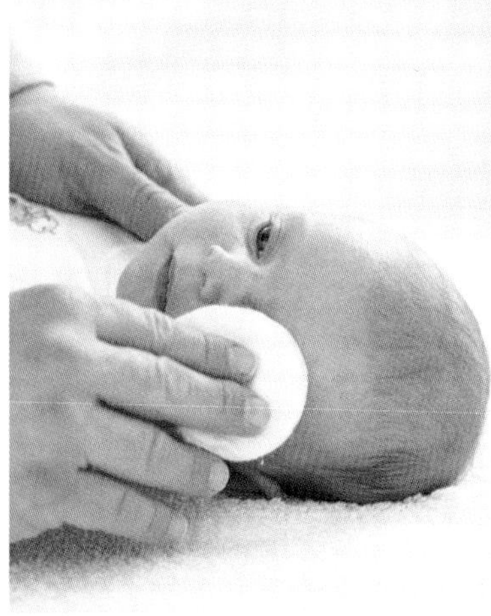

2 **HUMIDIFIEZ DEUX NOUVEAUX TAMPONS** de coton avec de l'eau stérilisée. Nettoyez chaque œil avec un coton différent pour éviter toute transmission d'infection. Passez le coton du coin intérieur de l'œil vers l'extérieur.

3 **AVEC UN NOUVEAU COTON**, lui aussi mouillé d'eau stérilisée, nettoyez les mains et les pieds du bébé. Séchez-les avec une serviette.

Ce qu'il vous faut

* **Du coton hydrophile** pour le visage, les yeux et les fesses
* **De l'eau stérilisée** pour les yeux
* **Un bol d'eau tiède** pour le visage et le corps
* **Une serviette douce** pour enrouler et sécher l'enfant
* **Une couche propre**
* **Des vêtements propres**

4 **ÔTEZ LA COUCHE** et nettoyez les fesses du bébé (voir p. 87). Essuyez-le avec un coton mouillé d'eau tiède, en insistant sur les plis des cuisses. Nettoyez le bas-ventre de l'avant vers l'arrière. Séchez en tamponnant et mettez-lui une couche propre avant de le vêtir de vêtements propres, eux aussi.

Le bain du bébé

Choisissez l'heure qui vous convient, à vous et à votre enfant ; rien ne vous oblige à attendre le soir, surtout si c'est là qu'il devient agité. Toutefois, pour les parents qui travaillent, le bain du soir est une bonne occasion de passer un moment avec leur bébé. Quand il sera plus âgé, vous pourrez même vous amuser en partageant le même bain (voir p. 95) ! Avant tout, veillez à avoir tout ce qu'il vous faut à portée de main.

1 **DÉSHABILLEZ VOTRE BÉBÉ**, mais laissez-lui un gilet le temps de lui laver le visage et le cou. Enroulez-le dans une serviette et, tout en le serrant sous votre bras et en maintenant sa tête au-dessus de l'eau, mouillez et rincez ses cheveux. Séchez-lui la tête avec la serviette.

Ce qu'il vous faut

* **Une baignoire pour bébé**
* **Deux serviettes**
* **Du savon liquide** pour bébé
* **Du coton hydrophile** pour son visage, ses yeux et ses fesses
* **De l'eau stérilisée froide** pour lui laver les yeux
* **Une couche propre**
* **Des vêtements propres**

2 **PRÉPAREZ UNE SERVIETTE SÈCHE** pour le moment de la sortie du bain. Défaites la serviette qui entoure votre enfant, ôtez-lui sa couche et déposez-le délicatement dans l'eau. Soutenez sa tête et ses épaules d'une main, ses fesses et ses jambes de l'autre.

3 **MAINTENEZ UN BRAS SOUS SA TÊTE** et, de l'autre main, versez doucement de l'eau sur son corps. Incitez-le à battre des pieds et à jouer.

4 **AU MOMENT DE LE SORTIR DU BAIN**, soulevez-le en passant une main sous sa tête et ses épaules, et l'autre main sous ses fesses comme précédemment. Déposez-le sur la serviette sèche et enroulez-le immédiatement pour qu'il n'ait pas froid. Tamponnez-le bien pour absorber toute l'eau, en particulier dans les plis du cou, des fesses, des cuisses et sous les bras. Il ne vous reste qu'à lui mettre une couche et à l'habiller.

Le bain du bébé plus grand

La sécurité

Au moment de passer à la baignoire des grands, n'oubliez pas qu'un bébé peut se noyer dans quelques centimètres d'eau (voir p. 123). Prenez donc vos précautions :

* Disposez tout ce dont vous aurez besoin près de la baignoire. Mieux vaut éviter de transporter un bébé mouillé.
* Couvrez le fond de la baignoire d'un tapis antiglisse.
* Agenouillez-vous pour tenir votre enfant sans vous faire mal au dos.
* Ne laissez jamais un bébé seul dans son bain, même s'il tient assis.

Ce qu'il vous faut

* Un tapis de bain antiglisse
* Une éponge ou un gant
* Du savon et du shampoing
* Une casquette de protection pour protéger les yeux
* Une serviette
* Une couche et des vêtements

Quand votre bébé sera capable de tenir sa tête, vers trois ou quatre mois, vous pourrez le laver dans une vraie baignoire. Une fois établie cette nouvelle habitude, il se fera une joie de profiter de ce moment pour jouer dans l'eau. Les grands principes restent les mêmes : tenez-le au chaud avant et après le bain, ne remplissez pas trop la baignoire et vérifiez que l'eau n'est pas trop chaude.

La baignoire des grands

Le passage de la petite baignoire à la grande inquiète certains enfants, alors que d'autres en raffolent. Mieux vaut donc agir progressivement en plaçant d'abord la petite baignoire dans la grande : ce sera moins impressionnant. Quand votre enfant aura pris cette nouvelle habitude et tiendra assis tout seul, il se réjouira de ce moment de plaisir quotidien et participera à des jeux (voir ci-dessous). L'heure du bain deviendra peut-être synonyme de colère et d'éclaboussures, car le plus difficile sera alors de sortir votre bébé de l'eau, et non de l'y entrer ! Intégrez cet instant à la routine du soir (voir p. 103) pour l'associer à la fin de la journée.

Pour s'amuser à l'heure du bain

Dès qu'il sera un peu plus âgé, votre enfant appréciera l'heure du bain ; pour vous, ce sera l'occasion de faire le point sur le développement de sa personnalité et de son adresse. C'est un moment idéal pour toutes sortes de jeux inventifs, dont vous pouvez vous servir pour stimuler votre bébé. Tous les enfants apprécient ce moment de liberté passé assis dans l'eau tiède ; le vôtre sera peut-être fasciné par l'activité qui consiste à remplir un récipient d'eau, à le vider et à asperger ce qui l'entoure. Ce moment de jeu

LA SÉCURITÉ À L'HEURE DU BAIN
Donnez à votre bébé des jouets flottants pour qu'il s'amuse dans le bain. Cependant, ne le quittez pas des yeux et ne le laissez pas une seule seconde sans surveillance.

La toilette sans bain

Faire la toilette d'un bébé sans le plonger dans l'eau, c'est un peu comme la toilette rapide du bébé (voir p. 90). Cela peut être utile si votre enfant est malade ou n'aime pas le bain. Cette méthode vous permet de faire une toilette complète les jours où vous n'avez pas le temps de faire autrement.

1 **TENEZ À PORTÉE DE MAIN** le même matériel que pour une toilette rapide (voir p. 90). Déshabillez le bébé sans ôter sa couche et enroulez-le dans une serviette en le laissant torse nu. Lavez-lui le visage, le cou, le ventre et le dos, puis séchez-le.

2 **METTEZ UN GILET** propre au bébé. Retirez-lui sa couche et lavez-lui les jambes et les pieds, puis les fesses. Séchez-le avant de lui mettre une couche propre et de l'habiller.

est bel et bien formateur. Voici comment favoriser cet apprentissage :

* À l'aide d'ustensiles, par exemple des tasses ou gobelets en plastique, des cuillères et une passoire, montrez-lui quels objets peuvent contenir de l'eau et lesquels ne le peuvent pas. Incitez-le à mélanger et à verser de l'eau.
* Offrez-lui des jouets flottants qu'il aura plaisir à manipuler.
* Partagez un bon moment en vous baignant avec votre enfant ; câlinez-le dans l'eau tiède, que vous maintiendrez à la bonne température en laissant le robinet couler tout doucement. Allongez-vous de telle sorte que votre tête se trouve à l'opposé de l'arrivée d'eau.

DU CÔTÉ DU PÈRE

Votre bébé en viendra à apprécier l'heure du bain, surtout si cela devient un moment d'intimité avec vous. Pour cela, tenez-le d'une main sûre et baignez-le souvent pour établir une habitude, et prendre confiance tous les deux. C'est un bon moyen de participer à sa vie quotidienne et de lui montrer que vous vous occupez de lui au même titre que sa mère.

Pour passer un bon moment

* Quand vous vous baignez avec votre enfant, posez-le sur votre torse afin qu'il soit seulement à moitié dans l'eau. Souriez et parlez sans cesse, tout en le savonnant.

* Aspergez-le doucement sur tout le corps, mais non sur le visage. Ainsi, il apprendra que l'heure du bain est un moment de plaisir et n'aura pas peur de l'eau.

* Prenez votre temps ; si vous allez trop vite, vous perdrez un bon moment ensemble. N'oubliez pas que c'est aussi un moyen de vous détendre après une dure journée de labeur.

Le shampoing

Même si votre enfant adore l'heure du bain, le lavage des cheveux peut rester un moment délicat s'il n'aime pas que l'eau lui coule sur le visage, et surtout sur les yeux. Ne vous inquiétez pas : c'est très fréquent. Donnez-lui le temps de s'habituer à sentir l'eau ruisseler sur sa tête et son visage ; faites-en un jeu en lui versant un filet d'eau sur la tête de temps à autre. En attendant qu'il ait pris confiance, contentez-vous de lui passer un gant mouillé sur les cheveux.

Certains bébés, en revanche, adorent que l'eau leur mouille le visage, et même les yeux. Si c'est le cas du vôtre, vous pouvez rincer ses cheveux à l'aide de la pomme de douche, ou en vidant un bol rempli d'eau sur sa tête, et même en faire un jeu. Toutefois, même le plus doux des shampoings pour bébés pourrait lui piquer les yeux. Une casquette de protection empêchera l'eau savonneuse de ruisseler sur ses yeux, en attendant qu'il apprenne à les fermer au bon moment ou à pencher la tête en arrière. Séchez les cheveux de votre enfant avec une serviette et coiffez-les avec une brosse souple.

Habiller votre bébé

Les vêtements

Préférez les vêtements commodes à enfiler et à enlever, faciles à laver et qui sèchent vite.

* Ils doivent être assez amples, avec des poignets extensibles pas trop serrés.

* Préférez les boutons-pression aux boutons classiques. Évitez les rubans, parfois difficiles à dénouer.

* Évitez aussi la pure laine, qui peut irriter la peau. Préférez les fibres douces, comme le coton.

* N'achetez que des vêtements lavables à la machine.

* Lisez l'étiquette pour savoir si un vêtement est inflammable.

* Avant d'acheter un vêtement d'occasion, vérifiez qu'il est ininflammable, qu'il n'a pas rétréci au lavage et que les fermetures et fixations sont en bon état.

* Achetez une tenue qui protégera votre enfant des effets du soleil (voir p. 119).

Un nouveau-né grandit si vite que ses vêtements ne lui conviennent pas plus de quelques semaines ; ne dépensez donc pas trop pour ces premiers habits. Vous recevrez peut-être, en cadeau de naissance, la layette nécessaire pour le premier mois. De votre côté, achetez des vêtements simples et commodes de taille « premier âge ».

Comment habiller et déshabiller votre bébé

Nombreux sont les parents que cette tâche rend nerveux, surtout quand il s'agit de soulever la tête du tout-petit, « fragilisée » par la fontanelle encore souple. Votre enfant sera en sécurité et vous aurez la main plus sûre s'il est allongé sur le dos, sur un matelas à langer ou une serviette. Même si un nouveau-né ne distingue pas encore le jour et la nuit, le vêtement le plus facile à porter est le pyjama. Vers trois ou quatre mois, votre bébé saura mieux tenir sa tête et vous pourrez le vêtir en le tenant sur vos genoux.

Enfiler une combinaison

Il n'est pas toujours facile de passer une combinaison par-dessus la tête d'un bébé, car celle-ci est volumineuse et difficile à manipuler. Toutefois, de nombreux modèles sont extensibles, ou dotés de boutons-pression aux épaules, ce qui facilite la tâche.

1 **COUCHEZ VOTRE BÉBÉ** sur une surface ferme et plate. Étirez bien l'encolure de la combinaison en tirant dessus avec les deux mains.

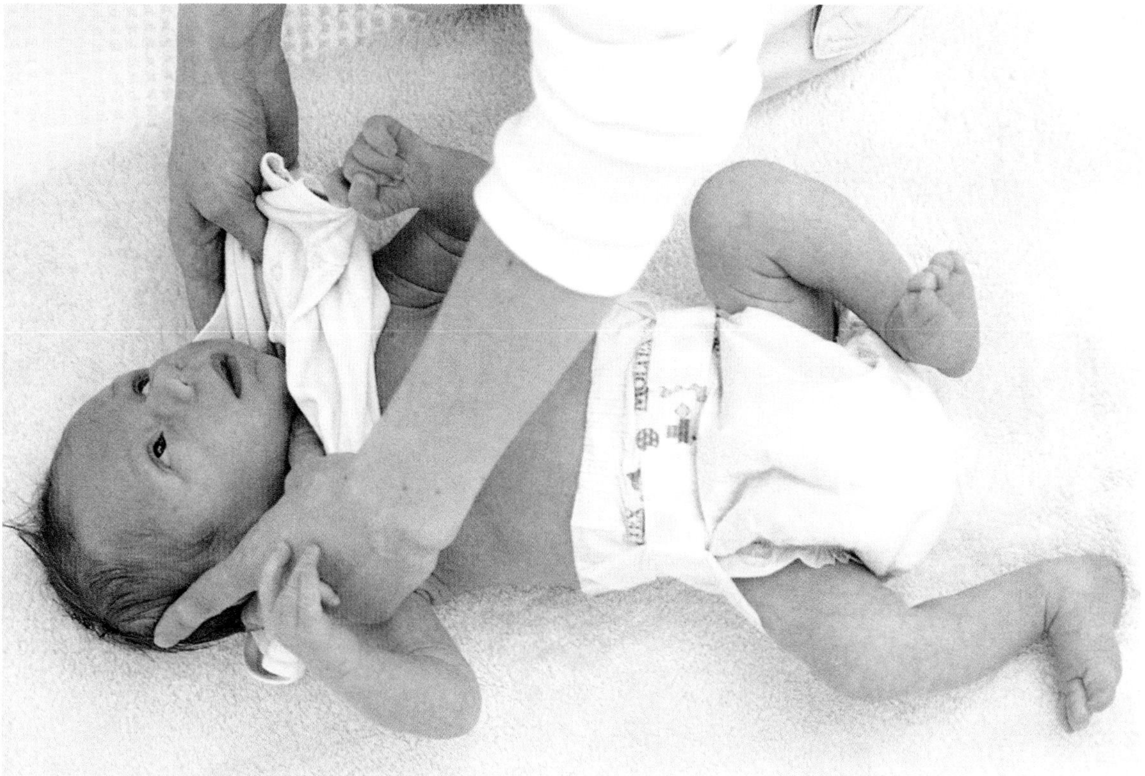

2 **SOULEVEZ DOUCEMENT** la tête de votre bébé et passez la combinaison par-dessus.

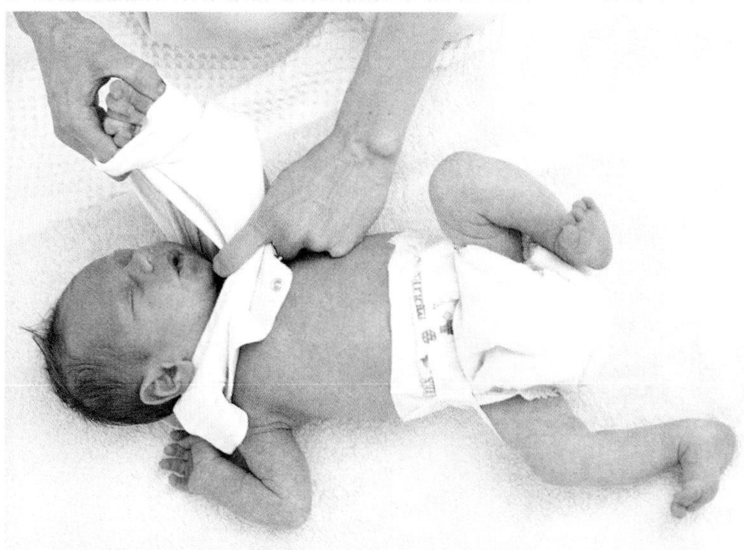

3 **ÉCARTEZ LES MANCHES** avec les doigts et passez ses poings l'un après l'autre. Étirez ensuite le tissu sur son corps.

Ce qu'il vous faut

Panoplie du nouveau-né

* 6 à 8 combinaisons ou cache-cœur
* 6 à 8 pyjamas extensibles
* 2 ou 3 gilets
* 2 ou 3 paires de bas
* Vêtements et chapeau pour le protéger du soleil
* Une couverture ou un châle

Le petit plus

* 2 paires de mitaines à fermeture en velcro
* 2 bodys
* Un habit d'une seule pièce pour l'hiver et un chapeau contre le soleil en été

Pour les bébés plus grands

Les vêtements d'un bébé capable de tenir assis et de se déplacer doivent être résistants, confortables et, surtout, lavables en machine. Voici comment les choisir :

* Voyez large, surtout pour les tenues d'extérieur. Les vêtements dureront plus longtemps et votre enfant pourra gigoter à l'aise.
* Changer une couche doit rester facile. Préférez les salopettes ou les grenouillères équipées de boutons-pression ou d'ourlets élastiques.
* Par beau temps, votre enfant doit être protégé des rayons du soleil et de la chaleur. Procurez-vous un chapeau à large bord et des chandails à manches longues.
* Des pantouffes ou des bas antidérapants, que votre bébé portera quand il commencera à se tenir debout.

Enfiler un pyjama

Les grenouillères sont commodes et économiques. Elles sont particulièrement utiles les premiers mois, car elles laissent votre bébé bouger librement, vous permettent de le changer sans problème, le tiennent au chaud sans excès et sont faciles à enfiler, même à un nouveau-né particulièrement menu. Pendant les trois ou quatre premiers mois, c'est la tenue quotidienne idéale ; ensuite, elle reste utile pour la nuit. Suivez les conseils ci-dessous pour habiller votre bébé ; pour lui ôter le pyjama, procédez en sens inverse, en commençant par défaire les boutons-pression.

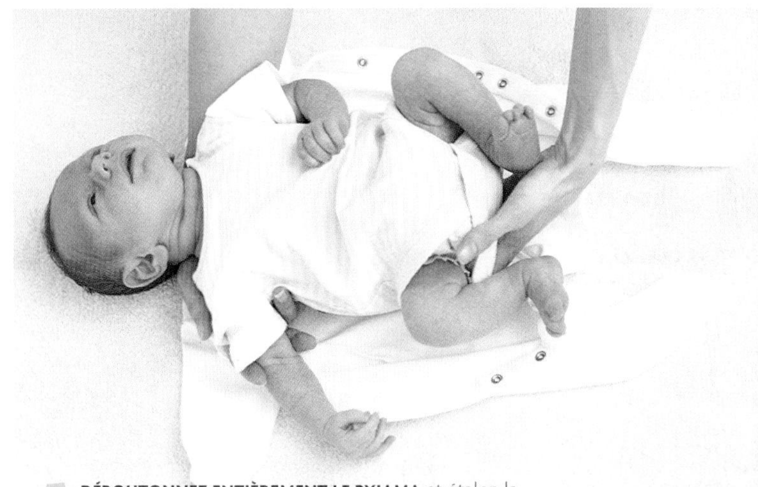

1 **DÉBOUTONNEZ ENTIÈREMENT LE PYJAMA** et étalez-la. Posez le bébé dessus, le cou à hauteur de l'encolure.

2 **GLISSEZ LES PIEDS DE L'ENFANT** dans les jambes du pyjama l'un après l'autre. Boutonnez jusqu'à la taille pour qu'il ne puisse pas remettre ses pieds à nu.

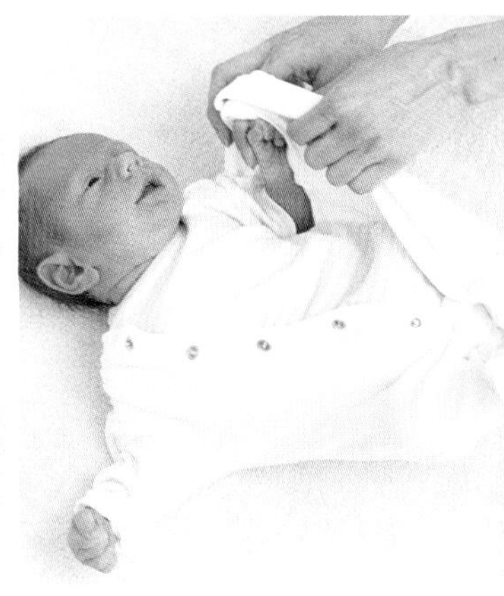

3 **POUR LES BRAS**, retroussez une manche et tenez-la ouverte en écartant les doigts. Glissez-y le poing du bébé et faites passer son bras. Procédez de même pour l'autre bras, puis fermez les derniers boutons-pression.

HABILLER UN BÉBÉ PLUS GRAND Quand votre enfant tiendra assis, il sera plus facile à habiller. Toutefois, il sera aussi capable de se débattre ou de protester, et vous devrez donc le tenir fermement. Transformez son habillage en jeu pour que cela reste un bon moment.

Quand votre bébé dort

DU CÔTÉ DE LA MÈRE

S'il vous semble que vous faites beaucoup d'efforts pour endormir votre bébé, demandez-vous pourquoi.

A-t-il besoin de repos ?
Il est inutile d'essayer d'endormir un enfant qui n'a pas besoin de repos. Ce qu'il veut, c'est rester en votre compagnie ; parlez-lui, jouez avec lui. Installez-le sur son siège pour qu'il vous regarde aller et venir. Il est prouvé que même les nouveau-nés ont une relation d'échange avec leurs parents. S'il reçoit une stimulation plus intense pendant son temps d'éveil, votre enfant dormira probablement mieux et plus longtemps.

Vous avez besoin de repos
Le manque de sommeil peut mener à l'épuisement. Il est alors facile de sombrer dans le ressentiment, de devenir irritable et de réagir de façon démesurée face à des problèmes bénins. Si vous êtes exténuée, tirez votre lait (voir p. 83) pour que votre compagnon assure la tétée pendant une nuit ou deux et prenez du repos.

Ce qu'il vous faut

Pour les trois premiers mois

* 4 petites couvertures en maille aérée en coton plutôt qu'en laine
* 6 draps en coton
* 6 draps-housses en coton
* Un matelas de rechange (facultatif)
* Un couffin, un berceau ou un porte-bébé (voir p. 75)

Un nouveau-né peut dormir jusqu'à 14 heures sur 24. Malheureusement, il est rare que ce sommeil coïncide avec celui des parents, car il faut attendre plusieurs mois pour qu'un enfant fasse la différence entre la nuit et le jour.

Comment dort un bébé

Un bébé ne s'endort pas de la même façon qu'un adulte : alors qu'il nous arrive de sombrer immédiatement dans un sommeil profond, les tout-petits passent 20 minutes à somnoler avant d'entrer dans l'état de transition qui précède le sommeil. Ensuite, plus rien ne les dérange tant qu'ils n'ont pas assez dormi. Il ne suffit pas de mettre votre enfant au lit pour qu'il s'endorme. Vous devrez parfois le bercer longuement et être patients, surtout la nuit, quand vous-même ne penserez qu'à retourner vous coucher.

Où faut-il le coucher ?

Le tout-petit ne se soucie guère de l'endroit où il est couché. Il ne suffit pas de l'installer dans une chambre sombre pour qu'il dorme ; d'autre part, la lumière ne le dérange pas. Ce qui risque de le perturber, c'est d'avoir chaud ou froid. Votre bébé s'assoupira plus facilement s'il perçoit le son de votre voix et les bruits de la maison ; couchez-le dans une bassinette, installée dans la pièce où vous vous trouvez.

Utiliser un écoute-bébé

Quand votre enfant est dans une autre pièce, installez près de lui un émetteur qui vous préviendra dès qu'il s'éveillera. Le silence d'une salle vide rend certains bébés nerveux. Si vous n'avez pas de chat susceptible de sauter dans la bassinette, laissez la porte ouverte pour que votre enfant vous entende aller et venir. Ne retournez pas dans la pièce une fois qu'il est endormi ; votre odeur pourrait suffire à le réveiller. Résistez à la tentation de veiller à son sommeil de trop près.

Pour une nuit plus longue

Un nouveau-né doit être nourri à intervalles réguliers et s'éveille pour réclamer à manger dès que son organisme l'exige. Pour allonger les nuits (par séances de 4, puis 5 ou 6 heures), veillez à ce que votre bébé emmagasine assez de calories. Pour cela, nourrissez-le à la demande. Il prendra peu à peu du poids et sera donc capable d'attendre plus longtemps entre deux tétées ; vers l'âge de six semaines, il devrait pouvoir dormir six heures d'affilée au moins une fois par jour – ou par nuit, avec un peu de chance. S'il veut téter la nuit, agitez-vous le moins possible et nourrissez-le au lit. Au besoin, changez-le, mais restez dans la pénombre. Ne transformez pas ces coupures en moment de jeu ou de bavardage. Votre enfant comprendra peu à peu que s'éveiller la nuit n'est pas une distraction.

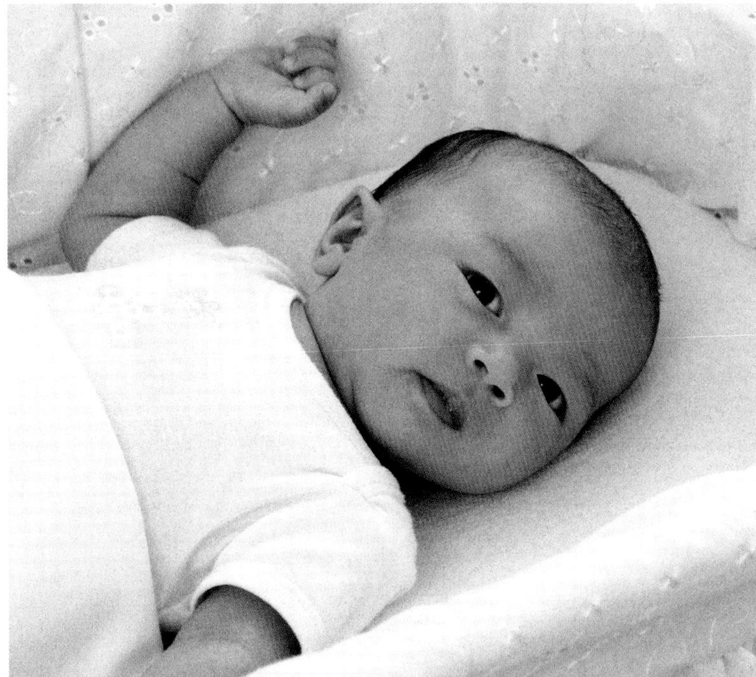

▲ **UTILISEZ UN COUFFIN** Lorsque votre bébé est très jeune, couchez-le dans un couffin ou dans un porte-bébé. Vous pouvez aussi placer le berceau près de vous dans la chambre lorsqu'il dort.

Quand le bébé ne dort jamais

Enchaîner les nuits blanches est épuisant pour les parents, surtout si l'enfant récupère ses propres heures de sommeil en dormant « en pointillé » la journée. Voici quelques astuces permettant d'accumuler moins de fatigue.

Les bruits de fond N'isolez pas votre bébé de l'ambiance sonore de la maison. Loin de l'empêcher de dormir, certains sons réguliers, tels ceux des appareils ménagers, peuvent l'apaiser et le bercer.

Restez tout près La nuit, installez votre bébé près de votre lit afin de pouvoir le prendre avec vous à l'heure de la tétée. Ensuite, remettez-le à sa place sans trop d'agitation.

Un peu de musique Les bébés apprécient la musique douce (surtout la musique classique). Sélectionnez quelques airs que vous diffuserez quand votre enfant sera fatigué.

Essayez le porte-bébé Bercer un enfant peut l'endormir, mais le risque est alors qu'il s'éveille quand le mouvement cesse. Même à la maison, déplacez-vous avec votre tout-petit dans le porte-bébé. Il sera détendu par vos mouvements et rassuré par l'odeur et la chaleur de votre corps.

Remuez sa poussette Allez vous promener avec votre bébé dans sa poussette ou contentez-vous de la faire rouler sur le plancher pour l'endormir.

Un peu d'air frais On dit que l'air frais épuise les bébés. En réalité, ce qui les incite à s'endormir, c'est la stimulation que causent les sons, les images et le simple mouvement des arbres ou des feuillages.

DU CÔTÉ DU PÈRE

Vous répondrez mieux aux besoins de votre enfant et de votre compagne si vous comprenez le cycle de sommeil d'un bébé.

Soyez réaliste

Votre nouveau-né dormira probablement moins que vous ne le pensez. Il passe entre 50 et 80 % de son temps dans un état de sommeil léger, où il se réveille très facilement. Son cycle de sommeil – léger, profond, léger – est plus court que celui d'un adulte. Il peut donc s'éveiller chaque fois qu'il passe d'un mode de sommeil à l'autre, en fonction de ses besoins : s'il est mouillé, s'il a chaud ou froid, s'il se sent mal à l'aise... C'est en quelque sorte son système d'alarme. Il faut savoir que le sommeil léger participe au développement de l'intelligence, car c'est à ce moment que le cerveau, qui reste actif, se développe.

Établir une routine

Votre bébé ne trouvera le repos qu'une fois plongé dans un sommeil profond. Essayez d'établir des rites apaisants en le berçant, en chantant doucement, en lui parlant. Un enfant est profondément endormi quand ses paupières cessent de trembler et que ses membres s'affaissent. Couchez-le et tapotez doucement son épaule chaque seconde pendant quelques minutes.

Si vous rentrez tard

Si, à l'heure où vous rentrez chez vous, votre enfant dort déjà, demandez à votre compagne de décaler la sieste pour retarder l'heure de son coucher, le soir. Si ce n'est pas possible, soyez patient. Levez-vous plus tôt pour voir votre bébé avant de partir.

Dormir en sécurité

La mort subite du nourrisson dépend en partie de la façon dont un enfant est couché. Le nombre de décès a été divisé par deux depuis que nous avons pris conscience de certains éléments:

* Cessez de fumer et ne permettez JAMAIS que l'on fume dans la pièce où se trouve votre bébé. Ne laissez personne fumer chez vous.

* Couchez votre enfant sur le dos pour qu'il respire facilement et transpire par le torse, le visage et la tête.

* Veillez à ce que votre bébé n'ait pas trop chaud: un tout-petit maîtrise mal sa température. S'il vous semble qu'il fait chaud dans la pièce, alors il y fait trop chaud pour lui.

* Ne couvrez pas trop un enfant malade. N'abusez pas des couvertures. Selon la température, un drap en coton et une couverture en maille aérée suffisent (voir ci-contre). Évitez d'ajouter des couvertures si votre bébé ne se sent pas bien.

* Calez les pieds de votre enfant contre le bout du lit: ainsi, il ne pourra pas glisser sous les couvertures et prendre chaud. Vous pouvez aussi de placer dans un sac de couchage pour bébé.

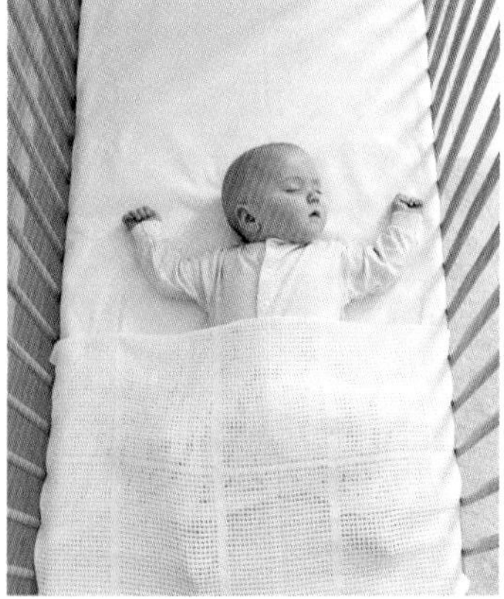

▲ **LES PIEDS BIEN CALÉS** Couchez votre bébé pour que ses pieds atteignent l'extrémité du lit; peu importe que sa tête se trouve au milieu du matelas.

Les bébés au sommeil léger

La plupart des enfants adoptent un rythme de sommeil de deux heures dans la matinée et deux heures l'après-midi, mais il y a des exceptions. Un bébé au sommeil léger peut être fatigant, mais consolez-vous en vous disant que, plus tard, son intelligence et son affection seront peut-être au-dessus de la moyenne. Votre enfant se réveille parce qu'il vous aime et veut passer plus de temps avec vous; son but n'est pas de vous priver de sommeil, mais d'apprendre et de devenir sociable. Chaque minute en votre compagnie lui permet de forger des liens avec le monde extérieur et d'apprendre beaucoup. Pensez-y aussi dans la journée: s'il n'est pas fatigué, pourquoi dormirait-il? De son point de vue, il est bien plus intéressant d'être auprès de vous. Ne vous étonnez pas de l'entendre pleurer quand vous vous éloignez.

Ce que vous pouvez faire

* Surveillez que la température de votre enfant reste régulière. Vérifiez que sa peau n'est ni chaude ni froide et, selon le cas, ajoutez ou ôtez une couverture. Veillez à la température de la pièce: il doit y faire environ 18 °C.
* Au besoin, changez sa couche et apaisez sa peau enflammée avec une pommade contre l'érythème fessier.
* Couchez votre bébé dans un berceau ou bercez-le dans sa poussette.
* Faites-lui écouter un enregistrement de battements de cœur: c'est le son qu'il entendait avant de naître.
* Diffusez la musique que vous écoutiez pendant la grossesse; une boîte à musique qui joue une mélodie répétitive peut aussi être efficace.
* Enregistrez une conversation à voix basse avec votre compagnon et diffusez-la en boucle.
* Posez le berceau près de votre lit, en le changeant de côté chaque soir pour que chacun des parents ait «sa» nuit. Si votre enfant se met à pleurer, tournez-vous vers lui pour le bercer. Il n'est pas nécessaire de le prendre avec vous.
* Si votre bébé refuse bel et bien de dormir, asseyez-le dans son siège pour qu'il vous regarde aller et venir.
* Suspendez un mobile au-dessus de son lit pour qu'il ait quelque chose à voir dès son réveil. Un mobile musical est idéal.
* Placez au-dessus du lit de votre enfant un appareil produisant divers bruits et présentant des textures variées. Fixez-le aux barreaux de façon à ce qu'il puisse le toucher lorsqu'il s'ennuie. Enlevez-le lorsqu'il est capable de s'asseoir, parce qu'il pourrait s'en servir pour sortir de son lit.

Comment faire le lit

Température	Couchage
14 °C	1 drap et 4 couvertures au moins
16 °C	1 drap et 3 couvertures
18 °C	1 drap et 2 couvertures
20 °C	1 drap et 1 couverture
24 °C	1 drap seulement

Les couvertures et le couchage

Le couchage doit être adapté à la température ambiante (voir page de gauche). Pour un enfant de moins d'un an, n'utilisez ni oreiller ni couette ou nid d'ange : ils accumulent trop de chaleur.

Le sommeil du bébé plus grand

À mesure qu'un enfant grandit, ses habitudes de sommeil évoluent : dans la journée, il reste éveillé et actif pendant des périodes plus longues, même après un repas. Quand vos jeux et vos paroles commenceront à le stimuler, il lui faudra des périodes de repos plus longues pour reprendre des forces. Il sera alors important de le convaincre que son moment de sommeil doit coïncider avec la nuit, c'est-à-dire avec le vôtre.

Prendre de bonnes habitudes

Il est possible que votre bébé se fâche au moment d'aller se coucher : ou il est anxieux à l'idée d'être séparé de vous (voir p. 162), ou il a envie de continuer à jouer. Il est important d'annoncer l'heure du coucher par une petite routine, afin qu'il prenne confiance et comprenne qu'il faut cesser de jouer à un moment donné. Choisissez l'heure qui vous convient le mieux – si vous travaillez, votre enfant se couchera peut-être un peu plus tard –, puis efforcez-vous d'observer sans faille cette routine. Par exemple :

* Servez à votre bébé son dernier repas de la journée ; mieux vaut que ce ne soit pas son repas principal (voir p. 113).
* Donnez-lui un bain reposant et mettez-lui ses vêtements de nuit.
* Partagez un moment de calme dans la pièce où il dormira : chantez doucement ou lisez-lui une histoire (selon son âge et son niveau de développement).
* S'il est au sein, donnez-lui la dernière tétée (ce qui n'empêche pas qu'il tète encore au cours de la nuit).
* Installez-le dans son lit, avec sa doudou. Baissez la lumière et restez quelques minutes auprès de lui.
* Quittez la pièce sans bruit en lui souhaitant bonne nuit et laissez la porte ouverte.

▲ **L'HEURE DU COUCHER** Laissez votre bébé s'amuser tout doucement. Placez des livres et des jouets dans son lit ou suspendez un mobile au-dessus de lui. Avant de partir, placez tous les objets rigides hors de sa portée.

Ce qu'il vous faut

Entre 3 et 12 mois

* 4 couvertures en maille aérée
* 6 draps en coton
* 6 draps-housses en coton
* Un lit d'enfant (voir p. 75)

Le petit plus

* Un variateur pour la lampe
* Un écoute-bébé
* Des jouets de lit (voir ci-contre)
* De la musique douce

La sieste du grand bébé

Un bébé dort de moins en moins, mais, jusqu'à l'âge de 12 mois, votre enfant fera probablement la sieste l'après-midi. Beaucoup gardent cette habitude jusqu'à trois ans.

* Pour aider votre enfant à se détendre, installez-le à l'endroit qu'il préfère, qui ne sera pas nécessairement sa chambre. Vérifiez qu'il a sa doudou. Mettez de la musique douce, laissez-le jouer et restez assez près de lui pour qu'il vous entende vaquer à vos occupations. S'il vous appelle, ce sera probablement pour se rassurer ; répondez-lui calmement.
* Si votre bébé ne veut pas dormir, ce n'est pas grave. Il peut s'asseoir et s'amuser, mais ne le laissez jamais pleurer plus que quelques minutes sans aller le voir.
* Si votre enfant s'endort en voiture ou dans sa poussette, ne le réveillez pas brusquement. Il lui faut un moment de transition. Ne laissez jamais un enfant seul dans une voiture ou une poussette devant un magasin.

Quand votre bébé pleure

Pourquoi faut-il répondre rapidement à votre bébé ?

Votre bébé cherche à communiquer avec vous, mais ses moyens d'expression sont très réduits. En lui répondant rapidement :

* Vous stimulerez l'acquisition de ses moyens de communication et d'expression, de relation avec les autres.
* Vous le rassurerez et lui donnerez confiance en lui.
* Loin de le gâter ou de lui donner de mauvaises habitudes, vous lui montrerez ainsi que vous l'aimez.

Si vous ne répondez pas à votre bébé

* C'est une forme de rejet dont votre enfant sera vite conscient.
* Il pleurera plus fort et plus longtemps, jusqu'à ce qu'il obtienne enfin une réponse.
* Il en viendra à recourir systématiquement aux pleurs.

▶ **PRÊTEZ ATTENTION À VOTRE BÉBÉ** Tous les bébés veulent que leurs parents s'occupent d'eux et, quand ils ont besoin de leur présence, ils pleurent. Restez le plus possible en contact avec votre enfant.

Tous les bébés pleurent au moins une fois par jour. Qu'il s'agisse de gémissements ou de grands cris, c'est pour eux le seul moyen de communiquer leurs besoins. Toutefois, il est indéniable qu'un bébé qui pleurniche constamment est épuisant pour ses parents et il faut alors déceler les causes d'un tel comportement. Considérez les pleurs comme un moyen d'expression et non comme une arme destinée à vous pousser à bout.

Les pleurs des nouveau-nés

Les circonstances de la naissance d'un bébé influent sur la fréquence de ses pleurs. Étudiez les raisons sous-jacentes du comportement de votre bébé s'il pleure souvent. Efforcez-vous de garder patience, car il n'y est pour rien dans ce qui lui arrive. Il prendra peu à peu des habitudes plus sereines. Votre enfant pleurera peut-être beaucoup :

* Si vous avez accouché sous anesthésie générale.
* Si vous avez accouché aux forceps.
* S'il est né après un travail très long et a tendance à dormir par courtes séances.
* Si c'est un garçon. Devant une situation inconnue, les garçons pleurent plus que les filles. Ne commettez pas l'erreur de certains parents qui ont cru « endurcir » leur petit homme en ignorant ses appels.

Répondre aux pleurs de votre bébé

La recherche a démontré qu'un bébé auquel on répond promptement quand il pleure se porte mieux. Dire que l'enfant qui ne pleure pas souvent

est « gentil » et que celui qui pleure souvent est « vilain » est une erreur : ce n'est pas une question de comportement. La réponse que reçoivent ces appels est un point crucial de la construction de la relation parents-enfant. Votre comportement au cours des premières semaines trace la voie de votre rapport avec lui et celle de toutes les relations à venir de votre enfant. Si vous voulez qu'il connaisse la douceur et la compassion, vous devez entendre ses appels et ignorer certains conseils. Un bébé qui se sent aimé est plus sûr de lui et, sachant qu'il peut compter sur vous, il parvient à affronter la séparation avec plus de force. En revanche, celui qu'on a laissé pleurer est susceptible de devenir collant et de chercher constamment à attirer l'attention : il a appris qu'il fallait insister pour être entendu.

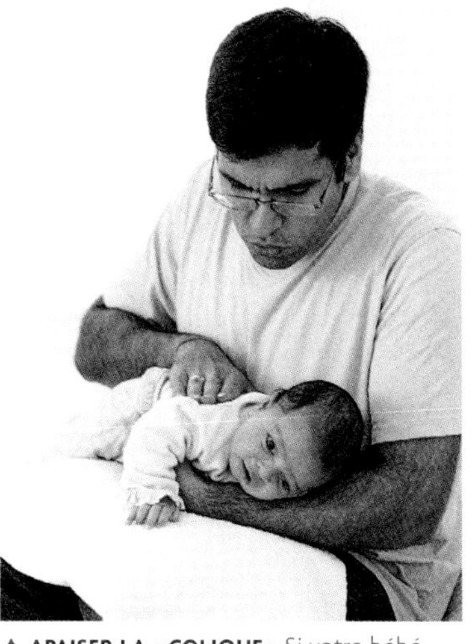

▲ **APAISER LA « COLIQUE »** Si votre bébé pleure sans cesse, allongez-le sur le ventre, sur vos genoux. Soutenez bien sa tête et massez doucement son dos et ses jambes.

Les pleurs interminables

Il arrive qu'un tout-petit pleure très longtemps, le plus souvent en fin d'après-midi ou le soir ; ces pleurs peuvent durer de deux à quatre heures. Ce phénomène peut commencer vers l'âge de trois semaines et il est rare que l'habitude persiste au-delà de quatre mois. On emploie parfois le terme de « colique » ; en effet, quand un bébé se crispe et se tend, il remonte ses genoux et se replie comme s'il avait mal au ventre. Toutefois, ce terme n'est probablement pas justifié et cette posture ne semble pas liée à un trouble particulier. Le reflux œsophagien gastrique, qui peut être traité, survient souvent sous forme de coliques, en particulier chez un tout jeune bébé qui vomit beaucoup. Si votre enfant présente de tels symptômes, parlez-en à votre médecin.

Que faire quand votre bébé pleure

Cause	Description	Solution
Faim	Si votre enfant a dormi pendant deux ou trois heures et pleure dès son réveil, il a probablement faim.	Nourrissez-le. S'il pleure encore après, c'est peut-être qu'il n'a pas assez mangé. En cas de grosse chaleur, faites-lui boire de l'eau.
Malaise, gêne	Si sa couche est sale ou mouillée, l'enfant est mal à l'aise et se met à pleurer. Il a peut-être trop chaud, ou froid.	Vérifiez sa couche et changez-la au besoin. Soulagez un éventuel érythème fessier (voir p. 86). Vérifiez la température du lit et de la pièce (voir p. 102).
Sursaut de peur	Un mouvement soudain, une lumière éblouissante, un bruit peuvent effrayer un tout-petit. Bien des bébés se mettent à pleurer quand on les change ou les lave.	Câlinez-le pour le rassurer. Au moment de le laver ou de l'habiller, tenez-le d'une main douce et ferme.
Fatigue	La fatigue fait pleurer ; s'il est épuisé, l'enfant peut même devenir anxieux, donc plus difficile à calmer.	Instaurez une routine apaisante pour l'heure du coucher en le berçant et en le câlinant calmement.
Ennui	En grandissant, votre enfant prend conscience de la présence des autres ; il peut pleurer parce qu'il se sent seul.	Câlinez-le. Vers quatre à six semaines, installez-le dans un siège, d'où il pourra vous suivre du regard.
Douleur	Votre enfant peut avoir mal aux oreilles ou au ventre, ou être atteint d'érythème fessier.	Si vous n'arrivez pas à l'apaiser ou s'il vous semble malade, appelez votre médecin.

Comment calmer votre bébé qui pleure

Un bébé constamment grognon peut pleurer souvent et de façon soudaine, non seulement pendant la soirée (voir p. 105). Cependant, sa façon de pleurer en soirée peut provoquer des tensions chez les parents, en particulier si l'un ou les deux étaient au travail pendant la journée. Il se peut que votre bébé sente votre fatigue et y réagisse. Même si ces pleurs ne dureront peut-être que trois mois, cette période peut sembler interminable pour les nouveaux parents qui doivent composer jour après jour avec la détresse de leur enfant. Les suggestions pour calmer votre bébé présentées ci-dessous et à la page 105 devraient vous aider à traverser cette période difficile.

▶ **ESSAYEZ LA SUCE** Aidez votre enfant à trouver son pouce ou donnez-lui une tétine. Il n'y a rien de mal à ce qu'un enfant suce une tétine, à condition qu'elle soit stérilisée et jamais aromatisée avec du miel ou du jus de fruit. Toutefois, cette astuce n'a qu'un effet provisoire ; mieux vaut identifier la cause des pleurs.

◀ **POSEZ VOTRE ENFANT CONTRE VOTRE POITRINE** Allongez-vous sur un lit ou un canapé et calez-vous avec des coussins. Posez le bébé sur votre poitrine et caressez son dos. Vous vous détendrez tous les deux, mais veillez à ne pas vous endormir, car votre enfant se trouve dans une position qui peut causer une mort subite.

SORTEZ LE PORTE-BÉBÉ Installez votre enfant dans un porte-bébé et faites vos allers et venues avec lui. Il aimera être tout contre vous et le mouvement le bercera.

▲ **BERCEZ VOTRE BÉBÉ** Un mouvement régulier, comparable à celui qu'ils ont connu avant de naître, rassure la plupart des bébés. Installez le vôtre dans un berceau (conforme aux normes de sécurité) ou dans une poussette et faites de petits mouvements d'avant en arrière, tout en restant vous-même assis pour manger ou regarder la télévision.

▲ **TENEZ VOTRE BÉBÉ DEBOUT** Serrez votre enfant sur votre épaule et caressez son dos. Une serviette protégera vos vêtements d'une éventuelle remontée de lait. Tout en marchant, chantez ou parlez doucement à son oreille.

L'AIDE DES GRANDS-PARENTS Les grands-parents savent que vous avez besoin de repos ; ils seront heureux de partager un moment d'intimité avec votre bébé.

Accepter l'aide des autres

Parfois, les pleurs d'un enfant mènent les parents, déjà fatigués par une journée de travail, au bord du désespoir ; il faut alors se faire aider. N'y voyez pas un signe d'échec : des milliers de parents se sont un jour sentis à bout de forces ou de nerfs, à cause des larmes de leur bébé inconsolable. Si les grands-parents, les amis ou la famille vous ont proposé de vous libérer afin que vous puissiez passer quelques heures en tête-à-tête ou vous offrir une bonne nuit de sommeil, n'hésitez pas. Ne culpabilisez surtout pas : de leur côté, ils seront heureux de vous permettre de regarder les choses avec un peu de distance. Il peut être très sain d'évoquer vos soucis avec des professionnels de la santé ou de la petite enfance, qui sont là aussi pour vous soutenir. Vous n'êtes pas les premiers parents qui vivent une telle situation. Cela arrive tout le temps.

Consoler un bébé plus grand

À mesure qu'il grandira et prendra conscience de ce qui l'entoure, votre bébé ne pleurera plus selon le même schéma, car il disposera d'autres moyens de communication. Et, quand il pleurera, il sera plus facile de le prévoir et de comprendre pourquoi. Vous saurez alors identifier la frustration, la douleur, la faim ou la solitude. Mais, même quand il saura se déplacer et deviendra autonome, le meilleur moyen de le consoler restera le câlin et la compagnie.

Les doudous

Vers l'âge d'un an, la plupart des bébés sont attachés à un objet particulier – un jouet, un carré de tissu ou de couverture – qui les aide à s'endormir et reste à portée de main au cas où ils seraient pris de tristesse ou d'angoisse. D'autres enfants s'habituent à la tétine ou sucent leur pouce (voir p. 106). C'est parfaitement normal, et il est inutile de troubler votre enfant en lui ôtant le pouce de la bouche sous prétexte que c'est une « mauvaise habitude ». Après son premier anniversaire, votre bébé prendra peu à peu confiance en lui et saura se passer de doudou et de suce, même si cela peut prendre encore un an. Mieux vaut disposer de plusieurs suces, en cas de perte.

Les dents

Votre enfant devrait faire ses premières dents vers l'âge de six mois (voir p. 154). Sa salive sera plus abondante et ses gencives seront parfois douloureuses. Il sera grognon et sa douleur deviendra évidente. Il cherchera à mordre à tout bout de champ, et ses joues seront peut-être chaudes et rouges. Il se peut également qu'il soit plus éveillé qu'à l'habitude. Toutefois, n'en venez pas à accuser les dents du moindre sanglot, oubliant ainsi que votre bébé s'ennuie (voir encadré ci-contre) ou se sent mal (voir p. 120). L'apparition des dents ne cause pas de fièvre.

Ce qui ne va pas

Les larmes d'un bébé peuvent avoir plusieurs causes.

Il s'ennuie

Un bébé laissé seul peut pleurer s'il n'entend pas votre voix et n'a rien à regarder ni à manipuler. Son jouet préféré, c'est vous : installez-le là où il pourra vous voir et parlez-lui. Ne le laissez pas pleurer longtemps seul dans son berceau. Certains enfants passent un moment à jouer tranquillement au lit en s'éveillant ; laissez quelques jouets et livres à sa portée.

Il est frustré

À mesure qu'un enfant grandit, son désir d'exécuter un acte viendra dépasser sa capacité de l'accomplir. Il en ressentira une certaine frustration, qui le mènera à pleurer. Il peut aussi pleurer quand vous lui refusez quelque chose. Renouvelez ses jouets souvent – sa capacité de concentration est assez brève. Libérez un peu de temps pour jouer avec lui (voir p. 174).

Il a peur

Vers l'âge de six mois, votre enfant pleurera quand il sera séparé de vous ; devant d'autres personnes, il sera tendu, même s'il les connaît bien. Dès les premiers jours, habituez-le à vous regarder quitter une pièce et y revenir. Il apprendra ainsi que vous revenez toujours. Faites-lui rencontrer d'autres personnes avant qu'il n'atteigne cet âge-là afin qu'il comprenne que, même si vous vous absentez et le laissez avec quelqu'un d'autre, vous revenez toujours.

Il est malade ou s'est fait mal

Si votre bébé se blesse, vous le saurez tout de suite, à l'oreille, en l'entendant pleurer d'une façon particulière. Il est parfois plus difficile de comprendre qu'il se sent mal. Consultez les pages 120 à 123 pour savoir réagir en cas de maladie ou d'accident.

Les caresses et les massages

Un bon massage

Votre bébé apprécie les massages autant que vous. C'est un bon moyen de calmer un enfant agité. C'est aussi un moyen d'exprimer votre amour pour lui, ce qu'il perçoit fort bien. Prenez soin de vous préparer pour le massage :

* Veillez à ce qu'il fasse assez chaud dans la pièce. Allongez l'enfant sur une couverture ou une serviette douce.
* Diffusez une musique qu'il aime ou un enregistrement de battements de cœur. Parlez d'une voix douce et grave, ou chantez doucement.
* Mieux vaut masser la peau nue de votre bébé, mais certains tout-petits n'aiment pas être déshabillés. Dans ce cas, laissez-lui sa combinaison ou un vêtement à travers lequel vous aurez un bon contact avec son corps.
* Massez tout son corps, des deux côtés à la fois, d'un mouvement lent et régulier. Tenez votre visage près du sien et regardez votre enfant dans les yeux.

Le sens du toucher joue un rôle essentiel dans la construction de la personnalité. Un enfant prématuré enroulé dans une couverture en laine d'agneau prend du poids plus rapidement que s'il était drapé de coton, car le moindre mouvement lui donne l'impression d'être caressé.

L'importance du toucher

Votre bébé est un être sociable qui a un besoin physique d'affection. Pour cela, vous pouvez le toucher, le câliner, le tenir dans vos bras, l'embrasser ou le serrer contre vous. Il est crucial que vous soyez tous deux parfaitement à l'aise, dès le départ, dans cette relation physique. Votre bébé a envie d'être près de vous et d'être tenu. Il pleurera moins et se consolera plus vite si vous le portez souvent. N'oubliez pas que, pour lui, être installé dans un porte-bébé (voir p. 107) revient à être câliné, sans que cela vous empêche de faire ce que vous avez à faire. Un tout-petit est plus solide qu'on ne le croit ; ne retenez pas vos mouvements, mais évitez les gestes brusques ou violents, qui pourraient lui donner l'impression qu'il tombe et le faire sursauter au lieu de l'apaiser.

Quand il aura grandi, vous pourrez pratiquer des activités plus dynamiques telles que chatouilles et roulades. Restez raisonnable et, s'il est pris de panique, ne lui en voulez pas de vous tirer les cheveux ou de vous griffer. Les enfants de moins d'un an ne se rendent pas compte que cela fait mal.

Le massage

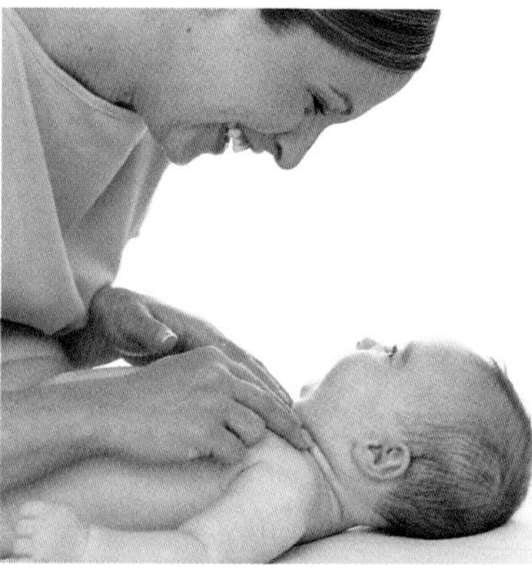

1 **LE COU ET LES ÉPAULES** Allongez votre bébé sur le dos. Massez doucement son cou en partant des oreilles pour arriver aux épaules, puis du menton à la poitrine. Massez ensuite ses épaules en partant du cou.

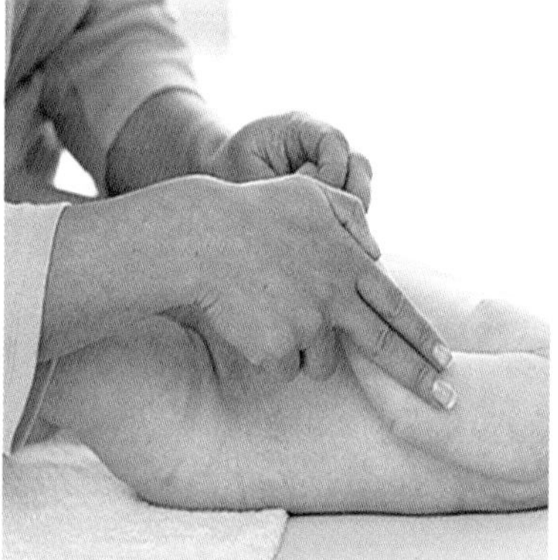

2 **LES BRAS** Allongez votre bébé sur le dos. Du bout des doigts, massez chacun de ses bras en remontant du poignet au coude, puis du coude à l'épaule. Redescendez en serrant doucement.

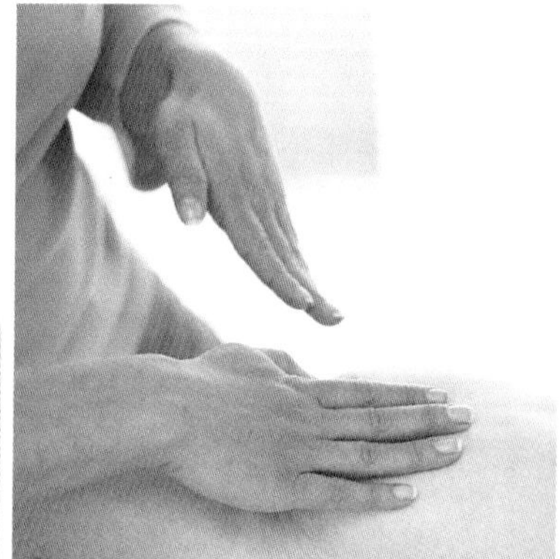

3 **LE TORSE ET L'ABDOMEN** Caressez doucement le torse de votre bébé en suivant ses côtes. Massez-lui l'abdomen d'une main, par gestes circulaires croissants, centrés sur le nombril.

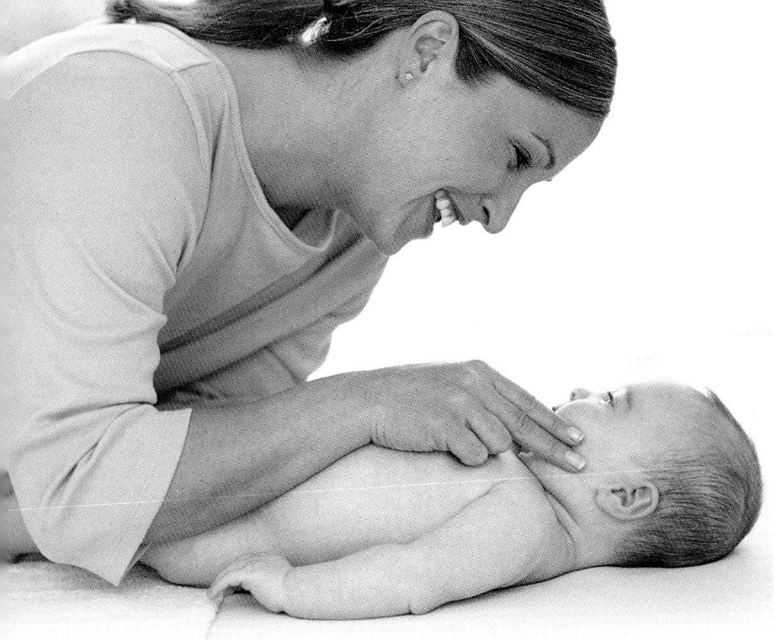

4 **LA TÊTE** Massez doucement le sommet du crâne de votre enfant d'un mouvement circulaire des deux mains, puis descendez de part et d'autre de son visage. Du bout des doigts, massez son front et ses joues du centre vers l'extérieur. Ce geste calme les bébés agités.

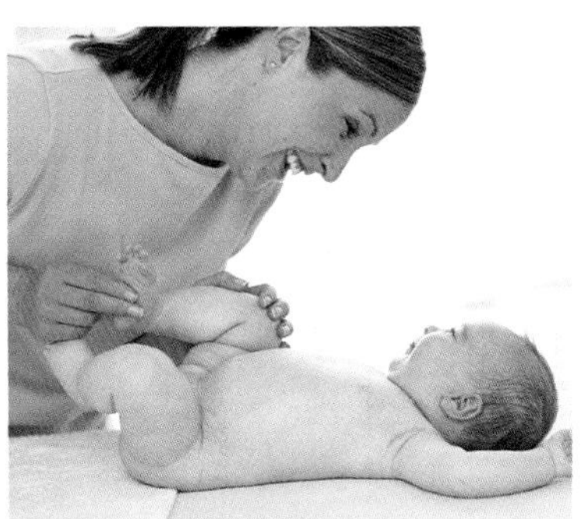

5 **LES PIEDS ET LES ORTEILS** Massez du talon vers les orteils, puis consacrez-vous à chacun des orteils tour à tour. Vous recevrez de petits coups de pied en guise de réponse. Si l'enfant a moins de trois mois, montrez-lui ses orteils pour l'aider à comprendre qu'ils font partie de son corps (voir p. 159).

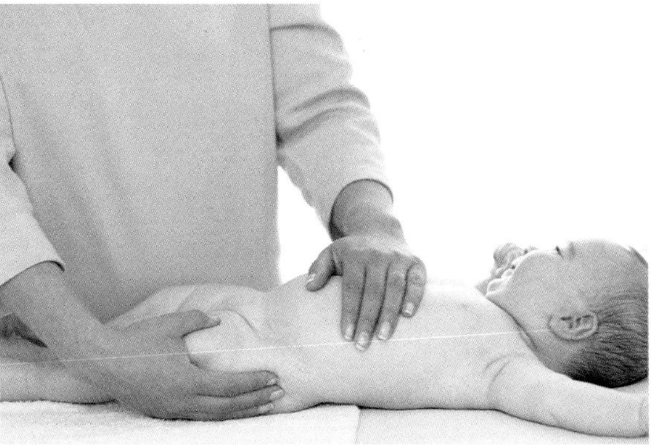

6 **LES JAMBES** Massez les jambes de votre enfant l'une après l'autre. Massez à partir de la cuisse en descendant vers le genou. Frottez son tibia en étendant votre mouvement autour du mollet et de la cheville. Posez une main sur son ventre et serrez sa jambe de l'autre, de la cuisse à la cheville.

7 **LE DOS** Lorsque vous aurez massé votre bébé de la tête aux pieds, retournez-le pour masser son dos. Passez la paume de vos mains des aisselles aux fesses en appuyant doucement sur sa colonne vertébrale, du bout du pouce. Parlez-lui sans cesse, car il ne se trouve plus en face de vous.

La tendresse

Contrairement à ce que pensent de nombreux parents, le besoin de contact physique d'un enfant augmente avec l'âge. Garçon ou fille, il faut l'encourager à exprimer ses émotions. Sa capacité à atteindre une certaine stabilité affective s'acquiert au cours de la première année. Voilà qui fait réfléchir...

Partager les émotions

Votre enfant apprendra à se maîtriser au vu de vos réactions, qui sont le reflet de ce qu'il ressent lui-même. S'il se fait mal à la main et vous la tend, c'est parce qu'il a besoin de sympathie, d'un « bisou magique », comme le savent tous les parents. L'affection sur le plan physique est nécessaire afin que votre bébé puisse grandir sur le plan émotif. S'il en est privé, il sera, en quelque sorte, en manque de « vitamines de maturité ».

Votre enfant a besoin de vous deux

Ce principe s'applique aux deux parents pendant la petite enfance, l'enfance et, dans certains cas, jusqu'à l'adolescence. Rien ne devrait décourager des parents affectueux – père et mère – d'offrir à leur enfant ce dont il a besoin.

Le sevrage

Un sevrage sans problème

Savoir quels aliments proposer et à quel âge vous permettra de vous sentir plus sûrs de vous.

À quel âge commencer
Ne commencez le sevrage qu'à partir de six mois; avant, l'estomac du bébé n'est pas prêt.

Quels aliments choisir
Offrez à votre enfant un aliment simple, semi-liquide, une fois par jour. Ne lui proposez qu'un goût à la fois. Une céréale sans froment mélangée au lait peut convenir. Continuez avec des purées de fruits ou de légumes. Ne commencez un second repas à la cuillère que si le premier est reçu avec joie. Le lait restera l'aliment de base pendant encore trois mois. Essayez de nouveaux aliments 10 à 12 fois. Ne tenez pas pour acquis qu'il ne les aime pas après deux ou trois essais.

Bien doser les portions
La première semaine, offrez à votre enfant une dose d'une cuillérée à thé par jour. Il faut que son système digestif s'adapte. Passez ensuite à deux cuillérées d'aliments solides. Utilisez le programme de sevrage présenté à la page suivante à titre de référence.

Ce qu'il vous faut

Au début du sevrage

* 2 ou 3 bavoirs plastifiés
* 2 ou 3 cuillères et un gobelet

Pour un bébé plus grand

* 2 ou 3 bavoirs en plastique à rebord
* 2 bols en plastique stables
* Une tasse à bec à deux poignées

Le sevrage est une étape importante à franchir. Il appelle bien des questions: quand commencer, quels aliments choisir, comment doser les portions... Mais, si vous abordez cette période sous un angle positif, elle sera moins intimidante: pour votre enfant, c'est un pas essentiel vers l'indépendance, et non un obstacle.

Les aliments solides

Du point de vue de l'enfant, le sevrage est rarement problématique, même si certains mettent plus longtemps à s'habituer aux aliments solides qui viennent s'ajouter à la tétée. Pas d'inquiétude: jusqu'à l'âge de six mois, le lait satisfait les besoins nutritionnels de la plupart des bébés. Ensuite, l'enfant a besoin de plus de calories, de vitamines et de sels minéraux. Contrairement aux aliments solides, le lait n'en recèle qu'une quantité insuffisante. Le tableau ci-contre vous propose un programme de sevrage.

Présentez à votre bébé ses premiers aliments solides à une heure où il est bien éveillé, à midi par exemple. Asseyez-le sur vos genoux ou sur sa

▲ **PREMIERS ALIMENTS** Choisissez un moment où votre bébé est détendu. Tenez-le solidement sur vous alors que vous lui présentez la cuillère. Peut-être lui faudra-t-il un certain temps avant qu'il ne s'habitue à prendre les aliments avec la cuillère. Au début, il est possible qu'il rejette davantage qu'il n'avale.

Programme de sevrage sur six mois

Repas	1re semaine	3e semaine	6e semaine
1er repas	Tétée ou biberon	Tétée ou biberon	Tétée ou biberon
2e repas	Demi-tétée ou biberon 1 c. à thé de céréales Fin de tétée ou biberon	Demi-tétée ou biberon 1 c. à thé de céréales Fin de tétée ou biberon	3 à 4 c. de céréales Tétée ou biberon
3e repas	Tétée	Demi-tétée ou biberon 1 ou 2 c. de purée de légumes ou de fruits Fin de tétée ou biberon	2 ou 3 c. de purée de légumes au poulet 2 ou 3 c. de purée de fruits Eau
4e repas	Tétée ou biberon	Tétée ou biberon	2 ou 3 c. de purée de fruits ou de légumes Tétée ou biberon
5e repas	Tétée ou biberon	Tétée ou biberon	Tétée ou biberon

chaise, et offrez-lui de petites portions avec une cuillère en plastique. N'enfoncez pas la cuillère dans sa bouche, mais posez-la contre sa lèvre supérieure pour qu'il la suce. Les premiers essais seront peut-être un peu difficiles, mais gardez patience. Lorsqu'il a pris quelques bouchées, complétez en lui donnant son lait. Il absorbera d'autres aliments solides avant de demander le reste de son lait. Lorsqu'il se sera habitué aux solides, c'est ce qu'il voudra avant son lait.

Les aliments liquides

N'oubliez pas que le lait est un aliment et non une boisson. Dès le début de l'alimentation solide, votre enfant aura besoin d'une autre boisson, à prendre au biberon ou au gobelet. L'eau bouillie et refroidie est ce qui convient le mieux. Commencez par lui en donner 15 millilitres entre les repas, et augmentez peu à peu la dose selon ses besoins. Profitez de l'occasion pour lui apprendre à boire au verre ou, s'il préfère, donnez-lui l'eau dans une bouteille.

Un repas sans incident

De même qu'il ne faut pas se braquer sur la quantité de lait qu'un nouveau-né prend au sein, ne vous souciez pas trop de la quantité de nourriture que votre bébé avale désormais ni même de la quantité qu'il fait tomber ! Oui, cette période est salissante : jusqu'à l'âge de cinq ou six ans, un enfant mange de manière salissante. Soyez philosophe et attendez la fin du repas pour faire le ménage. Les repas sont un moment de bonheur et de détente, n'en faites pas un motif de dispute. De toute façon, vous n'en sortiriez pas gagnants : votre enfant refuserait de manger et vous seriez dans l'impasse. Il est déjà assez malin pour comprendre que l'alimentation peut lui servir d'arme. N'entrez pas dans ce conflit.

Se nourrir seul

Se nourrir seul est un point important du développement d'un enfant. Soyez patients :

* Mettez-lui un bavoir à rebord et étalez une bâche en plastique sous sa chaise haute.

* Donnez une cuillère à votre enfant et servez-lui un bol bien stable de nourriture assez consistante : purée de pommes de terre ou de légumes, par exemple. Peu importe qu'il mange très peu au début ; ce qui compte, c'est qu'il s'amuse. Gardez une seconde cuillère à portée de main pour pouvoir l'aider, au besoin.

* S'il ne maîtrise pas encore la cuillère, votre enfant aimera manger avec les doigts (voir p. 117). C'est un bon moyen de l'occuper en attendant que le repas soit prêt.

* Avant tout, soyez souple. Si un plat ne remporte pas de succès, essayez autre chose. Aucun aliment particulier n'est indispensable.

* Faites boire votre enfant dans une tasse à bec dès qu'il est capable de la manipuler. Certains enfants nourris au sein refusent le biberon et adoptent directement le verre d'eau ; d'autres préfèrent le biberon.

▲ **MANGER TOUT SEUL SANS SOUCI**
Pendant que votre enfant manipule sa cuillère, proposez-lui vous-même des cuillérées de nourriture.

L'alimentation idéale de votre bébé

Pour bien se développer et grandir, un bébé a besoin d'un régime varié. Un enfant à qui l'on offre de choisir ses plats dans un menu très large adopte spontanément un régime équilibré et accepte des goûts variés. À l'inverse, un enfant mal nourri et habitué aux sucreries réclamera des frites et du ketchup à tous les repas.

Les bons aliments

Variez les menus et proposez une large gamme de goûts et de textures.

* Les fruits et légumes : lavez-les soigneusement ; pelez les pommes de terre, carottes, pommes et pêches pour éliminer toute trace de pesticides. Efforcez-vous de faire figurer la vitamine C à chaque repas, sous forme de fruits, de légumes ou de jus pour faciliter l'absorption du fer.

* Le lait : dès le septième mois, vous pouvez cuisiner avec du lait de vache entier. Après un an, ce lait peut être bu cru.

* La viande blanche et le poisson : présentez l'un ou l'autre au moins une fois par jour.

* Si vous suivez un régime végétarien, fromage ou tofu, pauvres en fibres, assureront un apport suffisant en protéines.

À éviter

Sans en faire un souci constant, prenez quelques précautions :

* Un enfant de moins de sept mois a du mal à digérer la farine de blé et le gluten.

* N'ajoutez ni sel ni sucre aux aliments. Le sucre attaque les dents et donne de mauvaises habitudes. Quant au sel, il pourrait fatiguer les reins de votre enfant.

* Évitez les œufs à la coque avant l'âge d'un an.

* Les céréales de petit-déjeuner, très riches en fibres, n'ont pas leur place au menu d'un bébé : elles sont trop difficiles à digérer.

* Évitez les fromages au lait cru avant l'âge de deux ans au moins.

Ce dont votre bébé a besoin

Les besoins nutritionnels d'un enfant sont satisfaits dès lors qu'il consomme des hydrates de carbone complexes (céréales non sucrées, pain complet, pommes de terre et autres légumes, riz et pâtes) ; des protéines (viande blanche maigre, poisson et légumes secs et, à partir de sept ou neuf mois, œufs et fromage) ; enfin, des vitamines et des sels minéraux (fruits et légumes frais). Il lui faut aussi des lipides, mais ce besoin est couvert par les matières grasses des autres aliments, en particulier le lait. Évitez les calories « vides » des sucreries, biscuits et céréales de petit-déjeuner.

La préparation des aliments de votre bébé

Pour débuter, vous devrez servir à votre enfant les aliments en purée, mais cette étape est de courte durée. Alors que votre enfant s'habitue aux

Idées de menus pour un bébé plus grand

Repas	Jour 1	Jour 2	Jour 3
Déjeuner	Galettes de riz Œuf dur haché Lait	Banane écrasée Bâtonnets de pain complet grillé Lait	Fromage blanc ou yogourt Pain complet grillé Tartine
Dîner	Ragoût de légumes ou de poulet Pomme cuite Jus de fruits étendu d'eau	Purée au fromage Tranches de poire Jus de fruits étendu d'eau	Purée de lentilles et de légumes Banane et yogourt Jus de fruits étendu d'eau
Collation	Bâtonnets de pain grillé Rondelles de pêche pelée Lait	Galettes de riz Dés de pomme pelée Lait	Biscottes Raisin épépiné et pelé Lait
Souper	Chou-fleur au fromage Semoule au lait et purée de fruits Jus de fruits étendu d'eau	Pâtes en sauce Yogourt et purée de fruits Jus de fruits étendu d'eau	Thon, purée de pommes de terre et de courgettes Gâteau de riz Jus de fruits étendu d'eau

aliments solides, donnez-lui des aliments en plus gros morceaux ou émincés, de façon à ce qu'il découvre différentes textures. Employez divers liquides pour diluer les aliments préparés à la maison. L'eau ayant servi à faire cuire les aliments à la vapeur est idéale, parce qu'elle contient des minéraux. Vous pouvez épaissir les aliments au moyen de céréales à grains entiers, de fromage cottage, de yogourt ou de pommes de terre en purée.

A-t-il assez mangé ?

Si vous pensez que votre bébé ne mange pas assez, vous vous trompez. Ne lui appliquez pas les mêmes principes qu'aux adultes. Pour lui, une alimentation équilibrée et variée se juge sur une période assez longue, une semaine par exemple. Acceptez aussi qu'il y ait un peu de gâchis. Ne vous centrez pas sur telle ou telle lubie : un enfant absorbe ce dont son organisme a besoin.

Un bon moment ensemble

Oui, il est frustrant de voir un enfant jeter son repas par terre ou en tartiner sa chaise, mais n'oubliez pas que, s'il a faim, il mangera. S'il joue avec sa nourriture, c'est qu'il a assez mangé et qu'il cherche à en savoir plus sur la texture des aliments. Incitez-le à découvrir des saveurs nouvelles en

L'hygiène

Lorsque votre bébé se nourrit d'aliments solides, il n'est plus nécessaire de stériliser ses ustensiles. Une infection bactérienne due à une mauvaise hygiène alimentaire peut néanmoins s'avérer dangereuse pour un bébé ou un jeune enfant.

* Lavez-vous systématiquement les mains avant de toucher à un aliment et après avoir manipulé de la viande crue.
* Au réfrigérateur, isolez la viande des autres aliments et rangez le poisson sur l'étagère la plus froide.
* Nettoyez régulièrement l'embout de la tasse à bec.
* Jetez les restes du repas de votre enfant. Évitez de les réchauffer. Si vous utilisez des aliments pour bébé déjà prêts, mettez-les dans un bol.
* Pour éviter le gaspillage, cuisinez en petites quantités et congelez ce qui n'est pas servi.
* Si vous utilisez un four à micro-ondes, mélangez bien le contenu du récipient pour répartir la chaleur.

▼ **PASSEZ UN BON MOMENT** Quand votre enfant aura pris l'habitude de manger avec plaisir un ou deux repas solides, présentez-lui toutes sortes de saveurs et de consistances. Ne le forcez pas à manger plus qu'il ne le veut.

Avec les doigts

À partir de sept ou huit mois, un enfant qui a pris l'habitude de manger des aliments solides aura envie de se nourrir seul, à la main. Voici quelques exemples de ce que vous pouvez lui proposer:

* Un fruit facile à tenir, tel une banane ou une pêche; pensez à ôter peau et noyau.

* Certains légumes, dont les carottes, coupés en bâtonnets (pas trop petits) sont faciles à tenir.

* Des biscuits de céréales non sucrés.

* Du pain complet ou des biscottes complètes, des bâtonnets de pain grillé, des galettes de riz.

* De grosses pâtes cuites.

présentant les plats de façon imaginative pour lui montrer qu'un repas est un moment de plaisir.

Rappelez-vous que l'estomac d'un bébé ne peut contenir beaucoup, de sorte qu'il doit s'alimenter plus souvent qu'un adulte. Encouragez-le à manger à des heures régulières, mais n'insistez pas pour qu'il mange toute son assiette s'il n'a plus faim. Donnez-lui des collations saines entre les repas s'il a faim.

Manger en famille

Dès que votre bébé pourra s'asseoir dans sa chaise haute pour manger, il aimera être à la table avec les autres. Plus vous l'intégrerez tôt, plus il apprendra par l'exemple ce qui est et ce qui n'est pas un comportement acceptable à table.

Vous trouverez qu'il est parfois plus facile de nourrir votre bébé avant de prendre le repas en famille. Donnez-lui alors des aliments qu'il pourra manger avec ses doigts et avec lesquels il pourra s'amuser pendant que vous mangerez. De cette façon, il apprendra à connaître les goûts et à prendre part à la « conversation » à table avec les autres membres de la famille.

▲ **S'AMUSER EN MANGEANT** Présentez à votre bébé des plats amusants et inventifs, comme ce bonhomme en purée verte.

▶ **QUAND LES DENTS PERCENT** Un enfant dont les dents percent aime mordre et sucer des aliments qui soulagent ses gencives endolories. N'importe quel morceau de légume ou de fruit cru convient, s'il est coupé assez grand pour être tenu fermement.

MANGER AVEC LES DOIGTS Si votre bébé peine à utiliser une cuillère, il aimera manger avec ses doigts des aliments faciles à manipuler, comme les légumes. Ne lui donnez pas des aliments trop petits avec lesquels il pourrait s'étouffer et évitez de le laisser seul pendant qu'il mange.

Les sorties et les déplacements

Les activités pour les tout-petits

Bien des activités permettent aux parents de sortir avec leur bébé :

* Les rencontres entre jeunes parents (voir p. 138).
* L'éveil musical.
* La natation : demandez si la piscine locale offre des cours de bébés nageurs.
* Certains centres de loisirs proposent des séances de gymnastique pour enfants.
* Les cours de massage pour bébés.

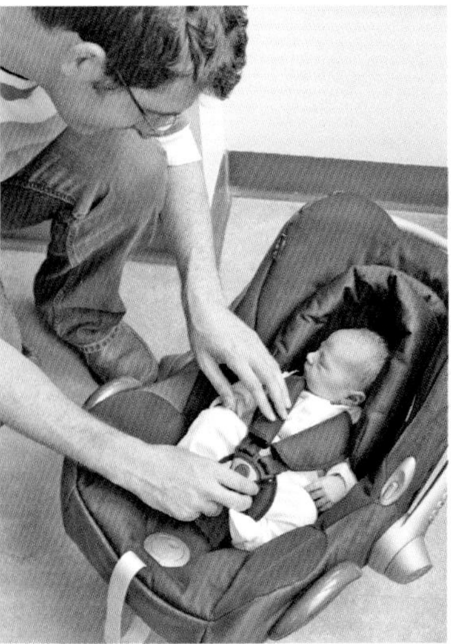

▲ **VOYAGER EN SÉCURITÉ** Votre bébé doit se déplacer dans un siège d'auto spécial. Au Québec, en vertu de la loi, les enfants qui mesurent moins de 63 centimètres en position assise (mesurée du siège au sommet du crâne) doivent être installés dans un siège d'auto adapté à leur poids et à leur taille.

Efforcez-vous de sortir avec votre enfant dès que vous en aurez envie. Cela vous fera du bien, à vous comme à lui. Il s'habituera à voyager, à découvrir des lieux et des gens inconnus. Quant à vous, vous changerez de décor et resterez en contact avec le monde extérieur.

Les premières sorties

Les premières promenades qui ne se limitent pas à un aller et retour dans les commerces du voisinage vous sembleront peut-être intimidantes. Vous pourrez vous sentir nerveux, mal assurés quant à la réaction de votre enfant. Restez calmes et tâchez de vous détendre. Sinon, votre enfant percevra votre anxiété. Il ne vous faudra pas longtemps pour devenir une famille de voyageurs aguerris. Il est plus facile de se déplacer avec un tout-petit, qui peut être porté sans effort. Profitez-en, car, quand il saura marcher, vous devrez surveiller votre enfant sans cesse et vos destinations seront nettement plus limitées. Les premières fois, ne soyez pas trop ambitieux : contentez-vous d'aller au jardin public ou chez des amis. Ne vous éloignez que si vous êtes parfaitement sûrs de vous. Évitez l'heure de pointe, surtout si vous devez prendre un transport en commun.

Faire les courses

Quand vous allez faire des achats, rien ne vous empêche d'emmener votre bébé : la plupart des supermarchés et grands magasins proposent de quoi le transporter (voir tableau ci-contre) et certains ont même une garderie. Les centres commerciaux aménagés sur plusieurs niveaux sont moins accessibles, mais ils sont équipés d'escaliers roulants et d'ascenseurs. Quand vous êtes au supermarché, choisissez un chariot équipé d'un siège qui convient à la taille et au poids de votre enfant, si possible muni d'une bride de sûreté. N'oubliez pas qu'un enfant a tendance à tendre la main vers tout ce qu'il voit.

Ce genre de sortie stimule l'appétit des petits, qui deviennent rapidement impatients. Emportez une grignotine et une boisson. Votre enfant pourra à la fois se rafraîchir et s'occuper.

Voyager en voiture

Les sièges d'auto pour enfants qui tournent le dos à la route facilitent les déplacements en voiture avec un tout-petit, mais le siège doit être réglé correctement. Un bébé ou un enfant plus vieux devrait s'asseoir dans un siège orienté vers l'avant. Un siège pour enfant peut être installé à l'avant ou à l'arrière du véhicule, mais jamais à l'avant d'une voiture équipée de coussins gonflables. Ensuite, quand votre enfant aura l'âge de s'asseoir sur un siège fixé à l'arrière, il faudra veiller à l'installer correctement. Gardez quelques couches, serviettes et sacs en plastique dans la voiture, en cas de besoin. Le soleil peut nuire à votre bébé ; fixez un pare-soleil amovible sur la fenêtre. Après un accident, remplacez vos ceintures de sécurité, le siège d'auto de votre enfant et les pièces d'ancrage, puisqu'ils auront subi des tensions extrêmes et pourraient être endommagés.

Faire les courses avec votre bébé

Service	Ce que vous pouvez attendre
Places de stationnement	La plupart des magasins réservent aux personnes accompagnées d'un petit enfant des places de stationnement près de l'entrée.
Caisses aménagées	Un bon supermarché dispose au moins de deux caisses assez larges pour qu'une poussette puisse y passer.
Promotions spéciales	On tombe parfois sur des promotions réservées aux parents d'enfants de moins d'un an.
Garderie	Vous pourrez éventuellement confier votre bébé à une garderie, à condition d'être joignable.
Toilettes et coin repos	Il y a, dans de nombreux commerces, des toilettes où l'on peut changer un enfant et une salle où l'on peut l'allaiter. Si vous voulez vous asseoir au calme pour nourrir le vôtre, ne vous croyez pas forcée de le faire en cachette. Demandez l'aide d'un assistant.

Les vacances

Si vous partez avec votre tout-petit, vous préférerez peut-être ne pas aller à l'étranger, au cas où vous auriez besoin d'aide médicale. Cela dit, un bébé – surtout s'il est au sein – voyage sans souci, même s'il vaut mieux prendre une bonne assurance complémentaire. Quel que soit l'âge de votre enfant, veillez à :

* Savoir où se trouve le médecin, le centre de soins ou l'hôpital le plus proche.
* Vous assurer que vous disposerez d'un petit lit conforme aux normes de sécurité – votre agence de voyages ou l'office de tourisme concerné devraient pouvoir vous renseigner. Sinon, emportez un berceau ou un lit pliant. Il existe des modèles peu encombrants.
* Protéger votre enfant du soleil (voir ci-dessous). Utilisez une crème solaire avec l'indice de protection le plus élevé, couvrez votre enfant de vêtements protecteurs et tenez-le à l'ombre.

Protection contre le soleil

Les pigments de la peau des bébés sont minuscules, de sorte qu'ils sont bien moins protégés que les adultes contre les rayons ultraviolets du soleil. Les rayons directs du soleil peuvent endommager la peau et entraîner plus tard le développement d'un cancer. Si votre bébé a moins de six mois, ne l'exposez jamais aux rayons directs du soleil. Gardez-le dans un endroit frais autant que possible, habillé d'un vêtement de coton léger qui recouvre presque tout son corps. Dans son landau, protégez-le au moyen d'un pare-soleil. Dans le cas des bébés et des enfants un peu plus âgés, utilisez un écran solaire dont le facteur de protection est de 30 au moins. Appliquez la crème 30 minutes avant d'exposer votre enfant au soleil et ensuite, toutes les deux heures ou après la baignade. Gardez votre enfant à l'abri du soleil entre 11 h et 15 h, lorsque la chaleur est à son maximum. Il existe maintenant des vêtements spéciaux qui filtrent les rayons UVA et UVB pour assurer une protection additionnelle.

Dans les transports en commun

Le secret d'un voyage réussi, c'est la préparation :

* Si vous êtes seul, assurez-vous que vous pourrez tout faire sans problème.
* Prévoyez un délai assez long pour atteindre l'aéroport ; vous n'aurez pas besoin de vous presser ni de vous inquiéter à l'idée d'être en retard.
* En avion, nourrissez votre bébé au décollage et à l'atterrissage : cela lui évitera d'avoir mal aux oreilles à cause du changement de pression de l'air.
* En cas de vol prolongé, réservez un siège équipé d'un berceau pour que votre enfant puisse dormir.
* Dans l'avion, l'idéal est d'emporter un siège d'auto et d'y installer votre bébé mais, selon le nombre de passagers, la place ainsi occupée vous sera peut-être facturée.

▲ **SAC À DOS** Un sac à dos convient davantage à un bébé plus âgé qu'un landau si vous êtes adepte de la marche.

Quand votre bébé est malade

Le traitement

En cas de forte fièvre ou d'infection, votre médecin prescrira peut-être de l'acétaminophène sous forme liquide ou un antibiotique. Mesurez la bonne dose avec un compte-gouttes stérilisé ou une cuillère à doser. Respectez scrupuleusement les instructions figurant sur l'emballage ou la prescription du médecin.

Prendre la température

Le plus souvent, une poussée de fièvre est due à une lutte de l'organisme contre une infection. Prenez la température de votre enfant avec un thermomètre à affichage numérique, que vous tiendrez bien serré sous son bras nu pendant trois minutes. N'oubliez pas que le résultat affiché est inférieur d'un degré à la température interne de votre bébé. N'introduisez pas de thermomètre dans la bouche d'un enfant de moins de sept ans.

▲ **VÉRIFIER LA TEMPÉRATURE** Glissez la pointe du thermomètre au creux de l'aisselle de votre bébé et maintenez son bras plaqué contre son corps.

S'il vous semble que votre bébé est souffrant, demandez conseil au CLSC de votre quartier sans hésiter. Personne ne peut interpréter le comportement de votre enfant mieux que vous, qui connaissez sa personnalité et comprenez ses humeurs.

Soigner votre bébé

En général, un bébé malade est agité et de mauvaise humeur, il passe des nuits difficiles et réclame constamment des soins et des câlins. Toutefois, en cas de maladie grave, il reste sans énergie et passif. Si votre bébé a un rhume, il vous semblera difficile de lui donner son lait à cause de son nez bouché, qui l'empêche de respirer. Soyez patients et laissez-le reprendre son souffle entre deux gorgées. Si cela s'éternise, demandez conseil à votre médecin ou à votre pharmacien.

Identifier la fièvre

Pour savoir si votre enfant est fiévreux, posez votre main sur son front. Si sa peau est chaude, rouge et moite, c'est probablement le cas. Une fièvre aiguë peut aussi le faire frissonner.

Faire baisser la fièvre

Si votre bébé est très fiévreux, il faut empêcher cette montée de température de devenir excessive. Déshabillez entièrement votre enfant, sans l'exposer au froid. S'il a plus de trois mois, vous pouvez lui donner une dose d'acétaminophène liquide (voir encadré ci-dessus).

Prévenir la déshydratation

La déshydratation est dangereuse pour les enfants de moins de 12 mois. Il faut remplacer les fluides. En général, ce manque se manifeste par une

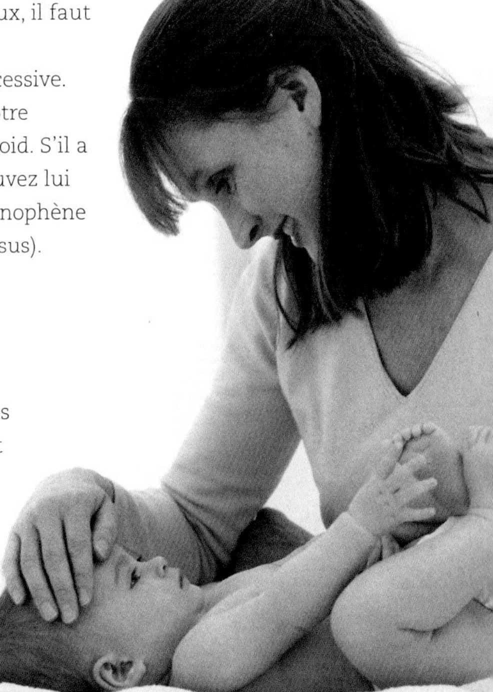

▶ **RAFRAÎCHIR VOTRE BÉBÉ** Si votre enfant est fiévreux, déshabillez-le, mais veillez à ce qu'il ne prenne pas froid.

chute d'énergie et un enfoncement de la fontanelle (membrane souple au sommet du crâne, voir p. 60). Votre bébé mouillera peut-être sa couche moins souvent que d'habitude. S'il est fiévreux ou par temps chaud, veillez à ce qu'il ne se déshydrate pas : allaitez-le plus souvent ou offrez-lui de l'eau bouillie et refroidie, au biberon ou avec une cuillère stérilisée.

En cas de diarrhée ou de vomissements durant plus de 24 heures, consultez votre médecin. Si votre enfant est nourri au biberon, diluez son lait de moitié et faites-lui boire de l'eau, avec ou sans sel réhydratant, ou une solution réhydratante. Si votre enfant est sevré, servez-lui des plats très légers. En revanche, s'il est au sein, ne changez pas vos habitudes, mais offrez-lui une solution réhydratante au biberon, avant la tétée. S'il refuse le biberon, donnez-lui le sein plus souvent pour qu'il absorbe plus de fluides.

Il peut arriver qu'un enfant soit atteint d'une diarrhée légère quand on lui présente un nouvel aliment solide (voir p. 112). En ce cas, retirez cet aliment du menu pour quelques semaines.

Comment savoir s'il est malade

Affection	Quand appeler Info-Santé
Température élevée ou faible	* Quand la température de votre enfant est au-dessus de 38 °C et qu'il semble malade ; ou quand elle monte à plus de 39,4 °C mais que votre bébé ne paraît pas malade. * Quand sa température n'est pas stable. * Quand votre bébé est plus calme que d'habitude, mou, que sa peau est froide alors que ses mains et ses pieds sont roses (voir p. 123).
Troubles respiratoires	* Quand votre bébé a du mal à respirer. * Quand son rythme respiratoire accélère et que ses côtes se soulèvent nettement à chaque inspiration.
Perte d'appétit	* Quand votre enfant est âgé de moins de six mois et refuse de s'alimenter, que ce soit au sein ou au biberon. * Pour un enfant plus grand, s'il refuse de manger et de boire.
Vomissements	* Quand votre bébé recrache une tétée entière ou est pris de vomissements puissants, prolongés ou violents, il risque de se déshydrater très vite et doit donc être soigné sans délai. Il est toutefois normal qu'un enfant ait une petite remontée de lait après la tétée.
Diarrhée	* Quand les selles de votre enfant sont aqueuses, parfois verdâtres, malodorantes et d'une fréquence anormale. * En cas de diarrhée accompagnée de fièvre, consultez votre médecin sans hésiter.
Rougeurs	* Une rougeur ou éruption inhabituelle peut être signe d'infection (surtout si elle s'accompagne d'une fièvre) ou de réaction allergique. Consultez un médecin qui procédera à un examen. * Il existe un type d'éruption dû à la méningite : dans ce cas, il faut agir sans tarder et aller dans un service d'urgence (voir encadré ci-dessus).

La méningite

Cette inflammation des membranes qui enveloppent le cerveau résulte d'une infection. La forme virale est en général assez bénigne, mais la méningite bactérienne peut être mortelle. Les premiers symptômes se développent en quelques heures.

Les symptômes

Chez l'enfant de moins d'un an, on note une humeur irritable, un gonflement et un durcissement légers de la fontanelle (voir p. 60), une poussée de fièvre et une inflammation sous forme de taches plates, rouges ou roses, qui ne s'effacent pas en appuyant dessus. L'enfant peut aussi être mou, pris de vomissements, sans appétit et ne pas supporter l'exposition à la lumière.

Ce qu'il faut faire

Pressez un verre sur la peau pour voir si les taches restent visibles. Si vous croyez qu'il s'agit d'une méningite, allez immédiatement à l'hôpital au service d'urgence.

L'attaque de fièvre

Une infection peut causer une poussée de fièvre à un enfant. Les cellules du cerveau envoient alors des signaux aux muscles, qui se contractent par saccades. Bien qu'il soit impressionnant, ce trouble est courant et reste le plus souvent sans gravité. Le risque d'épilepsie est très faible.

Les symptômes

Perte de conscience, tremblements et sursauts musculaires. Parfois, l'enfant bave et ses yeux roulent dans leurs orbites.

Ce qu'il faut faire

Installez votre enfant dans un endroit calme et déshabillez-le pour abaisser sa température (voir ci-contre). Appelez Info-Santé.

Les secours d'urgence

Les conseils qui suivent ne sauraient remplacer une formation en bonne et due forme, mais il est bon de prendre connaissance de quelques gestes à effectuer en cas d'urgence. Avant tout, conservez votre calme.

Votre bébé est-il conscient ?

Tapez légèrement ou chatouillez le dessous du pied de votre bébé. Mentionnez son nom afin de voir s'il réagit. Ne secouez jamais votre bébé.

* S'il ne présente aucune réaction, c'est qu'il est inconscient. Inclinez doucement sa tête vers l'arrière pour ouvrir ses voies respiratoires et vérifiez s'il respire correctement avant d'appeler une ambulance.

* S'il réagit, c'est qu'il est conscient. Vérifiez s'il présente d'autres blessures. Demandez l'avis d'un médecin si vous êtes inquiets.

S'il respire

MAINTENEZ SES VOIES respiratoires ouvertes. Prenez votre enfant dans vos bras, la tête plus bas que le corps, et emportez-le avec vous jusqu'au téléphone pour appeler les secours d'urgence. Si possible, chargez quelqu'un de téléphoner à votre place.

Comment savoir si votre bébé a perdu connaissance

Donnez-lui un coup léger ou une chiquenaude sur la plante des pieds. Dites son prénom pour voir s'il réagit. Ne le secouez surtout pas. S'il ne répond pas, vérifiez s'il respire avant d'appeler les secours d'urgence.

Si votre bébé a perdu connaissance

Vérifiez s'il respire. Posez une main sur son front et tirez légèrement sa tête en arrière pour dégager les voies respiratoires. S'il a quelque chose de visible dans la bouche, retirez-le; sinon, ne vérifiez pas avec votre doigt. Soulevez son menton. Placez une oreille près de sa bouche en vous tournant vers sa poitrine. Guettez le moindre mouvement respiratoire avec les yeux, les oreilles et les doigts, n'attendez pas plus de 10 secondes.

RESPIRATION ARTIFICIELLE

* Inclinez la tête du bébé et soulevez son menton pour vous assurer que ses voies respiratoires sont libres.
* Prenez une inspiration. Placez votre bouche sur la bouche et le nez de l'enfant et soufflez de façon constante dans ses poumons jusqu'à ce que son ventre se soulève. Si le ventre se soulève et descend ensuite, cela signifie que le bébé respire.
* Recommencez ce processus à CINQ reprises.
* Si le ventre ne se soulève pas, ajustez la tête du bébé, vérifiez de nouveau sa bouche et retirez tout ce qui obstrue ses voies aériennes. Vérifiez si le joint est bien étanche. Effectuez au plus cinq tentatives de respiration artificielle avant d'entreprendre les pressions sur la poitrine comme on peut le voir sur la figure ci-dessus.
* N'arrêtez pas pour vérifier les signes de circulation.

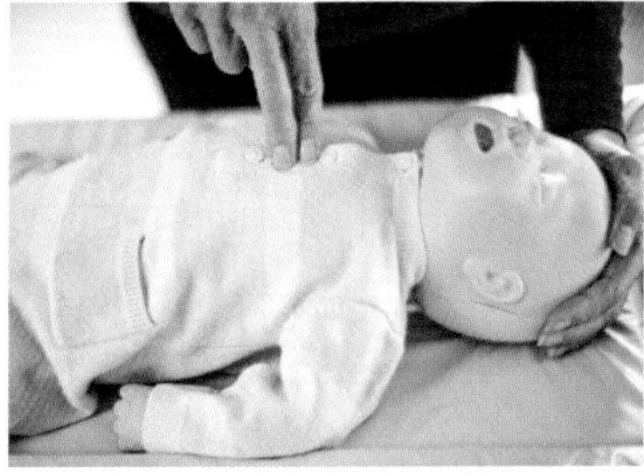

PRESSIONS SUR LA POITRINE

* Placez l'index et le majeur d'une main au centre de la poitrine du bébé.
* Exercez une pression verticale vers le bas, au niveau du sternum, pour l'enfoncer environ au tiers de sa profondeur. Libérez la pression et laissez la poitrine se relever, mais en laissant les doigts sur la poitrine.
* Recommencez en exerçant 30 compressions au rythme d'environ 100 par minute.

COMBINEZ LES PRESSIONS SUR LA POITRINE ET LA RESPIRATION ARTIFICIELLE Effectuez 30 compressions suivies de DEUX respirations artificielles par minute. Appelez ensuite une ambulance si vous ne l'avez pas déjà fait. Continuez jusqu'à ce que les secours arrivent, jusqu'à ce que le bébé commence à respirer normalement ou jusqu'à ce que vous soyez trop fatigué pour continuer.

Premiers secours en cas d'accident

Blessure	Ce qui arrive	Ce que vous devez faire
Hémorragie	En cas d'accident qui cause une hémorragie à votre enfant, maîtrisez l'écoulement du sang avant d'appeler les secours.	Appuyez bien fort sur la blessure et soulevez le membre atteint pour qu'il se trouve au-dessus du cœur de l'enfant. Couvrez la blessure de gaze stérile maintenue par un bandage. Appelez une ambulance.
Traumatisme crânien	Un enfant qui se cogne la tête risque d'être commotionné et de perdre conscience un moment. Il pourrait avoir subi une blessure plus grave.	Si votre bébé est inconscient, procédez de la façon décrite ci-contre. S'il est conscient, traitez toute blessure et emmenez-le à l'hôpital, même s'il semble aller mieux.
Électrocution	Un enfant qui joue avec une prise de courant ou une rallonge branchée risque de s'électrocuter. Cela peut causer un arrêt respiratoire ou un arrêt du cœur, ainsi que des brûlures.	Coupez le courant au compteur immédiatement. Ou restez sur un matériau isolant sec, comme un annuaire de téléphone, et éloignez la source de courant du bébé au moyen d'un balai. Appelez une ambulance.
Noyade	Deux ou trois centimètres d'eau peuvent suffire à noyer un bébé qui y tombe la tête la première. Ne laissez jamais un enfant seul dans son bain, même s'il sait se tenir assis.	Transportez-le, la tête plus basse que sa poitrine, afin que l'eau puisse s'écouler. S'il est inconscient, traitez-le de la façon décrite ci-contre et appelez une ambulance.
Morsure ou piqûre	Selon qu'il s'agit d'une piqûre d'insecte ou d'une morsure d'animal, la manœuvre ne sera pas la même.	En cas de piqûre d'insecte, appliquez un linge froid et recouvrez ensuite la piqûre d'un pansement. En cas de morsure d'animal, procédez de la façon décrite pour un saignement abondant (voir ci-dessus).
Brûlure	Si votre enfant se brûle ou s'ébouillante, refroidissez immédiatement la plaie et ôtez les vêtements qui l'entourent avant qu'elle n'enfle.	Traitez la zone atteinte à l'eau froide pendant 10 minutes. Recouvrez-la d'une pellicule ou d'un sac en plastique et emmenez le bébé à l'hôpital ou appelez une ambulance.

Si votre bébé s'étouffe

Si votre bébé a avalé un objet qui l'étouffe, il peut devenir bleu et émettre des bruits bizarres en essayant de pleurer. Ne le soulevez pas par les pieds et ne le secouez pas. Appliquez la méthode ci-dessous pour sortir l'objet qui lui bloque la respiration.

Traitement d'une obstruction

Avant d'appeler une ambulance :

* Allongez le bébé sur votre avant-bras, tête en avant, et pressez cinq fois entre ses omoplates (voir ci-contre).
* Si l'obstruction perdure, tournez la tête de l'enfant contre votre avant-bras et appliquez deux doigts sur le bas de son sternum. Appuyez alternativement de haut en bas. Recommencez jusqu'à cinq fois, en inspectant la bouche avant chaque essai.
* Si rien ne se passe, enchaînez trois fois les deux méthodes tour à tour, et appelez l'ambulance. Continuez jusqu'à ce que les secours arrivent ou que le bébé devienne inconscient.
* Si votre bébé perd connaissance, appliquez immédiatement les conseils de la page ci-contre.

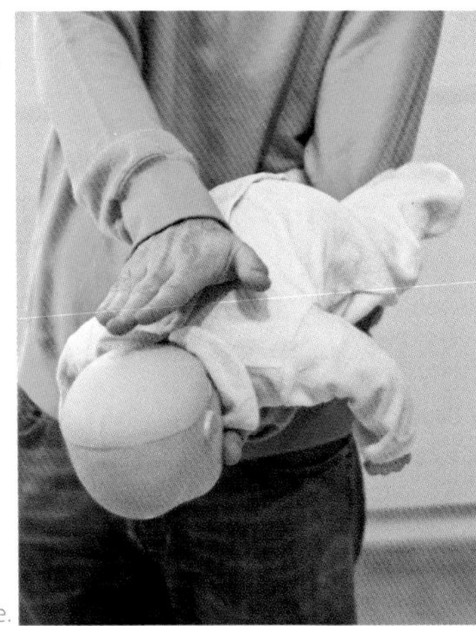

L'hypothermie

On parle d'hypothermie quand la température du corps baisse sous 35 °C. Le mécanisme de régulation du jeune enfant est encore instable et il peut donc être atteint très vite s'il est exposé au froid.

Les symptômes

Même si la peau du bébé est rose, ce qui peut faire croire que tout va bien, elle est froide au toucher. L'enfant peut refuser de manger et rester inerte, silencieux.

Ce qu'il faut faire

Appelez un médecin. Réchauffez progressivement votre enfant dans une salle chauffée, enveloppez-le d'une couverture. Tenez-le contre vous pour lui transmettre votre propre chaleur.

Les enfants handicapés

Les signes

Tous les enfants ne se développent pas à la même vitesse (voir p. 147), mais le vôtre vous paraîtra peut-être en retard pour son âge. N'en tirez pas de conclusion hâtive, même si, en tant que parents, vous seriez probablement les premiers à détecter un problème.

La reconnaissance des mains

Un bébé comprend qu'il a des mains vers huit semaines (voir p. 158). Vers 12 à 16 semaines, cet intérêt décroît, mais il peut durer jusqu'à la 20e semaine chez l'enfant attardé.

Le réflexe de préhension

Avant l'âge de six semaines, un bébé serre ses doigts autour de n'importe quel objet qui entre en contact avec sa paume. Ce réflexe peut perdurer chez l'enfant attardé.

La découverte par la bouche

Vers l'âge de quatre mois, un bébé porte à la bouche tout ce qu'il saisit. En général, cela s'estompe vers l'âge d'un an, mais un enfant en retard peut continuer plus longtemps.

Le jet d'objets

Entre 8 et 16 mois, tous les bébés jettent ou lâchent les objets pour les voir tomber. Ce comportement peut perdurer chez l'enfant attardé.

La salive qui s'échappe

Les enfants parviennent à maîtriser leur bouche vers 12 mois. Les enfants attardés peuvent baver beaucoup plus longtemps.

La mastication

Même s'il n'a pas encore de dents, un bébé parvient à mâcher sa nourriture vers sept mois. Un bébé en retard peut avoir besoin de davantage de temps.

Fort heureusement, bien peu d'enfants sont frappés d'un handicap. L'épreuve n'en est, évidemment, pas moins dure pour ceux qui doivent faire face à des troubles qui affectent, et parfois dominent, leur vie et celle de leur enfant.

Le diagnostic

Après l'accouchement, votre enfant sera examiné par le personnel médical (voir p. 61). Il détectera éventuellement un trouble qui nécessitera des recherches approfondies. Sinon, c'est peut-être vous qui comprendrez que quelque chose ne va pas (voir ci-contre). Abordez la question avec votre médecin traitant, qui vous aiguillera vers un spécialiste. Si vous êtes vraiment inquiets, insistez auprès de lui dans ce sens. Ce qu'on identifie en premier, ce sont les troubles auditifs et visuels, détectés au moment des tests de développement (voir p. 155).

Accepter la vérité

Quel que soit le moment où vous apprendrez que votre enfant souffre de troubles de santé, il vous faudra du temps pour vous remettre de ce choc. Les jeunes parents ont beaucoup d'espoir et d'ambition pour leur bébé, et il peut leur sembler que tout est d'un coup effacé. Ce phénomène est comparable à un deuil : vous devrez pleurer la disparition de l'enfant virtuel tant désiré, à la fois parfait et en pleine santé, et admettre que le vôtre, le vrai, est différent. Il deviendra tôt ou tard un enfant bien-aimé, et vous éprouverez peut-être un jour un sentiment de culpabilité de l'avoir ainsi sous-estimé. Mais avant d'en arriver là, il est impossible d'échapper à un sentiment de perte.

Parlez-en autour de vous

Dans bien des cas, les troubles congénitaux sont extrêmement rares, mais il peut être très utile de rencontrer les parents d'autres enfants atteints des mêmes maux. Votre médecin ou votre CLSC peut vous aiguiller vers un tel groupe. Certaines associations de soutien permettent aux parents concernés de se rencontrer pour débattre, échanger des informations et se sentir soutenus (voir p. 187).

Les troubles physiques qui peuvent être traités

Grâce aux progrès de la chirurgie pédiatrique néonatale, de nombreux troubles peuvent être traités très tôt, dès les premiers mois. Il n'en est pas moins inquiétant de voir son enfant subir une ou plusieurs opérations. C'est une épreuve morale (parfois aussi financière), surtout si votre enfant est traité dans un hôpital qui se trouve loin de chez vous. Mais dites-vous bien que votre bébé pourra ensuite grandir normalement.

Identifier les troubles du développement

Un bébé atteint de troubles du développement franchira les grandes étapes plus tard que la moyenne (voir p. 146) ou même jamais, dans certains cas. Vous constaterez peut-être très tôt que votre enfant est en retard sur certains points: calme inhabituel, manque de vivacité, manque d'intérêt pour le monde extérieur, absence de tonus musculaire, docilité et sommeil prolongé. Il arrive qu'un bébé « facile à vivre » s'avère atteint de troubles: en effet, ces enfants pleurent moins souvent, font moins de bruit et communiquent moins.

Les symptômes tardifs

Quand votre enfant aura sept ou huit mois, vous remarquerez peut-être qu'il a du mal à se concentrer longtemps et qu'il passe sans cesse d'un jouet à l'autre, au lieu de les examiner de près comme les autres bébés. Plus tard encore, il sera peut-être hyperactif, et aura du mal à se concentrer sur une seule et même activité. Il sera éventuellement renfermé et accueillera sans réagir les stimulations venant de personnes extérieures, même celles qu'il connaît bien.

Évitez les comparaisons

Comparer un enfant à un autre n'est jamais une bonne idée, mais, si le vôtre est attardé, il est encore plus important de savoir le regarder pour ce qu'il est, sans le juger d'après les expériences d'autrui. Avec un peu de patience, l'aide d'un spécialiste et vos encouragements, votre enfant parviendra à franchir différents caps (voir p. 146). Le plaisir d'assister à ces accomplissements vous apportera une joie immense.

Le regard des autres

Rares sont ceux qui ont une expérience directe du handicap et savent réagir devant un enfant atteint de tels troubles. C'était d'ailleurs peut-être votre cas jusqu'ici. Il est inévitable que vous croisiez une personne qui dira un mot blessant ou vous lancera une remarque irréfléchie. Dites-vous bien que cette cruauté est due à l'ignorance et à la gêne, et non à une intention de vous blesser. Ne vous laissez pas abattre; parlez ouvertement des handicaps de votre enfant et n'en faites surtout pas un tabou.

Montrez le chemin

Vous constaterez bientôt que votre famille et vos amis vous imitent pour entrer en relation avec votre enfant. Montrez-leur que, même s'il est atteint d'un handicap incurable, il n'est pas inférieur aux autres et qu'il doit recevoir tout autant d'amour, de compréhension et de soutien. Il vous faudra du courage, mais comme bien des parents d'enfants handicapés, vous découvrirez que vous êtes plus forts que vous ne le pensiez. Vous en viendrez à regarder l'avenir avec confiance et espoir. Si vous affichez votre respect pour les talents particuliers de votre enfant et pour sa personnalité, les autres vous imiteront. Dans certaines régions du Québec, il existe des associations de parents d'enfants handicapés. Contactez-les. Il peut être utile et réconfortant de parler avec des gens dans la même situation.

Ce que vous pouvez faire

Si un diagnostic de retard de développement, d'incapacité ou de trouble du comportement est prononcé, vous serez orientés vers un spécialiste qui vous montrera comment stimuler votre bébé physiquement et intellectuellement. Voici quelques exemples:

* Pour la vue, placez-vous toujours devant lui pour qu'il voie votre visage et suspendez un portrait en gros plan sur le bord de son lit. Stimulez son audition en diffusant de la musique, en chantant ou en parlant. Faites-lui toucher des matériaux de toutes sortes: coton, caoutchouc, plastique...
* Parlez à votre enfant et chantez-lui des chansons qui riment, bien claires et rythmées.
* Lisez à haute voix et parlez le plus souvent possible.
* Faites-lui découvrir son corps par des jeux de mains et des massages (voir p. 110).
* Choisissez des jouets à la fois éducatifs et distrayants, et montrez-lui comment les utiliser (voir p. 146).
* Présentez-lui des gens.
* Donnez-lui beaucoup d'amour et faites en sorte qu'il se sente en sécurité. Félicitez-le souvent. N'épargnez ni les baisers ni les câlins; veillez à ce que votre entourage fasse de même.
* Ne le grondez jamais, ne le punissez pas pour sa lenteur.
* Encouragez-le à devenir indépendant. Aidez-le à accomplir des actes autonomes, même si c'est difficile.
* Soyez patients quand il exprime sa frustration. La vie sera difficile pour lui quand il comprendra qu'il n'est pas capable de faire ce que font les autres enfants.

Être parents

Vous savez de mieux en mieux vous occuper de votre bébé et répondre à ses besoins. Il est temps de réfléchir au mode de vie et aux relations de couple que vous allez mettre en place pour apprécier le fait d'être parents et former une famille. Votre bébé est devenu votre priorité et prend toute votre énergie, mais n'attendez pas d'être épuisés sur les plans physique et émotionnel pour réagir. Pour profiter au maximum du bonheur d'être parents, gardez du temps pour votre couple mais aussi pour chacun de vous. Vous êtes deux individus qui s'aiment et croire que votre bébé suffit à combler tous vos désirs serait une grossière erreur. Le passage à la vie familiale sera d'autant plus facile que votre environnement sera propice : des relations d'égale à égal au sein du couple et un soutien constant de la part de votre entourage. Si, dans un premier temps, vous êtes un peu submergés, tout devrait rapidement s'arranger. Vous allez connaître des hauts et des bas, mais si vous et votre partenaire avez le même point de vue, vous trouverez un équilibre et aurez la vie dont vous avez toujours rêvé.

S'aider mutuellement

DU CÔTÉ DE LA MÈRE

Votre conjoint est absent du matin au soir et vous vous occupez seule de votre bébé. Selon vous, nul ne le connaît mieux que vous, mais devoir tout assumer seule est parfois trop lourd. Attention à votre attitude et à la manière dont elle peut être perçue par votre partenaire.

Impliquer son conjoint

* Votre compagnon est très certainement capable de s'occuper aussi bien que vous de votre bébé. Demandez-lui de prendre le relais et de partager les tâches. Vous, lui et votre bébé avez tous à y gagner !

* Si votre partenaire est fatigué en rentrant du travail, soyez patiente. Laissez-le se détendre et encouragez-le à s'occuper de votre bébé, par exemple, à lui donner son bain, sans lui présenter les choses comme des corvées mais plutôt comme des moments à privilégier (voir p. 95).

* Racontez-lui comment s'est déroulée votre journée. N'occultez pas les difficultés, mais ne le culpabilisez pas.

Être bien dans votre tête

* Soyez fière de vous et des soins que vous prodiguez à votre bébé.

* Restez en contact avec vos collègues afin d'être au courant de la vie au sein de l'entreprise. Retourner travailler sera moins difficile si vous ne coupez pas les ponts.

* Aménagez-vous du temps pour vous seule et des moments en tête-à-tête avec votre conjoint (voir p. 134).

Être parents est un grand bonheur, mais aussi une expérience qui permet de voir comment chacun gère les priorités et le fait que la réalité ne corresponde pas toujours aux attentes. Tenez compte des besoins non seulement de votre bébé, mais aussi de votre partenaire.

Trouver de nouveaux repères

Votre enfant est né et vous n'auriez jamais pensé que s'occuper de lui demanderait autant de temps et de sacrifices, et que votre vie de couple serait totalement perturbée. Nombre de parents sont stupéfaits de découvrir que l'arrivée d'un bébé ne les rapproche pas, mais ne fait – au contraire – que souligner ce qui les différencie l'un de l'autre. Ne vous inquiétez pas. Tout s'apaisera lorsque vous aurez trouvé de nouveaux repères et établi les bases sur lesquelles reposeront les relations entre vous et votre enfant, mais aussi vous et votre conjoint.

Des relations mère-enfant et père-enfant totalement différentes

Alors que les deux tiers des mères ont une relation fusionnelle avec leur bébé, nombre de pères ont besoin de plus de temps pour se sentir

▲ **UN TRAVAIL D'ÉQUIPE** Votre enfant ne recevra jamais trop d'amour et d'attention de votre part. Profitez du repas en famille pour le nourrir ensemble et lui parler. Il appréciera votre compagnie et vous apprendrez côte à côte à être parents.

Résoudre les problèmes

Que faire	Pourquoi
Décider qui fait quoi	Chacun a son opinion quant au rôle des hommes et des femmes. Attendez-vous à ce que vos avis divergent. Donnez votre point de vue, mais ne soyez pas buté.
Exprimer ses désirs	Des désirs non satisfaits sont sources de désillusions. Évoquez les points sur lesquels vos avis divergent et trouvez une solution. Attendez-vous, tous les deux, à devoir faire des concessions.
Rester à l'écoute	Parlez librement de vos sentiments en veillant toutefois à la façon dont vous vous exprimez. Ne soyez ni culpabilisant(e), ni sarcastique ni méprisant(e). Dites «Je» plutôt que «Tu».
Ne pas laisser une situation s'envenimer	Résolvez les conflits sans attendre. Analysez les raisons et trouvez un terrain d'entente. Les disputes ont souvent trait au partage des tâches (voir ci-dessous).
Mettre sa famille en priorité	De nos jours, rares sont les personnes qui se sacrifient pour les autres. Néanmoins, pour que votre trio se transforme en une famille épanouie, chacun doit faire des concessions.
Apprendre à gérer son stress	Face au stress, chacun réagit différemment. Définissez ensemble une stratégie pour gérer le stress afin que votre relation n'en pâtisse pas.

submergés d'amour paternel. Les mères ne vivent plus que pour leur bébé à qui elles vouent un amour immense qui, souvent, est fort mal ressenti par les pères, se sentant délaissés et souffrant d'un manque d'attention.

Un véritable travail d'équipe

Les pères qui, chaque jour, s'occupent de leur bébé comprennent mieux ce que ressent leur compagne et ce dont elle peut avoir besoin. Un homme dont la femme allaite peut se sentir frustré et avoir le sentiment que, de ce fait, les relations entre lui et son bébé sont faussées. Le père qui s'occupe de son enfant quotidiennement voit, dès les premières semaines, se renforcer les liens qui les unissent l'un à l'autre et se combler la différence entre les rapports mère-enfant et père-enfant.

Le partage des tâches

Le point de discorde le plus fréquent entre les jeunes parents a trait aux soins prodigués au bébé et à la surcharge de travail qui en découle. Si nombre de pères font volontiers leur part, d'autres participent de bon gré aux tâches les plus agréables, mais rechignent dès lors qu'il s'agit de changer leur bébé ou de se lever la nuit. Pour que l'enfant évolue le mieux possible, chacun doit assumer son rôle avec ses bons et ses mauvais côtés. Aucun métier n'exige plus d'attention et d'abnégation que celui de parents, et dans cette entreprise, le rôle de père est tout aussi important que celui de mère.

DU CÔTÉ DU PÈRE

Vous travaillez à l'extérieur tandis que votre conjointe reste à la maison pour s'occuper de votre bébé. Jour après jour, vous relevez des défis, côtoyez vos collègues, alors qu'elle a renoncé à sa vie professionnelle pour s'occuper de sa famille. Vous êtes-vous demandé si elle ne le regrettait pas?

Soutenir sa compagne

* Téléphonez-lui plusieurs fois par jour. Si vous le pouvez, dînez de temps à autre à la maison.
* Dites-lui à quelle heure vous pensez rentrer et essayez de ne pas être en retard. Prenez le relais le soir et profitez de votre bébé tandis qu'elle se repose.
* Partagez le meilleur comme le pire. Si vous avez eu une journée difficile, dites-le-lui et écoutez-la si elle a une baisse de moral.
* Veillez à ce qu'elle ait du temps pour faire ce qui lui plaît, seule ou avec des amis (voir p. 134).

S'impliquer

* Si vous êtes souvent absent de chez vous, occupez-vous de votre bébé dès que vous en avez la possibilité. Cela vous sera bénéfique à tous les deux.
* Intéressez-vous à ce qui s'est passé durant votre absence et renseignez-vous sur les progrès réalisés par votre bébé. Félicitez-le et demandez à voir.
* Lorsque vous ne travaillez pas, passez le maximum de temps avec votre enfant.

Apprendre à faire face

Se sortir des situations les plus délicates fait partie du jeu et ne peut que vous enrichir et vous rendre meilleur tant dans vos relations avec votre enfant que dans vos rapports avec votre partenaire.

Gérer son stress

La plupart du temps, les disputes familiales sont dues au stress. Lorsque le matin, vous êtes encore à moitié endormi, un rien vous énerve et vous rend de mauvaise humeur. Si vous travaillez à temps plein, il est quasiment impossible d'oublier vos préoccupations professionnelles en franchissant le seuil de la maison et les problèmes domestiques semblent insurmontables. Soutenez-vous mutuellement plutôt que de décharger votre stress sur votre partenaire ou votre bébé. Cela ne ferait qu'empirer les choses.

* Essayez de vous décontracter chacun de votre côté ou ensemble (voir p. 134).

* Soyez honnête afin d'éviter tout malentendu.

* N'essayez pas de faire mille et une choses en même temps, car vous vous sentirez vite frustré et épuisé.

* Essayez d'oublier votre travail une fois chez vous.

Pensées négatives

En vouloir à votre bébé parce qu'il n'a pas fermé l'œil de la nuit ou qu'il ne cesse de pleurer est tout à fait normal. Vous pouvez être énervés ou en colère sans pour cela être de mauvais parents. Ce qui est inacceptable, c'est faire preuve de violence. Si vous sentez que vous n'arrivez plus à vous contrôler, parlez à quelqu'un ou allez prendre l'air avant de commettre un acte que vous pourriez regretter.

Pourquoi la colère est-elle un sentiment normal ?

Votre bébé pleure plusieurs heures d'affilée ou ne dort que par intermittence, et lorsque l'inquiétude s'accompagne d'un sentiment d'impuissance, la colère monte en vous. Vous êtes désemparé et vous culpabilisez, car en dépit de tous vos efforts, vous n'arrivez pas à apaiser votre enfant. Dans de tels moments, il est difficile de ne pas se sentir victime et l'inquiétude peut alors augmenter rapidement pour se transformer en rancœur et ensuite en colère. Vous pouvez également vous enrager parce que rien ne semble fonctionner et éprouver du ressentiment parce qu'il vous reste si peu de temps ou d'énergie pour vous occuper de vous-même. Ce sont là des sentiments tout-à-fait légitimes.

Briser le cercle et retrouver un esprit positif

Savoir que vous pouvez communiquer votre stress et votre frustration à votre enfant ne fait qu'accroître votre angoisse pendant que votre bébé se sent de moins en mois sécurisé. Peu à peu se met en place un cercle vicieux. Pour exprimer son mal-être, votre bébé utilise les seuls outils en sa possession, à savoir les pleurs, et plus il pleure, plus vous perdez votre calme. Vous devez impérativement briser ce cercle infernal. Si vous sentez monter en vous la colère, quittez la pièce et ne revenez voir votre bébé que lorsque vous aurez retrouvé votre calme.

Parlez à quelqu'un Il suffit parfois de donner libre cours à ses sentiments pour y voir plus clair. Parler à des parents étant dans la même situation que vous ne peut qu'être bénéfique, car vous réalisez alors que ce que vous vivez est normal. Partagez vos doutes et vos peurs avec votre partenaire en gardant à l'esprit qu'il ou elle ressent peut-être la même chose que vous. Profitez que votre bébé soit absent ou endormi pour vous exprimer. Si vous ne pouvez vous confier ni à votre conjoint ni à un proche, adressez-vous à une assistante sociale ou à votre médecin traitant.

Changez de cadre Dans la journée, sortez avec votre bébé. Le fait d'être en voiture, dans un landau ou un porte-bébé suffit souvent à calmer les pleurs et les cris. Plus votre enfant grandit, plus il est important que vous passiez du temps hors de votre domicile (voir p. 135).

Respecter la personnalité de votre enfant

Un bébé est un être à part entière avec sa propre personnalité. Certains sont d'un naturel joyeux et souriant, alors que d'autres sont taciturnes, réservés voire peu sociables. Que votre enfant soit indépendant, peu câlin, très tendre ou soupe au lait, gardez à l'esprit qu'il ne choisit pas de se comporter de telle ou telle façon pour vous contrarier, mais tout simplement parce qu'il est comme il est. Parlez, soyez à son écoute et observez ses réactions afin de lever le voile sur sa personnalité. Acceptez de ne pas avoir tout le temps des relations privilégiées avec lui.

Ne pas se bloquer

Certains enfants n'aiment pas être pris dans les bras ou câlinés. D'autres sont, à certaines périodes, peu sociables. Quand votre bébé veut que vous le laissiez en paix, il se raidit et se met à pleurer quand vous l'enlacez. Toutefois, si vous êtes inquiet, demandez conseil à un médecin. Voici quelques conseils qui peuvent vous aider:

* Acceptez que votre bébé traverse des périodes plus ou moins difficiles et ne culpabilisez pas.
* Ne l'accaparez pas sous peine d'aggraver la situation.
* Si votre enfant est plus câlin avec votre conjoint, ne soyez pas jaloux. Les enfants sont plus proches de leur père ou de leur mère, par période.
* N'oubliez pas que votre enfant réagit en fonction de vous. Restez souriant et montrez-lui que vous l'aimez.

Quand vous manquez à votre bébé

Vous avez consacré beaucoup de temps à votre bébé et des liens très forts vous lient l'un à l'autre. Lorsque vous êtes ensemble, vous avez un sentiment de bien-être et vous souffrez dès que vous êtes séparés. Tout changement – reprise du travail ou arrivée d'une gardienne – risque de perturber votre enfant (appétit et sommeil) et le rendre grognon ou au contraire plus câlin. S'il semble très malheureux, analysez la situation et demandez-vous si son désarroi n'est pas lié à la personne qui le garde. Voici quelques conseils qui l'aideront peut-être à surmonter la situation.

* Téléphonez-lui régulièrement.
* Demandez à la personne qui le garde de lui parler de vous.
* Donnez-lui un vêtement qui vous appartient ou une photographie de vous.
* Enregistrez votre voix pour qu'il vous entende chanter ou lui parler.

▶ **GARDER LE CONTACT** Bébé aime prendre le téléphone pour entendre la voix de son père absent de la maison et lui « parler ».

Bébé grincheux

Presque tous les parents le disent : il y a des périodes durant lesquelles les bébés pleurnichent et sont désagréables sans raison apparente. Le fait de ne pas pouvoir comprendre et de ne pas être compris est frustrant à la fois pour eux et pour vous.

Pourquoi ?

* Il ne peut faire ce qu'il veut. Un bébé qui s'assoit veut explorer le monde qui l'entoure et se sent frustré s'il ne peut pas se traîner à quatre pattes.

* Une poussée dentaire est désagréable, voire parfois très douloureuse (voir p. 109).

* Si vous êtes tendu, votre enfant le sent et commence aussi à être anxieux.

Relativiser

* Votre bébé a un comportement normal. Votre frustration vient principalement du fait que vous n'arrivez pas à communiquer avec lui. Ce n'est ni sa faute, ni la vôtre.

* Si votre bébé traverse une mauvaise passe, ce n'est pas parce que vous ne savez pas vous y prendre. Tous les parents vous le diront.

* Essayez de contrôler vos sentiments plutôt que de vous en prendre à vous. Tout ira mieux si vous restez positif.

* Pour contrôler la situation, partagez vos doutes et/ou vos inquiétudes avec votre conjoint ou avec un proche.

* Des gestes simples suffisent parfois à calmer les pleurs de votre bébé, reportez-vous aux pages 104 à 109.

Une baisse de moral

Se soutenir mutuellement

Si le moral est au plus bas, il est primordial que vous et votre partenaire vous souteniez en partageant les tâches, en vous écoutant mutuellement et en vous rendant disponibles l'un pour l'autre.

Si votre conjointe est déprimée

* Encouragez-la à exprimer les raisons pour lesquelles elle va mal. Donnez-lui beaucoup d'affection.

* Redonnez-lui confiance en elle, notamment si elle se sent mal dans son corps et peu attirante. Dites-lui que vous l'aimez et qu'elle est belle.

* Emmenez-la faire des achats. Soyez patient et complimentez-la. Ne la poussez pas à maigrir.

* Encouragez-la à rejoindre un groupe de parole constitué de jeunes mères et organisez-vous afin qu'elle puisse se rendre aux réunions.

* Respectez ses désirs et invitez les amis et la famille à venir la voir ou, au contraire, préservez son intimité.

Si votre conjoint est déprimé

* Si vous avez une baisse de moral, essayez de ne pas lui communiquer votre stress. Exprimez vos sentiments et si vous avez besoin d'être consolée, dites-le-lui.

* Souvenez-vous que votre conjoint doit lui aussi s'habituer à votre nouvelle vie, ce qui n'est pas facile.

* Laissez-le passer du temps avec son enfant afin qu'il ne se sente pas exclu.

* Limitez le nombre de visites afin qu'il ne se sente pas exclu si la maison est pleine d'amies et de parents.

Après la naissance, les mères peuvent ressentir ce que l'on appelle le baby blues, qui disparaît généralement au bout de quelques jours, ou encore souffrir de dépression post-partum, pouvant durer plusieurs mois. Le conjoint doit faire la différence entre ces deux cas afin de pouvoir agir.

Le baby blues

Le baby blues se caractérise par des sautes d'humeur. La jeune mère passe du rire aux larmes et même si cela ne dure guère plus d'une semaine, il faut qu'elle soit bien entourée pour surmonter cette phase critique. Le baby blues est souvent perçu comme étant le passage obligé du statut de femme à celui de mère. Si votre conjoint et vos proches comprennent que vous ayez du mal à gérer une telle situation, il leur est plus difficile d'accepter de vous voir fondre en larmes dès qu'ils vous font un compliment ou sont gentils avec vous.

À quoi est dû le baby blues

Après l'accouchement, les taux de progestérone et d'œstrogène qui ont été très élevés durant toute la grossesse chutent. L'organisme a parfois du mal à s'adapter à ce changement brutal, ce qui peut avoir une forte répercussion sur les émotions. À cela vient s'ajouter la fatigue due à l'accouchement et au manque de sommeil.

Ce que vous pouvez faire

* Ne soyez pas trop pressée et acceptez de traverser une mauvaise période. Toutes les jeunes mères passent par là.
* Acceptez que l'on vous aide et n'essayez pas de tout assumer.
* Exprimez vos sentiments et ne refoulez pas vos larmes.
* Dites à votre conjoint que vous avez besoin d'amour et d'affection, mais n'oubliez pas que lui aussi peut être perturbé par l'arrivée de votre bébé.

Lorsque les pères ont un coup de blues

La plupart des pères ne sont pas prêts à assumer les changements dus à l'arrivée d'un bébé, d'autant que plus leur conjointe est désemparée, plus ils doivent se montrer forts et rassurants, ce qui n'est pas toujours simple. Si besoin est, confiez-vous à une assistante sociale, un médecin ou un ami.

La dépression post-partum (DPP)

Si les symptômes qui caractérisent le baby blues n'ont pas disparu au bout de plusieurs semaines ou s'ils empirent, il est probable que vous souffriez de dépression post-partum. Ce mal-être, plus ou moins prononcé selon la femme, se développe insidieusement et peut n'être décelé que plusieurs semaines après l'accouchement par le médecin. Le traitement est plus ou moins long, et si parler suffit parfois, certaines femmes doivent avoir recours à des antidépresseurs.

Pourquoi certaines femmes souffrent-elles de dépression post-partum ?

Les raisons varient en fonction de votre personnalité, de votre histoire et de la manière dont votre bébé se comporte. Toutefois, des études ont révélé certains facteurs de risques favorisant la DPP.

* Si vous aviez un poste à responsabilité au sein de votre entreprise, vous retrouver à la maison peut être difficile à vivre.
* Si votre couple traverse une période difficile, l'arrivée d'un bébé peut aggraver la situation, voire créer un sentiment de désillusion et de mauvaise image de soi.
* Si l'accouchement a été difficile (voir p. 50), vous pouvez être déçue et éprouver l'impression d'avoir essuyé un échec.
* Si vous avez déjà fait une dépression.
* Si votre bébé pleure beaucoup et dort peu, vous êtes vite épuisée et déprimée.
* Si vous avez des conditions de vie difficiles et n'êtes pas soutenue par votre entourage.
* Si vous avez trop longtemps refoulé vos émotions et tardé à demander de l'aide.

Demander de l'aide

Les femmes ont généralement du mal à avouer leur mal-être par peur du regard de leur entourage. Or, exprimer ses sentiments est crucial. Lorsque vous aurez compris que vous n'êtes pas « folle » et que la situation peut s'améliorer, vous aurez fait un grand pas. Être aidée vous permettra de :

* Comprendre ce que vous ressentez et apprendre à l'exprimer.
* Dresser la liste des priorités, vous libérer du temps pour faire ce qui vous plaît et vous détendre.
* Consulter régulièrement un médecin et lui demander conseil.
* Recourir à un traitement médicamenteux si la dépression s'aggrave.

Ce que les pères peuvent faire

Vous êtes désemparé, car vous ne comprenez pas pourquoi votre conjointe est déprimée. Cette situation est temporaire et dans quelque temps tout ira mieux. Soyez patient et, en attendant, faites votre possible pour l'aider.

* Parlez-lui et écoutez-la. Ne lui dites jamais de se ressaisir – elle ne peut pas – ni de se « secouer » – elle n'en a pas la force.
* Prenez-la en charge – veillez à ce qu'elle se repose et se nourrisse bien. Ne l'empêchez pas de s'occuper de votre bébé, mais au contraire, aidez-la à reprendre peu à peu les choses en main.
* Veillez à ce qu'elle soit entourée et ne s'enlise pas dans la solitude.
* Si votre conjointe réfute le fait d'être malade, demandez conseil à votre médecin, il saura quoi faire.

Symptômes liés à la DPP

Parmi les symptômes et les signes les plus courants :

* Anxiété : la mère s'angoisse pour son bébé et ne veut pas le laisser une seule minute.
* Peur irraisonnée : par exemple, de rester seule.
* Perte de l'appétit.
* Insomnie.
* Fatigue.
* Laisser-aller (toilette, vêtements, etc.).
* Se faire une montagne de la moindre chose.
* S'isoler.
* Se sentir inutile et incapable.
* Se sentir de plus en plus abattue et désemparée.

La psychose post-partum (PPP)

Plus rare mais plus grave que la DPP, la psychose puerpérale touche une femme sur mille. Les premiers symptômes apparaissent au cours des trois premiers mois suivant la naissance. Un traitement médicamenteux est indispensable. Parmi les symptômes à prendre en compte :

* Très grande fatigue.
* Crises de larmes.
* Stress et angoisse.
* Sautes d'humeur et comportement étrange.
* Délire et hallucinations.
* Désir de se faire du mal à soi-même et/ou au bébé.

Se ressourcer

DU CÔTÉ DE LA MÈRE

Vous avez besoin de vous ressourcer ; votre conjoint aussi. Il doit pouvoir passer du temps avec son enfant et en tête-à-tête avec vous, mais aussi se relaxer en dehors du bureau et de la maison.

Comment aider votre conjoint ?

* Poussez-le à sortir de temps à autre avec des amis et à s'adonner à son passe-temps préféré. Toute personne qui travaille a besoin de se ressourcer, à condition bien sûr que ce ne soit pas à votre détriment ni à celui de votre enfant.

* Profitez au maximum du temps passé à la maison avec lui. Montrez-lui qu'il occupe une place privilégiée dans votre vie et organisez des tête-à-tête.

Votre bébé en tire des bénéfices

Passer du temps sans votre bébé ne peut que vous être bénéfique et vous aider à être une meilleure mère, donc inutile de culpabiliser.

* Vous profitez plus de votre bébé quand vous le retrouvez.

* Plus vous êtes reposée et détendue, mieux vous assumez le quotidien.

* Habituez votre enfant à vous voir partir dès qu'il est petit (il comprendra vite que vous revenez toujours). Le laisser sous la surveillance d'une tierce personne le rendra plus sociable.

Être parents est un travail prenant et fatigant. Vous et votre partenaire devez vous accorder des pauses – ensemble ou séparément – afin de vous ressourcer. Ce n'est pas un luxe, c'est une nécessité. Organisez-vous, et libérez-vous du temps, vous n'en tirerez que des bénéfices et votre bébé aussi.

Du temps pour soi

* Si c'est à vous qu'incombe principalement la charge de votre bébé, accordez-vous au minimum une demi-heure par jour pour faire ce qui vous plaît : prendre un bain, lire une revue ou rendre visite à une amie.
* Lorsque votre bébé dort, reposez-vous. Faites la sieste et laissez tomber le ménage. Ne culpabilisez pas : vous vous levez la nuit et, par conséquent, vous manquez de sommeil.
* Changez le plus possible d'environnement. Sortez de chez vous. Allez voir une amie chez elle ou retrouvez-la quelque part. En restant chez vous, vous risquez d'être sans cesse accaparée par votre bébé.
* Organisez-vous avec d'autres parents afin qu'à tour de rôle chacun garde les enfants durant la journée ou en soirée. Demandez à vos proches de garder le bébé.
* Si le club de remise en forme ou le complexe sportif que vous fréquentez dispose d'une garderie, profitez-en.

Être flexible

Planifiez votre journée en sachant que tout peut être bouleversé en fonction des besoins de votre enfant. S'il se réveille plus tôt que prévu, vous devrez remettre à plus tard votre sieste et modifier votre emploi du temps.

Accepter d'être aidée

Vous aurez moins de mal à libérer du temps si vous acceptez l'aide de votre entourage. Ne culpabilisez pas si quelqu'un d'autre s'occupe de votre bébé. Bien au contraire, remerciez la personne et profitez-en pour faire ce qui vous plaît – cela vous fera le plus grand bien. Dans un premier temps, vous aurez du mal à confier votre bébé, mais peu à peu, vos craintes se dissiperont et vous partirez l'esprit libre. Par ailleurs, passer du temps avec quelqu'un d'autre que ses parents est très bénéfique à un enfant.

Préserver sa vie de couple

Se retrouver en tête-à-tête avec son conjoint n'est pas toujours facile et nécessite un tant soit peu d'organisation. Réservez des moments, en les inscrivant dans votre agenda, pour passer du temps avec votre partenaire. Cette idée peut vous surprendre, mais vous vous apercevrez rapidement que, si vous n'agissez pas ainsi, vous trouverez toujours une excuse pour remettre ce moment d'intimité à plus tard (et, à la place, vous occuper de votre bébé). Avoir de l'intimité à la maison n'est pas suffisant. Essayez, dans la mesure du possible, de faire garder votre enfant et sortez en amoureux.

À la maison

* Respectez ces petits rituels qui jalonnaient votre vie avant la naissance de votre bébé : boire un verre le soir, prendre un bain à deux, faire des mots croisés ensemble, etc. Évitez que toutes les conversations tournent autour de votre enfant.
* Câlinez-vous et même si vous ne disposez que de peu de temps, profitez-en pleinement. Vous êtes des parents, mais aussi un couple.

Les sorties

* Ne refusez pas systématiquement les invitations, et n'emmenez pas à chaque fois votre bébé (même si c'est plus simple les deux premiers mois).
* Trouvez une gardienne en qui vous avez confiance et si vous allaitez, tirez votre lait (voir p. 83) afin de ne pas écourter votre soirée.
* Lorsque votre enfant sera un peu plus grand, demandez à un proche de le garder une journée entière voire plus. Les grands-parents sont généralement ravis de passer seuls une fin de semaine avec leurs petits-enfants.
* N'abandonnez pas les activités – par exemple, le sport – que vous pratiquiez ensemble avant la naissance de votre bébé (voir p. 66). Si vous ne trouvez pas de gardienne, allez à la piscine et emmenez votre enfant (voir p. 139).

Les grands-parents

Vos parents et beaux-parents peuvent avoir une influence positive ou négative sur votre vie. S'ils respectent votre intimité et la manière dont vous élevez votre enfant, ils deviendront vos meilleurs alliés et les personnes sur lesquelles vous et votre bébé pourrez toujours compter.

Profiter au mieux de leur aide

Vos parents et vos beaux-parents vous pousseront certainement à sortir pour pouvoir s'occuper de votre bébé. Profitez-en. Laissez-les entrer dans la vie de votre enfant et établir une relation privilégiée avec lui – les liens qui unissent les grands-parents et les petits-enfants sont souvent très forts. À vous de trouver un équilibre et de mettre les points sur les « i » quand vous êtes en désaccord.

* Ne laissez pas les grands-parents gérer votre vie, se mêler de tout et débarquer à l'improviste chez vous. S'ils habitent près de chez vous, trouvez une entente, par exemple, demandez-leur s'ils peuvent garder votre bébé un jour déterminé de la semaine.
* Dès le départ, soyez clairs sur la façon dont vous voulez élever votre enfant afin d'éviter tout malentendu. Assurez-vous que lorsqu'ils auront la garde de votre bébé, vos parents et vos beaux-parents agiront en fonction de vos convictions et non des leurs.

DU CÔTÉ DU PÈRE

Vous occuper de votre bébé vous permet de mieux comprendre ce que ressent votre compagne, et la nécessité pour elle de libérer du temps pour faire ce qui lui plaît.

Aider votre conjointe

* La fin de semaine, emmenez votre bébé faire les courses ou en promenade et laissez votre conjointe « respirer ».
* Soyez beau joueur : si elle est restée à la maison avec votre bébé pendant que vous étiez avec des amis, rendez-lui la pareille.
* Le soir, aidez-la à préparer le souper ou achetez un repas à emporter.

Les gardiennes

Choisissez une personne ayant l'habitude de s'occuper des bébés. Rien ne vaut le bouche à oreille ! Ne choisissez pas quelqu'un de trop jeune sous peine qu'elle ne sache comment agir en cas de problèmes. Quelques précautions à prendre lorsque vous sortez :

* Laissez à la gardienne votre numéro de cellulaire et celui d'un ami ou d'un voisin.
* Montrez-lui où est rangée la trousse de secours.
* Donnez-lui des détails sur le rythme de vie de votre bébé et ce qu'il faut faire s'il se réveille.
* Montrez-lui où sont rangés les biberons, le lait, etc. et précisez la quantité à donner à votre bébé.
* Montrez-lui où se trouvent la table à langer, les couches, les produits de toilette et les vêtements.

Une vie sexuelle épanouie

DU CÔTÉ DE LA MÈRE

Compte tenu de vos nouvelles responsabilités mais aussi des gênes ou des douleurs ressenties (voir ci-contre), avoir des relations sexuelles ne fait pas partie de vos priorités.

L'image de votre corps

Vous avez des vergetures, des kilos en trop et vous doutez de votre pouvoir de séduction. Votre conjoint, lui, est certainement moins préoccupé par votre silhouette que vous ne l'êtes. Néanmoins, pour avoir une vie sexuelle harmonieuse, il est primordial que vous retrouviez confiance en vous. Faites des exercices physiques (voir p. 66) et tout ira mieux. Si vous allaitez et que vous ne supportez pas que votre partenaire touche vos seins, dites-lui, il comprendra.

Votre bébé

Votre vie tourne autour de votre enfant et avoir des rapports sexuels est votre dernière préoccupation. Si cela est tout à fait normal, essayez toutefois de ne pas penser à votre enfant quand vous faites l'amour.

Votre partenaire

N'ayez pas de rapports sexuels si vous ressentez une gêne ou une douleur. Pour prouver votre amour à votre conjoint, ayez recours à d'autres tactiques. Toutefois, n'oubliez pas que si votre enfant est le centre de votre univers et que vous êtes comblée, votre conjoint peut, quant à lui, se sentir frustré. Dites-lui ce que vous ressentez et exprimez vos craintes dès lors que vous envisagez des relations sexuelles.

Les relations sexuelles font partie, tout au moins les semaines qui suivent l'accouchement, des changements auxquels devra s'adapter votre couple. Exprimez l'un et l'autre vos désirs afin que votre sexualité ne devienne pas un sujet de discorde.

Des sentiments différents

N'ayez pas de relations sexuelles uniquement parce que vous pensez que tel est le désir de votre partenaire et sachez qu'après l'accouchement, vous devrez attendre un certain temps avant de pouvoir faire l'amour. Votre sexualité ne sera jamais plus comme avant, car le couple d'amants est aussi le couple de parents. Par ailleurs, certaines femmes culpabilisent lorsqu'elles ressentent un désir sexuel, convaincues que leur seule préoccupation devrait être leur bébé. Si votre vie sexuelle est perturbée, ne croyez pas que votre partenaire vous rejette. Exprimez vos peurs, vos doutes et vos attentes avant que la situation ne devienne critique.

Les bienfaits d'une vie sexuelle épanouie S'occuper d'un bébé est souvent source de tensions et d'inquiétudes. Avoir une relation sexuelle rassure, et permet de montrer son amour et son désir de l'autre.

Sur le plan physique

Sauf avis médical contraire, votre vie sexuelle reprendra quand vous et votre partenaire serez prêts. Toutefois, certains troubles physiques peuvent perturber vos relations, notamment les premières semaines.

Douleurs vaginales La pénétration est parfois douloureuse, surtout si le vagin est tuméfié. Si vous avez subi une épisiotomie (voir p. 46), le périnée peut être sensible durant plusieurs mois. Par ailleurs, les glandes qui lubrifient le vagin sont moins efficaces et l'utilisation d'une crème lubrifiante achetée en pharmacie est recommandée.

Lochies (voir p. 64) La pénétration est déconseillée tant que ces pertes, qui peuvent durer jusqu'à six semaines, ne sont pas terminées.

L'allaitement Au cours d'un rapport sexuel, notamment au moment d'un orgasme, du lait peut s'écouler des seins.

La fatigue Si on leur donne le choix entre faire l'amour ou dormir, la majorité des jeunes parents optent pour la seconde solution. Tant que chacun n'a pas retrouvé ses repères et son rythme, avoir des rapports sexuels n'est pas toujours évident. N'en voulez pas à votre partenaire si il ou elle se sent trop fatigué(e) et préfère dormir.

La libido Après la naissance d'un enfant, le père et/ou la mère ont souvent une baisse de libido. Le désir sexuel revient généralement au bout de quelque temps.

La césarienne Cette intervention chirurgicale lourde peut retarder la reprise des rapports sexuels. Six semaines après, l'abdomen est toujours sensible. Attendez d'être totalement rétablie avant de faire l'amour.

La contraception

Vous venez d'accoucher et la dernière chose que vous et votre conjoint envisagez est une nouvelle grossesse. Avant de quitter l'hôpital, ou au plus tard, lors de la première visite de contrôle (voir p. 64), abordez le sujet de la contraception avec votre médecin ou un gynécologue. Vous êtes féconde, même si vous n'avez pas eu de retour de couches, dès la troisième semaine après l'accouchement.

L'allaitement diminue la fertilité à condition que les tétées soient suffisamment régulières (au minimum toutes les quatre heures voire moins pour certaines femmes) pour empêcher l'ovulation. L'allaitement ne peut être considéré comme un moyen de contraception.

Faire l'amour

Avant d'avoir de nouveau des rapports sexuels, il est important que vous et votre partenaire soyez prêts dans votre corps mais également dans votre tête. Chacun de vous doit prendre du plaisir et combler ses désirs – dites ce que vous préférez et soyez prêts à essayer de nouvelles techniques.

La stimulation Pour aviver votre désir, caressez-vous, massez-vous le corps avec des huiles essentielles ou prenez un bain ensemble.

Les rapports sexuels sans pénétration Au cours des semaines qui suivent l'accouchement, privilégiez la masturbation mutuelle ou la fellation et le cunnilingus. Osez les nouvelles expériences et les accessoires.

Des positions confortables Lorsque vous estimerez être prête pour les rapports avec pénétration, essayez différentes positions afin de trouver celles qui sollicitent le moins les parties du corps les plus sensibles. Si vous ressentez une douleur ou une gêne, n'insistez pas.

Les différentes méthodes de contraception

Type	Recommandations
La pilule	Les pilules contenant des œstrogènes ne sont pas prescrites aux femmes qui allaitent, car ces hormones diminuent la lactation.
La minipilule	Faiblement dosée en progestatifs, elle n'affecte pas la lactation mais peut favoriser la dépression post-partum (voir p. 132) en inhibant la production naturelle de progestérone. La minipilule doit être prise à heure fixe.
Les préservatifs (masculins et féminins)	À utiliser de préférence avec un gel afin d'éviter les douleurs et les accidents. Les préservatifs féminins entraînent parfois des douleurs, notamment si le vagin est tuméfié.
Le stérilet et le diaphragme	Le col de l'utérus est dilaté et ne retrouvera sa taille normale que deux ou trois mois après l'accouchement. Si vous utilisiez un diaphragme ou un stérilet avant d'être enceinte, vous en aurez besoin d'un nouveau. Votre gynécologue peut vous poser un stérilet au plus tôt six semaines après l'accouchement.

DU CÔTÉ DU PÈRE

Au cours des semaines qui suivent la naissance de leur bébé, nombre de femmes ont une baisse de libido (voir ci-dessous), ce qui leur permet de se consacrer entièrement à leur enfant. En règle générale, les hommes sont plus pressés que les femmes d'avoir de nouveau des rapports sexuels.

Raisons expliquant la baisse de libido de l'homme

* La fatigue et l'inquiétude.
* Le fait d'avoir assisté à l'accouchement.
* La présence du bébé dans la chambre à coucher.
* L'impression que certaines parties du corps de votre partenaire (notamment ses seins) appartiennent au bébé, et ne voir en elle que la mère et non l'amante.
* La peur de faire mal à votre compagne.

Comprendre votre partenaire

* Créez des situations intimes et tendres. Peu à peu, l'image de la mère s'estompera au profit de l'image de la femme.
* Ne soyez pas trop pressé. Les rapports sexuels seront d'autant plus harmonieux que vous serez prêts tous les deux.
* Acceptez que votre compagne soit sur le qui-vive et guette les pleurs de bébé. Privilégiez les tête-à-tête (voir p. 134).
* Si votre conjointe vous câline et vous embrasse, ne pensez pas immédiatement que vous allez faire l'amour. Elle pourrait se mettre en colère, vous serez déçu et frustré, et une dispute risque d'éclater.

Un nouvel environnement

Les haltes-garderies

Les haltes-garderies parentales, privées ou publiques, permettent aux enfants de pratiquer de multiples activités ludiques sous la direction d'un professionnel de la petite enfance.

* Par le biais de la halte-garderie, vous rencontrez d'autres parents, tandis que votre bébé trouve de nouveaux amis parmi les enfants et les adultes.

* Nombre de centres commerciaux, complexes sportifs et supermarchés mettent une halte-garderie à la disposition de leur clientèle. Les parents peuvent tranquillement faire leurs achats ou pratiquer un sport, tandis que les enfants s'amusent en bonne compagnie et sous bonne garde.

Le parent que vous êtes dépend en grande partie de l'image que vous avez de vous-même et de la manière dont votre entourage vous voit. Les priorités changent et s'habituer à une nouvelle vie demande un peu de temps. Rencontrez d'autres parents, et utilisez les infrastructures et les services mis à votre disposition.

D'autres parents et d'autres enfants

Grâce à votre nouveau statut, votre cercle d'amis compte désormais des couples avec des enfants. Vous avez moins de mal à surmonter les baisses de moral, car vous savez que d'autres personnes vivent la même chose que vous. Aller vers les autres est bénéfique :

* Voir des personnes qui partagent les mêmes préoccupations rassure.
* Rencontrer de nouveaux visages et sortir du cercle familial rend votre bébé plus sociable.
* Profitez de l'expérience des autres : chaque jour, découvrez quelque chose de nouveau et échangez des conseils qui simplifient la vie.
* Vivre la même situation permet de mieux comprendre les difficultés éprouvées.

Comment faire des rencontres

Restez en contact avec les parents que vous avez rencontrés au cours de votre grossesse, notamment si vous habitez à la campagne et que les activités sont relativement rares. Si votre bébé naît au printemps ou en été, vous aurez toutes les chances de lier contact lors d'une promenade au parc. S'il naît en hiver, renseignez-vous sur les associations pouvant répondre à vos besoins.

▶ **FAIRE DES RENCONTRES** Se lier d'amitié avec des femmes ayant des enfants est bénéfique aux mères et à leurs bébés.

Lorsque la maternité ne suffit pas

On a longtemps pensé que mère au foyer était le rôle dans lequel la femme s'épanouissait le plus, alors que les pères au foyer paraissaient marginaux. Or, le rôle de mère ne satisfait pleinement qu'un nombre limité de femmes. Celles qui ont sacrifié leur carrière pour donner à leur bébé un bon départ dans la vie ne sont pas toujours convaincues d'avoir fait le bon choix, notamment si elles n'ont jamais bénéficié du soutien de leur entourage.

Une adaptation progressive

Dans une société où l'on revendique la légitimité du respect de l'individu et de sa liberté, et où l'on fait de l'épanouissement et de la réalisation de soi un objectif, on comprend parfaitement que les parents prêts à tout abandonner pour se consacrer exclusivement à leur enfant soient rares ; en effet, l'univers cloisonné de la vie familiale ne correspond pas aux critères et aux ambitions de notre monde moderne.

S'épanouir Les femmes qui ont toujours joué un rôle actif dans la société et qui, de plus, ont été éduquées et formées pour cela, peuvent difficilement envisager que leur seule ambition soit d'assumer les tâches ménagères, et encore moins en ressentir une quelconque satisfaction. D'après nombre d'entre elles, toutes les joies que procure le rôle de mère au foyer ne peuvent totalement compenser la perte d'une vie professionnelle épanouie et gratifiante – tout comme une surconsommation de vitamines B ne compensera jamais une carence en vitamine A. Si le rôle de parent à temps complet satisfait pleinement certaines femmes, celles qui aspirent à une autre vie ne doivent ressentir ni honte ni culpabilité. En effet, vouloir faire autre chose que de s'occuper de son bébé ne signifie pas qu'on ne l'aime pas ou qu'on lui veut du mal.

Ne pas couper les ponts Lorsqu'elles prennent la décision de s'occuper de leur bébé, de nombreuses femmes affirment renoncer temporairement, et jamais définitivement, à leurs obligations et ambitions professionnelles. C'est pourquoi il est primordial, pour vous, mais aussi pour votre enfant, que vous ne vous sentiez pas emprisonnée dans votre rôle de mère. Soyons clairs, les femmes qui décident de s'occuper de leurs enfants s'isolent, dès lors qu'elles sont privées de la compagnie d'autres adultes. Si fort que soit l'amour que vous portez à votre bébé, il est capital que vous ayez des échanges avec des adultes, que vous sortiez et rencontriez des gens.

Le travail à domicile

Après la naissance de leur enfant, certaines femmes choisissent de travailler chez elles afin de remplir leur rôle de mère tout en gardant un pied dans le monde professionnel. Si les progrès technologiques leur permettent de faire ce que n'ont jamais pu réaliser les générations précédentes, concilier vie privée et vie professionnelle n'est pas toujours simple.

* Définissez le temps passé avec votre bébé, afin que votre travail n'en pâtisse pas et que vous ne soyez pas obligée de travailler tard le soir.
* Ne vivez pas uniquement pour votre bébé et votre travail, mais gardez du temps pour faire ce que vous aimez et être avec votre conjoint.
* Si, à certains moments, vous devez confier la garde de votre enfant à un tiers (voir p. 172), choisissez quelqu'un de confiance.

Avoir une vie sociale

Vous devrez rester à la maison pendant un certain temps. C'est donc une bonne idée de se réunir avec d'autres parents pour organiser des activités chez soi. Il s'agit également d'une façon intéressante pour votre bébé de s'habituer à côtoyer des gens différents. Voici quelques idées :

* **Le matin** : invitez des parents à venir prendre un café. Vous bavarderez pendant que vos enfants joueront ensemble.
* **Au dîner** : partagez un repas tout en surveillant les enfants. Que chaque convive apporte un plat ou que chacun invite à tour de rôle.
* **Réunions de vente** : une idée agréable pour rencontrer de nouvelles personnes et arrondir les fins de mois. Nombre de sociétés commercialisent leurs articles (produits de beauté, produits ménagers, etc.) par ce biais. L'hôtesse est rémunérée en fonction du nombre de ventes réalisées. Avant de vous engager, vérifiez que l'entreprise est fiable.

Activité physique

Inscrivez-vous à un cours dans un complexe sportif mettant à la disposition de la clientèle une garderie (voir ci-contre) où vous laisserez votre enfant en toute confiance, pendant que vous vous entraînez. Nombre de piscines organisent des séances « bébé-nageurs » réservées aux mères et aux très jeunes enfants. Attention ! Les femmes qui viennent d'accoucher ou qui allaitent ne doivent reprendre une activité physique qu'après avoir consulté un médecin et vérifié qu'il n'y a aucune contre-indication.

Les familles monoparentales

Élever seule son bébé sans être soutenue ou aidée par sa famille peut être épuisant sur les plans physique et émotionnel, même si vous en tirez une certaine satisfaction et que votre bébé n'en souffre pas.

Être aidé

Même les couples ont souvent du mal à élever un enfant sans recevoir l'aide d'un tiers. Si vous vivez seule avec votre enfant, demandez de l'aide et, surtout, accordez-vous du temps pour vous ressourcer. Prendre du temps pour vous-même pendant la semaine est bénéfique pour vous et pour votre bébé.

* Mettez en place un petit réseau (amis et famille) qui sera présent en cas de besoin. Confiez votre enfant à différentes personnes plusieurs fois par semaine.

* Demandez à un proche qui ne travaille pas de venir dormir chez vous une fois par semaine pour s'occuper de votre bébé, afin que vous puissiez dormir une nuit entière.

* Si vous ne pouvez compter sur personne, contactez les associations pour parents monoparentaux de votre région.

* Bénéficiez de toutes les aides financières auxquelles vous avez droit, y compris la pension alimentaire que doit verser le père.

* Contactez des mères célibataires et organisez des «tours de garde», afin que chacune puisse respirer tout en ayant l'esprit libre.

* Ne refusez pas les cadeaux par gêne ou par fierté. Si vous viviez en couple, votre enfant serait tout aussi gâté.

La critique est aisée...
Il y aura toujours quelqu'un pour vous juger et critiquer la façon dont vous élevez votre enfant. Battez-vous, défendez votre point de vue et montrez que vous êtes capable d'élever seule votre enfant et de le rendre heureux. Mais ne soyez pas têtue et demandez de l'aide si besoin il y a.

Par choix ou par obligation ?

Vous avez choisi d'élever seule votre enfant et vous savez que vous pouvez assurer sur les plans émotionnel, matériel et financier. Par contre, si vous vous êtes séparée du père de votre enfant durant la grossesse ou juste après la naissance, vous aurez très certainement du mal à faire face aux difficultés liées à l'arrivée de votre bébé. N'hésitez pas à demander de l'aide et acceptez celle de votre famille et de vos amis.

Tout n'est pas toujours noir

Élever seule son enfant n'est pas forcément une situation difficile et douloureuse. En effet, la relation qui s'instaure entre la mère et le bébé peut s'avérer particulièrement bénéfique à l'un comme à l'autre.

* Les liens qui unissent un bébé et sa mère sont très forts, car la mère n'a pas à se partager entre son enfant et son conjoint.
* La famille au sens large – grands-parents, oncles et tantes – est souvent plus présente lorsqu'un seul parent a la charge de l'enfant. Ce dernier est, par ailleurs, souvent plus entouré et choyé.
* S'occuper seule d'un bébé est une expérience enrichissante qui permet de se construire soi-même.
* Si vous vous êtes séparée du père, car la vie à deux n'était plus possible, vous avez pris la bonne décision. Pour l'enfant, mieux vaut vivre avec un seul parent bien dans sa peau, qu'avec deux parents qui se querellent en permanence.

Trouver un équilibre

S'il est nécessaire de montrer à son enfant combien on l'aime, il est tout aussi indispensable de parvenir à un équilibre. Les femmes qui élèvent seules leur enfant ont tendance à vivre entièrement pour lui et à lui faire porter le poids de leurs émotions, tout en se croyant obligées – à tort – de jouer à la fois les rôles de père et de mère. Or l'enfant ne ressent pas de manque par rapport au parent dont il est séparé. Il est heureux comme il est et la mère n'a pas à compenser l'absence d'un père.

Ne pas enfermer son enfant dans une relation à deux

Des liens très forts vous unissent à votre enfant et nul ne peut s'interposer dans votre relation. Or, pour se construire et s'épanouir, votre enfant a besoin d'être confronté à d'autres personnes. Présentez-lui des enfants et des adultes, et habituez-le progressivement à passer des moments loin de vous. Vous aurez beaucoup moins de mal à le faire garder le moment venu.

Alors que votre bébé acquiert de nouvelles habiletés (voir p. 146), n'ayez crainte d'exprimer votre joie à vos parents et amis. S'ils sont près de votre bébé, ils seront ravis de l'apprendre. Prenez note du moment où chaque événement important survient, puisque, si vous êtes seule, il vous sera plus difficile de vous en souvenir.

Entretenir une vie sociale

Il est primordial que vous côtoyiez des adultes ailleurs que sur votre lieu de travail et que vous passiez du temps sans votre enfant. Par ailleurs, si vous voulez avoir une vie sentimentale, vous devez absolument sortir et rencontrer des gens.

* Si personne ne peut garder votre enfant ou si vous n'avez pas les moyens de sortir, invitez des amis à dîner – que chacun apporte un plat.
* Rencontrez des mères célibataires pour élargir votre cercle d'amies.
* Demandez à vos proches de garder votre bébé. Qui ne demande rien n'a rien.
* Renseignez-vous sur les associations et les clubs avec garderie.
* Pratiquez des activités afin de rencontrer de nouvelles personnes.

Le parent absent

Essayez de ne pas rompre les liens avec le parent absent et définissez ensemble l'éducation qui sera donnée à votre enfant. Demandez une participation financière. Si besoin est, ayez recours à un juriste. Ayez des contacts avec votre belle-famille et passez du temps ensemble. Encouragez les grands-parents à voir votre bébé.

Les difficultés que vous risquez de rencontrer

Difficultés	Comment faire face
Finances	Vivre à deux avec un seul revenu n'est pas toujours facile, et il se peut que vous ne puissiez pas acheter autant de jouets et de vêtements à votre bébé que vous le souhaiteriez. Renseignez-vous quant aux différentes aides auxquelles vous avez droit, y compris de la part du père de votre bébé, même s'il est évident que ce n'est pas de biens matériels que votre enfant a le plus besoin.
Fatigue	S'occuper seule d'un enfant est difficile physiquement et moralement. Reposez-vous dès que votre enfant dort. Faites des choses pour vous-même et ne refusez pas l'aide que l'on vous propose.
Maladie	Face à la maladie d'un bébé, il est difficile de relativiser, notamment s'il n'y a personne à qui faire part de votre inquiétude. Reportez-vous aux pages 120 à 123 et n'hésitez pas à consulter un médecin.
Garde	Les mères célibataires n'ont pas toujours les moyens financiers de faire garder leur enfant. Contactez des associations ou d'autres parents pour faire garder les enfants par la même personne et partager les frais. S'il y a une garderie dans votre entreprise, profitez-en. Vous y gagnerez en temps et en déplacement.

DU CÔTÉ DU PÈRE

Pères célibataires

Même s'ils sont moins nombreux, les pères célibataires rencontrent les mêmes problèmes et les mêmes joies que les mères célibataires. N'oublions pas que les hommes peuvent faire tout ce que les femmes font, excepté allaiter !

Les avantages

Si élever seul son enfant n'est pas la solution idéale, certains pères y voient plus d'avantages que s'ils vivaient en couple. Par ailleurs, des études ont montré que les hommes célibataires vivent pleinement leur rôle de père, se sentent plus proches de leur enfant, ont plus confiance en eux et savent mieux s'occuper d'un bébé.

Les problèmes

Se sentir isolés est souvent le plus difficile. À l'instar des pères au foyer (voir p. 176), les pères célibataires ont parfois du mal à trouver leur place dans un environnement principalement féminin, d'autant que ce sont le plus souvent des femmes qui remettent en question leur capacité à élever correctement un enfant.

Les familles recomposées

Une famille est dite recomposée dès lors qu'il y a adoption ou remariage. Dans ces deux cas, l'arrivée d'un bébé soulève des difficultés auxquelles la plupart des jeunes parents ne sont pas préparés.

Questions et inquiétudes

Adopter un bébé est un acte lourd de conséquences. Les doutes et les peurs face à cette nouvelle responsabilité sont parfaitement légitimes.

Comment assumer ?

Tous les parents, à un moment ou à un autre, ont du mal à assumer leur rôle (voir p. 130). L'adoption est parfois source d'anxiété, notamment si vous vous sentez responsables de l'enfant de quelqu'un d'autre et si les choses se sont précipitées. N'hésitez pas à demander de l'aide à des services spécialisés.

Quel genre d'enfant va m'être confié ?

Nul ne peut répondre à cette question. Chaque individu est unique et même les parents biologiques sont incapables de dire si leur enfant leur ressemblera physiquement ou intellectuellement.

Serons-nous de bons parents ?

Les raisons qui vous ont poussés vers l'adoption et votre personnalité ont été passées au crible, et si une réponse favorable vous a été donnée, cela signifie que vous correspondez parfaitement au profil recherché. Ce n'est pas parce que vous n'êtes pas les parents biologiques que vous ne serez pas à la hauteur, car les points les plus importants sont :

* Les sentiments que vous portez à l'enfant et la façon dont vous agissez avec lui.
* La manière dont vous percevez ses besoins.
* L'aimer et l'accepter tel qu'il est.
* Être juste et ferme, et lui dire quelles limites ne pas dépasser.

Adopter un bébé

Si vous avez la chance de pouvoir adopter un bébé, tout ce que vous avez pu lire dans les chapitres précédents sur les relations entre les parents et les enfants reste valable. Les bébés viennent au monde avec la faculté de tisser des liens très forts avec leurs parents, ou toute autre personne leur prodiguant des soins et leur donnant de l'amour. Vous avez donc toutes les chances que tout se passe bien. Les parents adoptifs peuvent désirer plus ardemment l'arrivée d'un bébé que les parents biologiques. N'ayez pas peur, vous serez certainement des parents dévoués et aimants.

Adopter un jeune enfant

Si vous adoptez un enfant âgé de quelques mois, essayez d'obtenir le plus d'informations possible sur sa vie antérieure afin de mieux combler certains manques, ou de comprendre les raisons d'un retard. Il se peut que le bébé n'ait absolument pas souffert d'avoir été séparé de ses parents biologiques, et si la séparation a été douloureuse, il comblera vite son retard s'il se sent aimé.

Des relations basées sur la confiance

Pour que les relations parents-enfant soient bonnes, elles doivent être basées sur la confiance. Si vous avez adopté un enfant âgé de quelques

▼ **LES BÉBÉS ONT BESOIN D'AMOUR** Tous les enfants – nouveau-nés, beaux-enfants ou enfants adoptés – ont besoin de l'amour et du soutien de leurs parents.

mois, voire de quelques années, vous aurez plus de mal à établir cette relation de confiance que si vous viviez ensemble depuis sa naissance. Le travail sera d'autant plus difficile si l'enfant a été placé dans une famille d'accueil à laquelle il s'est attaché. Ses réactions peuvent vous surprendre, voire vous décevoir. Il doit apprendre à accepter votre amour et à répondre à vos démonstrations d'affection, ce qui peut prendre un certain temps. Si vous lui prodiguez amour, protection et tendresse, il vous fera peu à peu confiance, acceptera que vous l'aimiez et vous rendra cet amour.

L'arrivée d'un bébé dans une famille recomposée

Si des personnes ayant des enfants d'une première union décident d'avoir ensemble un bébé, la dynamique familiale risque d'être sérieusement ébranlée, cette naissance faisant ressurgir inquiétudes et tensions.

La vie des autres enfants

Vos enfants et les enfants de votre conjoint agiront différemment selon leur âge, les relations qu'ils ont avec vous et ce qu'ils ont vécu jusqu'à ce jour. Si leurs parents se sont séparés récemment, ils auront plus de mal à accepter leur demi-frère ou demi-sœur, et le fait que leur vie bascule une fois encore.

Un sentiment d'insécurité L'annonce de la grossesse peut faire remonter à la surface des sentiments profondément enfouis : douleur due à la séparation des parents, peur d'être rejeté et de perdre son père ou sa mère. Vos enfants craignent probablement que le nouveau-né prenne leur place dans votre cœur, dans la mesure où il est la preuve tangible que votre relation présente vous rend plus heureux que votre union passée, qui s'est soldée par un échec.

La désillusion Nombre d'enfants entretiennent l'espoir que leurs parents vivront de nouveau ensemble. La naissance d'un bébé est la preuve irréfutable de l'engagement qui lie le nouveau couple.

La relation avec le beau-père ou avec la belle-mère Si les relations au sein de la famille recomposée sont bonnes, la naissance d'un bébé ne devrait pas poser trop de problèmes. Mais si le climat est tendu, le bébé risque d'être accueilli dans un environnement où dominent le ressentiment et la colère.

Une seconde jeunesse Un homme père d'un enfant d'une deuxième union définit de nouvelles priorités et s'occupe souvent plus de cet enfant que des aînés, qui peuvent le lui reprocher et voir d'un mauvais œil leur père fonder une nouvelle famille.

Ce que vous pouvez faire

Votre enfant ou l'enfant de votre conjoint accueillera peut-être mieux votre bébé que vous le pensiez. Pour faciliter les choses, annoncez-lui le plus tôt possible votre grossesse. Poussez-le à exprimer ses inquiétudes et rassurez-le en lui expliquant que dans votre famille, il y a suffisamment d'amour, de place et de temps pour chacun d'entre vous. Dès la naissance, encouragez-le à aller vers le bébé et donnez-lui quelques responsabilités sans jamais le forcer.

Décider d'avoir un bébé

Un homme et une femme peuvent décider d'avoir un bébé d'une seconde union, soit parce que l'un d'eux n'a pas d'enfant et en veut un, soit parce qu'avoir un bébé ensemble est pour eux une manière de fonder une « vraie » famille.

Ne pas prendre votre décision à la légère

* Devoir verser tous les mois une pension alimentaire grève un budget et peut compromettre l'arrivée d'un nouveau bébé. Par ailleurs, gardez en tête que les aînés auront l'impression de sacrifier des vêtements neufs et des sorties parce qu'il y a une bouche de plus à nourrir.

* Si vous n'avez pas de chambre pour le bébé, il devra partager celle de son demi-frère ou de sa demi-sœur, ou prendre sa place. Considérez toutes les solutions possibles en famille afin de faire ensemble le meilleur choix. Ne mettez jamais l'aîné face au fait accompli. Si vous déménagez, serez-vous plus près ou plus loin de vos enfants et/ou de ceux de votre conjoint ?

Informer votre ex-conjoint

Mieux vaut que votre ex-partenaire apprenne la nouvelle de votre bouche plutôt que de celle d'un tiers ou de votre enfant. L'annonce d'une naissance peut faire ressurgir des émotions fortes. Par ailleurs, la mère ou le père de votre enfant peut craindre que vous délaissiez votre aîné. Au contraire, si votre ex-conjoint voit d'un bon œil l'arrivée d'un bébé, cela ne peut qu'influencer positivement la réaction de votre enfant.

Le développement de votre bébé

Dès le jour de sa naissance, votre bébé évolue, et le voir grandir et apprendre est pour vous un immense bonheur. Ses aptitudes et la facilité avec laquelle il imite vos faits et gestes vous fascinent. En un an, il passe du statut de nouveau-né sans défense à celui de bambin robuste avec un caractère bien à lui. Votre rôle de parents est crucial : vous êtes ses premiers professeurs et amis. En observant son évolution, vous savez quelle aptitude stimuler et à quel moment. Sachez, toutefois, que chaque enfant est un individu unique qui évolue physiquement et intellectuellement à son propre rythme. Ne le poussez jamais au-delà de ses capacités. C'est principalement à travers le jeu que votre bébé découvre le monde dans lequel il vit. Il aime lorsque vous jouez avec lui et que vous lui montrez comment les objets fonctionnent. Progressivement, il apprend à faire les choses seul, prend conscience de sa propre existence et acquiert son indépendance. Il progresse également en observant les autres personnes qui l'entourent. C'est pourquoi il est essentiel qu'il ait une vie sociale et ne vive pas dans un univers clos.

Le développement de votre bébé

Aptitudes

Certains signes indiquent clairement que votre bébé est sur le point de développer de nouvelles aptitudes. Soyez attentifs et aidez-le, le moment venu, à passer ce cap. S'il est prêt, il disposera de son plein potentiel et tout se passera bien. Si vous le poussez ou, au contraire, le freinez, il risque de rencontrer quelques difficultés. Les principales étapes à franchir :

* Sourire à des formes identifiées (6 semaines).
* Découvrir ses pieds et ses mains (3-4 mois).
* Faire des bulles – le premier signe d'une « véritable » conversation (5 mois).
* Passer un objet d'une main dans l'autre (6 mois).
* Reconnaître son prénom (6 mois).
* Se tenir assis sans support (7 mois).
* Réagir lorsqu'on lui fait des farces (8 mois).
* Vouloir manger seul (9 mois).
* Ramper sur le sol (9 mois).
* Montrer un objet du doigt (10 mois).
* Prendre un objet entre le pouce et l'index (10 mois).
* Être assis et pivoter sur lui-même pour attraper un jouet (10 mois).
* Mettre des objets dans un bac et les sortir (11 mois).
* Prononcer les premiers mots ayant une signification (11-12 mois).
* Marcher seul (12-13 mois).

Observer et partager les progrès de votre bébé est à la fois source de joie et de fierté. Encouragez-le et aidez-le à développer de nouvelles aptitudes en respectant son propre rythme.

Les nouveau-nés

Votre bébé évolue dès la seconde où il naît. Son désir d'apprendre est particulièrement vif. Constamment en alerte, il se concentre et observe le monde qui l'entoure. Véritable « éponge », il absorbe toutes les informations fournies sur son nouvel environnement.

* Il reconnaît votre voix – et celle de votre conjoint – avec laquelle il s'est familiarisé durant plusieurs mois. Il établit immédiatement la relation entre vous et votre voix.
* Il voit les objets se trouvant à une distance comprise entre 20 et 25 centimètres de lui, soit la distance qui sépare son visage du vôtre lorsque vous le tenez dans vos bras. Il discerne vos traits et vous sourit.
* Grâce à un odorat développé, il sent et identifie votre odeur (phéromones).
* Il remue les lèvres lorsque votre visage et votre bouche bougent (si votre visage n'est pas trop loin du sien), comme pour entamer une conversation.

Stimuler votre bébé

Vous êtes les premiers professeurs et compagnons de jeu de votre bébé. Nourrissez son désir d'apprendre en jouant avec lui et en le sollicitant. Aidez-le à développer son imagination, son sens de l'aventure, sa curiosité,

▲ **UN COMPAGNON DE JEU** Montrez à votre enfant comment utiliser ses jouets. Il apprend vite et est heureux de passer du temps avec vous.

sa débrouillardise et sa générosité. Encouragez-le et félicitez-le sans retenue alors qu'il découvre le monde qui l'entoure.

À chacun son rythme

Tous les bébés se développent à leur propre rythme, et rien ne sert de vouloir précipiter ou, au contraire, freiner leur évolution. Ayez toujours à l'esprit les points suivants :

* Chaque enfant a son propre rythme. Ne comparez pas votre bébé aux autres – et ce, même s'ils parlent ou marchent plus tôt que lui.
* Votre bébé évolue en permanence, même si vous avez l'impression qu'il progresse d'un côté mais régresse de l'autre : par exemple, il commence à marcher mais ne veut plus manger à la cuillère.
* Le développement du corps dépend de la maturité du cerveau et des connexions entre celui-ci, les nerfs et les muscles. Tant que ces connexions ne sont pas établies, votre enfant ne peut ni parler ni marcher. Il ne contrôle sa vessie qu'à partir de 18 mois (voir p. 181). Si vous le mettez sur le pot plus tôt, vous risquez d'aller droit à l'échec.
* Le développement suit un schéma défini (voir p. 150). L'enfant tient sa tête, puis il s'assoit, et enfin, il marche.
* Au fil du temps, ses gestes sont plus précis et mieux maîtrisés. À cinq mois, il prend les objets à pleine main. À huit mois, il les saisit avec les doigts, et lorsque toutes les connexions nerveuses et musculaires sont établies, il les tient entre le pouce et l'index.
* Trop stimuler un bébé est aussi dangereux que ne pas le stimuler suffisamment. Une agitation ou des bruits excessifs autour de lui risquent de semer la confusion et de ralentir son développement.

Bonne discipline

Dès son plus jeune âge, votre bébé doit savoir que certaines choses sont autorisées et d'autres, défendues. Selon la manière dont vous ferez passer ce message, il sera plus ou moins bien dans sa tête et dans son corps.

* Félicitez-le et mettez en valeur un bon comportement, mais passez sous silence une mauvaise attitude, notamment à l'heure des repas.
* Une bonne discipline repose sur l'amour, les éloges et l'encouragement, et non sur la colère et les fessées – qui peuvent avoir un effet néfaste sur le développement.
* Instaurez des règles afin que votre bébé respecte au quotidien une certaine discipline. Par exemple, encouragez-le à manger seul et à se coiffer.
* Levez le doigt et dites fermement « non » s'il risque de se blesser, de faire mal aux autres ou de casser quelque chose. Un bébé de quatre mois comprend parfaitement le sens du geste et du mot.

Aider son bébé à se développer harmonieusement

Que faire	Incidences bénéfiques sur le développement
Fixer des buts réalisables	Attention aux objectifs. N'attendez pas de votre bébé qu'il joue avec des jouets destinés à des enfants beaucoup plus âgés. Il essuiera un échec, sera malheureux et frustré, et l'exprimera.
Être un compagnon de jeu	Vous êtes le premier compagnon de jeu et le premier professeur de votre bébé. Passez le maximum de temps avec lui (la vaisselle attendra !). Montrez-lui comment utiliser ses jouets et comment ils fonctionnent. Ne l'interrompez pas lorsqu'il est absorbé par quelque chose. Il est déjà très difficile pour lui de se concentrer pour arriver à ses fins.
Communiquer	Encouragez votre bébé à s'exprimer – petits cris, gazouillis, etc. Gardez toujours une distance de 20 à 25 centimètres entre ses yeux et les vôtres, notamment lorsque vous le nourrissez ou lui parlez. C'est une manière de lui prouver qu'il est important et en grandissant, il aura envie de se confier à vous et de tout partager – le meilleur comme le pire.
Répéter encore et encore	Inlassablement, répétez les mêmes mots – sur le même ton – et recommencez les mêmes gestes. Votre enfant a besoin de temps pour comprendre, enregistrer et copier vos faits et gestes. Soyez patients !

Les garçons et les filles

C'est un fait biologique : les garçons et les filles ne se comportent pas et n'évoluent pas de la même façon. N'imposez pas de stéréotypes, mais aidez plutôt votre enfant à développer les aptitudes qui ne lui viennent pas naturellement – le langage pour les garçons et les repères spatiaux pour les filles.

Les nouveau-nés

Les différences de comportement et de développement entre les deux sexes apparaissent à la naissance et se confirment au fil des ans (voir p. 182). Chez les nouveau-nés, les spécificités ont principalement trait à la manière dont ils utilisent leurs sens pour percevoir les choses, leurs centres d'intérêt n'étant pas les mêmes.

L'ouïe

Les filles ont l'ouïe plus fine que les garçons, qui ont donc plus de mal à déterminer d'où vient un son. Il est plus facile de calmer les filles avec des mots apaisants. Murmurez des mots tendres à l'oreille de votre fils pour stimuler son ouïe et le calmer.

La parole

Pour attirer l'attention, les filles ont recours à leur voix plus tôt que les garçons. Si un garçon qui vient de naître entend un autre bébé pleurer, il se met à pleurer mais s'arrête rapidement, alors qu'une fille va pleurer plus longtemps.

La vue

Les filles répondent avec plus d'enthousiasme aux éléments visuels. Les garçons ne se concentrent que quelques minutes sur un dessin ou une image, d'où la nécessité de stimuler leur acuité visuelle au cours des sept premiers mois.

La sociabilité

Les filles sont beaucoup plus attirées par les visages que les garçons – un trait de caractère qui se confirme à l'âge adulte. Les femmes savent intuitivement lire les expressions faciales. Lorsque vous portez votre fils, faites en sorte que vos yeux soient entre 20 à 25 centimètres des siens afin qu'il vous voie nettement.

Un développement cérébral différent

Les différences entre les sexes sont dues à la manière dont le cerveau se développe chez les embryons mâle et femelle. Pour qu'un bébé puisse apprendre et évoluer, certaines connexions doivent être mises en place dans les hémisphères droit et gauche du cerveau. Ces connexions sont plus rapidement établies chez les filles (avant la naissance) que chez les garçons, ce qui leur permet de s'adapter plus rapidement à leur nouvel environnement, alors que les garçons ont besoin d'être un peu plus aidés à chaque fois qu'une étape doit être franchie (voir p. 146).

Évitez les stéréotypes

Les stéréotypes des hommes et des femmes influencent inévitablement nos enfants alors qu'ils grandissent. La recherche a démontré que nous employons un ton de voix différent avec les garçons et les filles, et que nos enfants peuvent être touchés prématurément par les idées toutes faites qui déterminent l'apparence (incluant la constitution corporelle, les détails du

▲ **LE CHAMP SPATIAL** Encouragez votre fille à se repérer dans l'espace en lui proposant des jouets spécifiques.

▲ **LE MODÈLE DU PÈRE** Vous pouvez influencer considérablement la personnalité de votre fils en jouant avec lui et en pratiquant des activités généralement «réservées» aux femmes.

Différences filles/garçons (de la naissance à six ans)

Évolution	Les filles	Les garçons
Aptitudes naturelles	Tout ce qui touche au langage : parler, lire et écrire. Aptitudes qui se confirment avec le temps.	De moins bonnes aptitudes linguistiques et des aptitudes spatiales plus développées.
Sociabilité	Plus sociables. Plus intéressées par les personnes et ce qu'elles ressentent, et ce, même avant l'âge d'un an.	Plus intéressés par les objets que par les gens et ce qu'ils ressentent. Ont tendance à se préoccuper davantage de leur personne plutôt que de jouer en groupe.
Comportement et personnalité	Gèrent mieux leur stress et sont plus conciliantes. Présentent souvent moins de problèmes comportementaux que les garçons.	Plus agressifs, ont plus l'esprit de compétition et sont plus rebelles. Présentent généralement plus de problèmes de comportement.
Croissance (physique)	Marchent plus tôt. Grandissent plus vite et plus régulièrement (pas d'un seul coup). Sont propres plus tôt (urine et selles).	Après cinq ans, grandissent par à-coups, alors qu'ils se développent plus régulièrement dans d'autres domaines.

visage et les vêtements) et le comportement. En tant que parents, nous devons faire preuve de vigilance pour permettre à nos enfants d'échapper à ces stéréotypes, synonymes de jugement. Il est de loin préférable d'encourager leur individualité et leur originalité.

N'encouragez pas les stéréotypes

Vous devez agir prudemment dès le premier jour pour encourager une fille à être forte et à foncer, et un garçon à être attentionné et à exprimer ses sentiments afin d'agir comme un artisan de la paix. Encouragez votre fille à pratiquer davantage d'activités physiques destinées aux garçons et ne vous adonnez pas toujours à des jeux trop brusques avec votre fils. Les stéréotypes traditionnels présentent peu d'aspects recommandables, alors que les rôles égalitaires des sexes favorisent grandement l'accomplissement de soi. Peu importe le sexe, chaque enfant doit pouvoir réaliser son plein potentiel.

DU CÔTÉ DU PÈRE

Réfléchissez à votre attitude par rapport aux comportements fille/garçon, et aux activités que vous privilégiez pour l'un comme pour l'autre ; ces activités influenceront le développement et le comportement de votre enfant.

Répercussions sur la fille
En tant que père, vous pouvez – inconsciemment ou non – influencer la féminité de votre fille. Les pères proposent souvent des jeux brutaux et bruyants à leur fils et des activités plus calmes à leur fille. N'emprisonnez pas votre fillette dans un carcan, mais laissez-la choisir. Les filles ne doivent pas exclusivement suivre des cours de danse classique ou de théâtre. Certaines jouent merveilleusement au soccer ! N'acceptez pas certains comportements chez un garçon, alors que vous les réprouvez chez une fille – vous humilieriez votre fille en agissant ainsi. Comprenez que si vous dévalorisez sa mère, votre fille peut, elle aussi, se sentir dévalorisée.

Répercussions sur le fils
Nombre d'études prouvent que les fils se comportent comme leur père. Mettez en avant des qualités comme la gentillesse et le sens des responsabilités, et réprimez l'agressivité, l'instinct de domination et le besoin de se mesurer aux autres. Votre fils vous observe et imite tous vos faits et gestes. La manière dont vous vous comportez est primordiale dans la mesure où elle influence sa vision de lui-même en tant que garçon, et sa future vision de lui-même en tant qu'homme.

La croissance de votre enfant

Les visites médicales obligatoires (voir p. 155) permettent de contrôler le développement physique de votre enfant. Grâce aux courbes de croissance, il est possible de surveiller son poids et sa taille. C'est au cours de la première année que la croissance est la plus rapide. À la naissance, la tête est la partie du corps la plus développée. Viennent ensuite les organes puis les extrémités, ce qui explique que les pieds et les mains des nouveau-nés paraissent minuscules. N'oubliez jamais que chaque enfant se développe à son propre rythme. Ne vous inquiétez pas s'il grandit plus vite ou plus lentement que les autres bébés.

Le poids

La question qui vient juste après « est-ce une fille ou un garçon ? » est généralement « quel est son poids ? ». Si celui-ci semble la préoccupation majeure, sachez que ce n'est pas le seul facteur à prendre en compte (voir encadré ci-contre). Le poids est contrôlé lors des visites chez le médecin traitant ou le pédiatre. Les bébés sont généralement pesés nus. Ce que les nourrissons ont pratiquement tous en commun, ce sont des bras et des jambes dodus du fait d'une répartition inégale de la graisse. Les membres s'affinent lorsque l'enfant commence à bouger et à se déplacer seul.

La courbe de poids

Au cours des jours qui suivent la naissance, votre bébé va normalement perdre 10 % de son poids de naissance. Il le reprendra dans les 10 jours à venir.

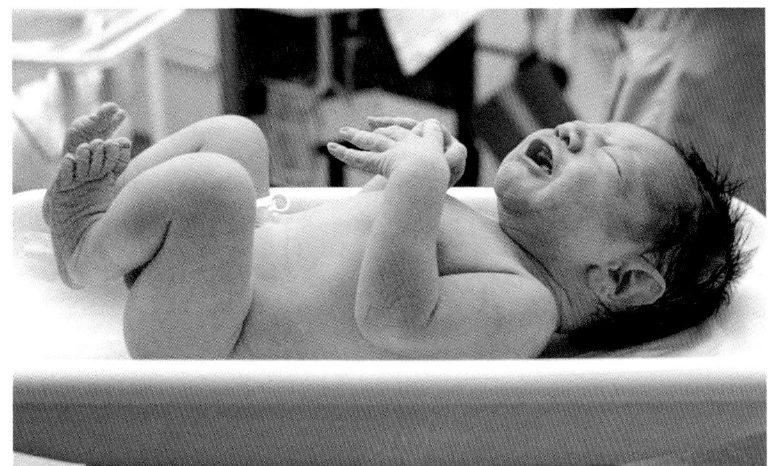

▲ **VOTRE NOUVEAU-NÉ** Puisque ses os et ses muscles se développeront au cours des semaines à venir, votre bébé apprendra à contrôler sa tête. Étonnamment, il s'agit de la première étape pour apprendre à marcher.

À propos du poids

La croissance du bébé n'est pas le seul facteur qui permet de dire s'il est en bonne santé et en parfaite condition physique. Ne soyez pas obsédés par le poids. Certains bébés sont grands et menus, d'autres petits et trapus. Les visites de contrôle obligatoires (voir p. 155) permettent de détecter toute anomalie, mais si vous êtes inquiets, n'attendez pas pour consulter votre médecin.

Votre bébé ne prend pas de poids

Il arrive qu'un bébé passe plusieurs jours sans prendre un gramme, puis grossisse tout d'un coup. Inutile de vous inquiéter si le poids de votre bébé est stable durant une semaine ou si vous avez l'impression qu'il maigrit. Évitez la tentation de revenir au biberon (ou d'ajouter le biberon) dans l'espoir de favoriser l'augmentation de poids. En réalité, si vous allaitez, il est probable que votre enfant grandisse plus rapidement, en particulier au cours des premières semaines.

Votre bébé est trop gros

Si votre bébé est plus lourd que la moyenne, demandez conseil à votre CLSC, mais ne décidez pas de votre propre chef de diminuer les tétées, car cela pourrait avoir une incidence néfaste sur sa croissance et son développement. Essayez de stabiliser son poids jusqu'à ce que le rapport taille-poids devienne normal. Certaines maladies cardiaques et l'obésité à l'âge adulte seraient dues à un surpoids durant l'enfance résultant d'une suralimentation. N'insistez jamais pour que votre bébé finisse son lait jusqu'à la dernière goutte s'il n'en veut plus et n'ajoutez pas de lait en poudre dans son biberon.

À SEPT MOIS Les muscles du cou sont toniques et l'enfant redresse la tête. Il peut rester assis calé sur un coussin dans un premier temps et, plus tard, sans support.

À DOUZE MOIS Il tient debout sans agripper un objet ou une main, et s'apprête à faire ses premiers pas.

* Dix jours après la naissance, il doit avoir récupéré son poids de naissance.
* Au cours des six mois suivants, il va grossir rapidement à raison d'environ 1 kilo par mois.
* Au cours des six mois suivants, il va grossir plus lentement à raison de 500 grammes par mois.

La taille

La taille de l'enfant dépend, en grande partie, du patrimoine génétique. Des parents grands ont toutes les chances d'avoir un grand bébé à la naissance. Au cours des six premiers mois, le bébé grandit rapidement, puis sa croissance est plus lente. Si votre enfant est en bonne santé et se développe normalement, ne soyez pas inquiets si vous estimez qu'il est trop grand ou trop petit. Toute anomalie éventuelle sera inévitablement décelée pendant l'une des différentes visites médicales obligatoires (voir p. 155).

La courbe de taille

* Un bébé né à terme mesure en moyenne 50 centimètres.
* Au cours de la première année, il grandit de 25 à 30 centimètres.
* En règle générale, jusqu'à deux ans, les garçons sont plus grands que les filles.

Une grosse tête

La tête des nouveau-nés est disproportionnée par rapport au reste du corps – disproportion qui s'atténue progressivement au cours des quatre premières années. Lors de chaque visite médicale, le médecin mesure le périmètre crânien afin de ne pas passer à côté d'une éventuelle maladie. Le périmètre crânien des nouveau-nés est en moyenne de 35 centimètres, d'où une tête disproportionnée par rapport au reste du corps. À un an, les périmètres crânien et thoracique sont à peu près identiques.

* À la naissance, la tête représente un quart de la taille du bébé, contre un huitième à l'âge adulte.

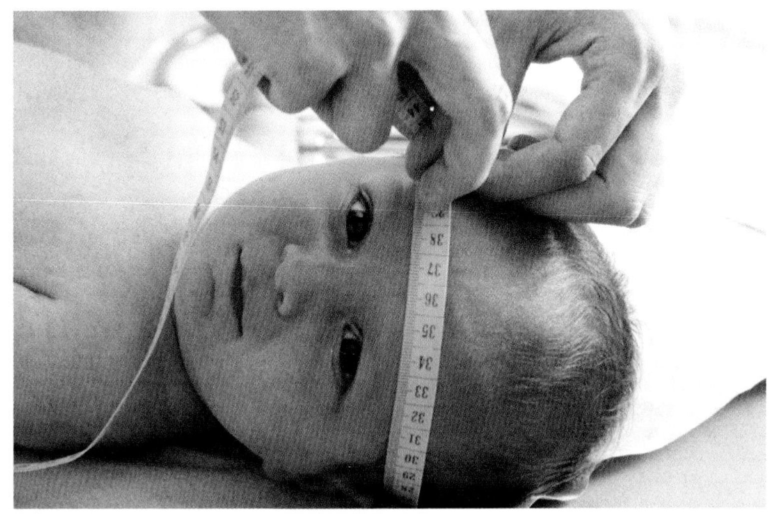

◀ **LE PÉRIMÈTRE DE LA TÊTE** Il sera mesuré à la naissance ainsi que lors du suivi postnatal par un professionnel de la santé. La croissance de la tête reflète celle du cerveau.

Comment les sens se développent-ils ?

Au cours de la première année, votre bébé découvre son monde grâce à ses sens.

La vue

Le champ visuel d'un bébé est relativement réduit. Il ne voit nettement que ce qui se trouve de 20 à 25 centimètres de ses yeux, soit la distance qui vous sépare lorsque vous le tenez dans vos bras. Veillez à garder cette distance lorsque vous lui parlez ou lui souriez afin qu'il vous réponde. À six semaines, il est capable de fixer un objet proche ou lointain et ses deux yeux travaillent ensemble. Vers trois mois, il perçoit les couleurs vives, et vers six mois, nombre de détails. À un an, sa vue est totalement développée.

L'ouïe

Dès la naissance, le nouveau-né reconnaît la voix de sa mère et de son père. Il tourne la tête vers eux dès qu'il les entend. Dès le premier jour, il est important de parler à votre enfant.

Le toucher

Le bébé découvre la forme et la texture des objets d'abord avec ses lèvres et sa langue puis, lorsqu'il est plus grand, avec ses mains.

Le goût et l'odorat

Le nouveau-né reconnaît l'odeur de sa mère et grâce à ses papilles gustatives. Il répond aux quatre sensations gustatives de base (salé, sucré, amer, acide) avec une prédilection pour les goûts sucrés (comme le lait maternel). Au fil du temps, il appréciera ou détestera tel goût ou telle odeur.

Le développement des systèmes nerveux et musculaire

Quoi	Comment	Conséquences
Connexions nerveuses avec les membres	Les nerfs relient le cerveau et la colonne vertébrale aux différents groupes de muscles des membres. Chez le nouveau-né, les connexions ne sont pas établies, d'où des mouvements incontrôlés ou désordonnés. Au fur et à mesure que les liaisons se mettent en place, les mouvements sont plus précis et mieux maîtrisés.	À quatre mois, votre bébé saisit les objets à pleine main et à dix, il les tient entre le pouce et l'index. Au fur et à mesure que les connexions entre les nerfs s'établissent, le bébé contrôle les mouvements de sa tête, puis il s'assoit, rampe sur le sol, se lève et marche.
Connexions nerveuses avec les muscles de la vessie	Il faut au moins 18 mois pour compléter les connexions du trajet nerveux qui influence la vessie. Avant cela, vous ne pouvez pas vous attendre à ce que votre bébé puisse contrôler le fonctionnement de sa vessie.	Une fois les connexions établies, l'enfant doit «éduquer» les muscles de sa vessie pour arriver à retenir l'urine puis à la laisser s'écouler.

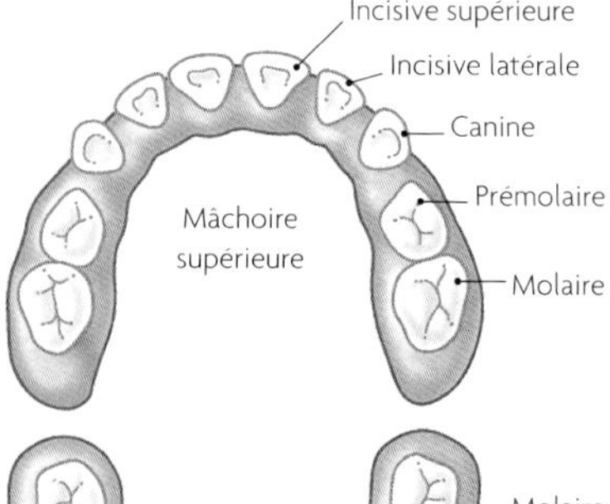

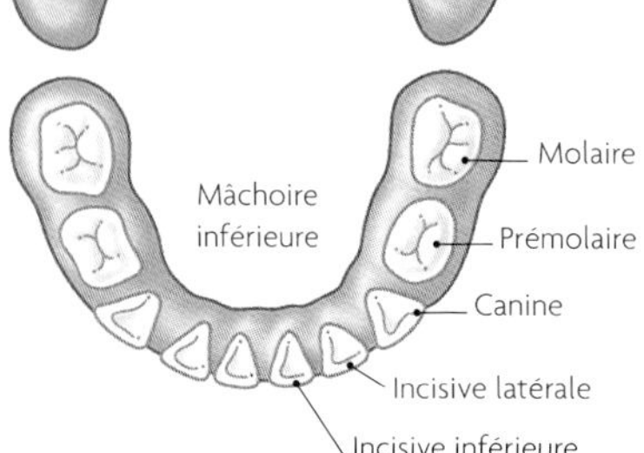

▲ **L'ORDRE D'APPARITION DES DENTS** L'âge de l'apparition des dents peut varier, mais elles percent dans le même ordre, soit les incisives, les prémolaires, les canines et ensuite les molaires.

Les poussées dentaires

La première dent est une étape importante dans la vie d'un enfant. Les dents sortent vers six mois (quelques bébés naissent avec une dent, alors que d'autres n'en ont pas une seule lorsqu'ils soufflent leur première bougie). Lors des poussées dentaires, le bébé est souvent grincheux et dort peu (voir p. 109).

L'ordre d'apparition

* Les premières dents sont généralement les deux incisives centrales inférieures.
* Suivent les incisives latérales supérieures, puis les incisives latérales inférieures, et plus tard les prémolaires.
* Les canines sortent ensuite, avant les molaires.

▶ **NETTOYAGE DES DENTS** Lorsque ses premières dents apparaissent, aidez votre bébé à nettoyer ses dents. Donnez-lui une brosse à dents et encouragez-le à vous imiter. Adoptez une routine qui consiste à lui nettoyer les dents le matin, le soir et après les repas.

Prévention des problèmes dentaires

Vous pouvez contribuer à prévenir les problèmes dentaires de votre bébé. Donnez-lui des aliments à texture fine, comme une carotte ou une biscotte qu'il pourra mâchouiller lorsqu'apparaissent ses dents. Assurez-vous qu'il possède sa propre brosse à dents douce et qu'il se brosse régulièrement les dents le matin, à l'heure du dodo et après les repas. Ne lui donnez pas de boissons ou de collations qui contiennent du sucre ajouté. Donnez-lui de l'eau plutôt que du jus. Essayez de limiter les jus à l'heure des repas. Diluez ses jus de fruits et n'y ajoutez jamais de sucre. Donnez-lui les jus dans un gobelet plutôt que dans un biberon.

La surveillance médicale

Le bébé est examiné à la naissance et avant sa sortie de l'hôpital. Il sera revu à un ou deux mois selon le médecin, qui avisera alors les parents du suivi de l'enfant qu'il désire effectuer. Il n'y a aucuns frais liés à ces examens, même si votre bébé n'a pas encore sa carte d'assurance maladie. Le médecin généraliste ou le pédiatre mesurent et pèsent le bébé, mesurent son périmètre crânien et procèdent à certains examens précis. Si besoin est, ils adressent l'enfant à un spécialiste.

Le bien-fondé des visites médicales obligatoires

La plupart des médecins affirment que suivre régulièrement un enfant est capital et permet de déceler très tôt toute anomalie. En plus des questions ayant purement trait à la santé de votre bébé, le médecin ou le pédiatre se renseigne sur votre mode de vie, l'ambiance familiale, les problèmes rencontrés, et répond à toutes les questions qui vous viennent à l'esprit. Un médecin qui fait bien son travail ne se contente pas de mettre une croix dans les cases figurant dans le carnet de santé ! Avant chaque visite, notez les points que vous souhaitez aborder lors de la consultation : problèmes liés à l'allaitement, fatigue due au manque de sommeil, etc. N'ayez aucune gêne et profitez de ces visites pour poser toutes les questions qui vous préoccupent. Tous les jeunes parents ont besoin d'être guidés et rassurés. Veillez à apporter le carnet de santé de votre bébé à chaque visite chez votre médecin ou au CLSC.

Votre enfant a un problème

Rien de plus normal que de se poser des questions quant au développement de votre bébé. Si une anomalie est décelée :

* Prenez rendez-vous avec le médecin ou le pédiatre afin de savoir exactement de quel trouble souffre votre enfant. Posez toutes les questions qui vous viennent à l'esprit et si les réponses du médecin ne sont pas claires, dites-le-lui. S'il n'a pas de temps à vous consacrer ou estime qu'il n'y a pas lieu de vous inquiéter, insistez.
* Le temps est précieux. Dès qu'un problème est diagnostiqué, exigez que des tests complémentaires soient effectués et consultez un spécialiste.
* Si le médecin n'a pas répondu à toutes vos questions ou que le doute persiste, demandez un second avis.

Les examens médicaux de votre bébé

À la naissance

Poumons et cœur Contrôle de la régularité des inspirations et des expirations, puis du rythme cardiaque pour détecter un éventuel souffle au cœur.

Palais Recherche d'une déformation du palais et vérification du réflexe de succion.

Vue Aptitude à suivre un objet du regard et à tourner la tête vers une source de lumière.

Ouïe Votre bébé aura subi un examen de l'audition avant le test de dépistage de la surdité chez les nouveau-nés.

Mobilité Recherche d'une luxation congénitale et mise en place éventuelle d'un lange d'abduction. Contrôle du maintien de la tête.

Testicules Vérification que les testicules sont bien descendus dans le scrotum.

Suivi du médecin

Parole Répétition de syllabes et prononciation de certains mots, comme « papa » et « maman ».

Vue Détection d'un éventuel strabisme.

Préhension Aptitude à saisir un objet et à le manipuler (le passer d'une main dans l'autre).

Mobilité Rester en position assise, s'asseoir seul et se mettre debout.

Testicules Une autre vérification des testicules peut avoir lieu. S'ils ne sont pas descendus, une opération peut s'imposer.

Le développement 0-1 mois

Ce que l'on recherche

Aptitudes	Progrès réalisés	Comment stimuler votre bébé
Activité cérébrale	* Il voit nettement un objet placé de 20 à 25 centimètres. * Il bouge les yeux et tourne la tête lorsqu'il entend votre voix. * Il vous regarde et vous reconnait. * Il s'apaise lorsque vous parlez doucement et s'agite lorsque vous parlez fort.	* Parlez-lui en veillant à ce que votre visage soit de 20 à 25 centimètres du sien. * Parlez-lui en vous assurant qu'il voit le mouvement de vos lèvres. Souriez-lui. * Parlez, chantez et riez.
Mobilité	* Il tourne la tête. Première étape vers la marche. * À la fin du premier mois, il soulève la tête de 2 à 3 centimètres lorsqu'il est allongé sur le ventre.	* Faites-lui faire des exercices afin qu'il prenne conscience de son corps (voir p. 61). * Les muscles du cou et du dos ne lui permettent pas encore de lever la tête. Montrez-lui une image lorsqu'il est allongé sur le dos.
Préhension	* Dès la naissance, il agrippe votre doigt (voir ci-dessus). * Lorsqu'il est surpris, il tend les bras et les jambes et écarte les doigts pour se protéger.	* Il agrippe tout ce qui est à proximité de sa main. Il perd peu à peu ce réflexe. * Ouvrez doucement ses doigts un à un. * Lorsqu'il agrippe vos doigts, il se redresse légèrement.
Sociabilité	* Il est prêt à donner et à recevoir beaucoup d'amour. Il réclame votre présence. * Il reconnaît votre voix et votre odeur. Il pleure si on parle durement près de lui.	* Privilégiez les contacts avec les autres. * Favorisez les contacts peau contre peau. Exprimez votre amour : embrassez-le, dansez avec lui et câlinez-le.
Expression	* Il remue la bouche lorsqu'il est dans vos bras, car il imite vos gestes et expressions. * Il veut communiquer et émet des petits bruits lorsqu'il est content.	* Parlez-lui le plus possible afin de l'habituer au son de votre voix. * Votre visage doit refléter ce que vous dites.

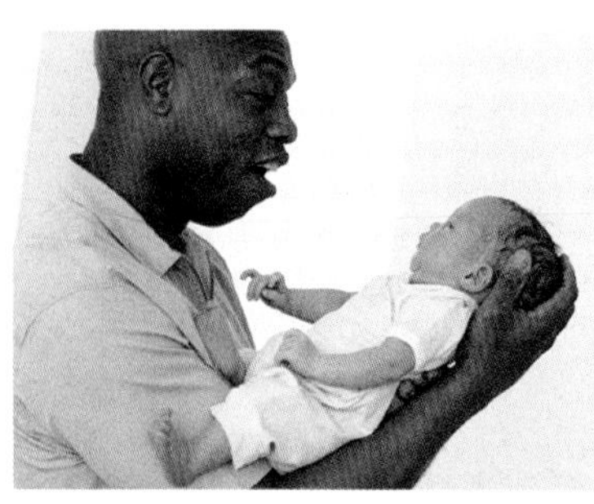

La stimulation par le jeu

* Stimulez les sens de votre bébé en lui chantant des chansons et en lui parlant. Votre visage doit être de 20 à 25 centimètres de ses yeux (voir ci-contre).
* Déplacez votre doigt ou un objet de couleur devant ses yeux afin qu'il bouge la tête et le suive du regard. Accrochez un mobile au-dessus de son lit.
* Fléchissez puis tendez ses jambes lorsque vous changez sa couche. Solliciter ses muscles tonifie son corps.
* Mettez un petit miroir ou une image représentant un visage dans son lit pour qu'il puisse voir son reflet ou l'image lorsqu'il est allongé.

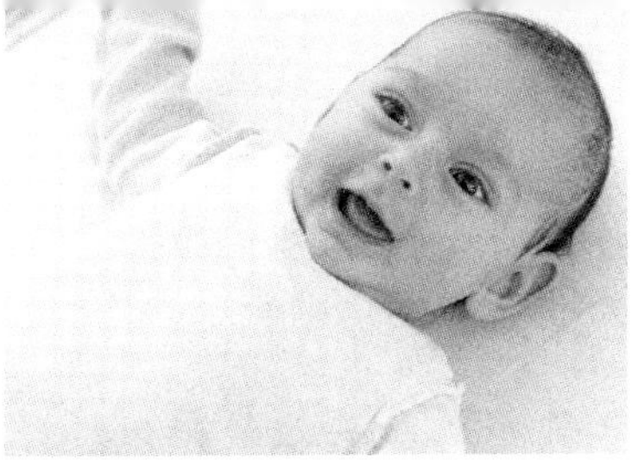

Le développement 1-2 mois

Ce que l'on recherche

Aptitudes	Progrès réalisés	Comment stimuler votre bébé
Activité cérébrale	* Il vous sourit et bouge la tête lorsque vous lui parlez. * Il commence à s'intéresser au monde qui l'entoure, il regarde dans la direction d'où vient un bruit et fixe les objets autour de lui.	* Calez-le avec des coussins ou installez-le dans un siège avec des jouets colorés. * Accrochez un mobile musical au-dessus de son lit ou achetez une boîte à musique.
Mobilité	* Il relève la tête à 45 degrés lorsqu'il est allongé sur le ventre. * Les muscles de son cou sont toniques et il n'est plus nécessaire de soutenir sa tête.	* Accrochez un jouet coloré au-dessus de lui afin qu'il lève la tête pour le voir. * Pour développer son sens de l'équilibre, mettez-le debout sur vos genoux pour que le poids de son corps repose sur ses jambes.
Préhension	* Il n'a plus le réflexe d'agrippement. * Le plus souvent, ses doigts sont ouverts et il les découvre peu à peu.	* Touchez, chatouillez et massez ses mains. * Donnez-lui des jouets et aidez-le à fermer ses doigts sur eux.
Sociabilité	* Il note la présence des personnes autour de lui, mais il vous reconnaît entre toutes. * À six semaines, il sourit et il tourne sur lui-même dès qu'il vous voit.	* Privilégiez les contacts peau contre peau et regardez-le toujours dans les yeux quand vous lui parlez, surtout quand vous le nourrissez.
Expression	* Il vous répond en émettant des petits cris gutturaux. À la fin du deuxième mois, il grogne, pleure et s'agite pour communiquer. * Il reconnaît votre voix et celle de votre partenaire, tourne la tête et le cou lorsqu'il vous entend.	* Plus vous parlerez à votre bébé et plus vous l'encouragerez à s'exprimer, plus il parlera tôt et plus son vocabulaire sera riche et ses phrases, structurées. * Parlez-lui sans cesse, soyez démonstratif et posez-lui des questions.

La stimulation par le jeu

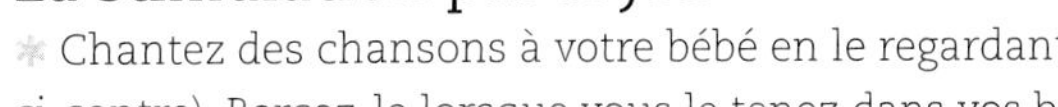

* Chantez des chansons à votre bébé en le regardant dans les yeux (voir ci-contre). Bercez-le lorsque vous le tenez dans vos bras.
* Montrez-lui ses mains et chantez *Les petites marionnettes*.
* Stimulez le dos de ses mains et de ses doigts avec une brosse à poils doux.
* Asseyez-le de manière à ce que son corps soit à 45 degrés, dans un siège ou dans un fauteuil, en le calant avec des coussins. Donnez-lui des jouets de formes et de textures différentes. Suspendez, faites bouger ou manipulez de petits jouets mous que vous laissez à la portée de ses mains.
* Faites bouger des petits jouets près de lui afin qu'il essaie de les attraper.
* Chaque jour, emmenez-le faire une promenade, parlez-lui et chantez-lui une chanson. Transportez-le dans un porte-bébé (voir p. 76).

Le développement 2-3 mois

Ce que l'on recherche

Aptitudes	Progrès réalisés	Comment stimuler votre bébé
Activité cérébrale	* Il s'habitue à son corps, regarde ses doigts, les fait bouger et découvre la relation de cause à effet. * Pour communiquer, il utilise un répertoire varié : sourires, gazouillis, hochements de tête, glapissement et bruits divers.	* Montrez-lui ses doigts afin qu'il en prenne conscience. * Parlez-lui avec emphase et joignez le geste à la parole. * Félicitez-le pour ses efforts : bisous, câlins et applaudissements.
Mobilité	* Assis, debout ou sur le ventre, il redresse la tête mais pas très longtemps (voir ci-dessus). * Quand il est allongé sur le ventre, sa tête est dans l'alignement de son corps.	* Encouragez-le à essayer d'attraper ses jouets, notamment lorsqu'il est sur le ventre. * Développez son sens de l'équilibre en le tenant debout quelques instants.
Préhension	* Il découvre ses mains, les ouvre et les observe. * Il est capable de tenir un hochet quelques secondes.	* Encouragez-le à se servir de ses doigts et à tenir un hochet. * Accrochez des jouets au-dessus de son lit ou de son siège afin qu'il essaie de les attraper.
Sociabilité	* Il tourne la tête lorsqu'il entend votre voix et sourit en vous voyant. * Pour manifester sa joie, il remue les bras et les jambes.	* Regardez-le dans les yeux quand vous le nourrissez ; il est aux anges parce qu'il mange et que vous lui prêtez attention. * Répondez lorsqu'il essaie de communiquer.
Expression	* Il prononce quelques sons « ah », « oh » et « euh ». * Il pleure différemment selon qu'il a faim, qu'il est fatigué, frustré, en colère, impatient, qu'il s'ennuie ou qu'il veut être seul.	* Répétez tous les sons qu'il émet. * Les pleurs sont un outil de communication auquel vous devez toujours répondre (voir p. 104).

La stimulation par le jeu

* Présentez à votre bébé des petits jouets de différentes textures et dites à voix haute s'ils sont doux au toucher, rugueux, moelleux, etc. (voir ci-contre).
* Chantez-lui des comptines et mimez-les.
* Faites-le doucement sauter sur vos genoux, chatouillez-lui les pieds, etc.
* Allongez-vous sur le sol en face de lui lorsqu'il est à plat ventre, afin de l'obliger à lever la tête pour vous regarder.
* Encouragez-le à tendre les bras pour attraper de petits objets.
* Prenez un bain avec lui, et encouragez-le à frapper ses mains sur l'eau et à s'éclabousser.

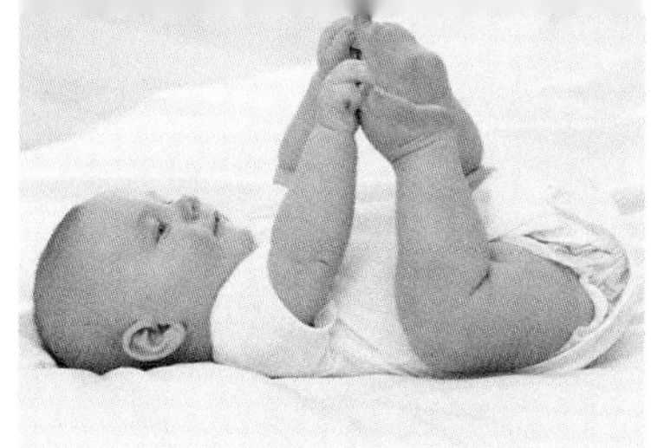

Le développement 3-4 mois

Ce que l'on recherche

Aptitudes	Progrès réalisés	Comment stimuler votre bébé
Activité cérébrale	* Il est curieux et ne veut pas être exclu. * Il reconnaît les lieux et les visages familiers. * Il aime prendre le sein ou boire au biberon, et le montre. * À quatre mois, il commence à rire.	* Ne lui donnez pas toujours les mêmes jouets, mais variez les plaisirs. * Expliquez tout ce que vous voyez et tout ce que vous faites.
Mobilité	* Il aime être assis, calé avec un coussin ou en appui contre vous. * Lorsqu'il n'est pas en appui, il parvient à placer sa tête dans l'alignement de son corps. * Lorsqu'il est sur le ventre, il vous regarde dans les yeux.	* Asseyez-vous en le calant avec un coussin. * Essayez de l'asseoir sans support afin de tonifier les muscles du dos et de la nuque. * Proposez-lui des jeux qui l'obligent à pivoter le buste et à tendre les bras.
Préhension	* Il commence à contrôler ses mains et ses pieds, et saisit ses orteils. * Il remue simultanément les mains et les pieds. * Il croise les pieds et met un pied sur la jambe opposée.	* Donnez-lui les jouets qu'il a atteints afin qu'il ne bascule pas en avant. Encouragez-le à attraper des objets quand il est assis, allongé sur le dos ou le ventre. * Donnez-lui un hochet pour qu'il puisse faire du bruit.
Sociabilité	* Il regarde et sourit aux personnes qui lui parlent. * Il vous reconnaît ainsi que votre partenaire et les personnes qu'il voit régulièrement, comme ses grands-parents, par exemple. * Il aime la compagnie et pleure quand il est seul trop longtemps. Il sait ce que sont la tendresse, l'amour et leur contraire.	* Développez son sens de l'humour. Riez avec lui, faites des plaisanteries et imitez-le. N'ayez pas peur d'en faire trop. * Donnez libre cours aux émotions. Riez quand il rit et pleurez quand il pleure.
Expression	* Il pousse des petits cris quand il est heureux. * Il identifie les différents tons de la voix. * Il dit « m », « t », « p » et « b » quand il est malheureux, et « k » quand il est heureux.	* Répétez tous les sons après lui « M, m, m, tu as un gros chagrin, n'est-ce pas ? » avec le ton approprié.

La stimulation par le jeu

* Relevez-le doucement avec ses bras lorsqu'il est allongé sur le dos pour l'aider à contrôler sa tête (voir ci-contre).
* Jouez avec lui. Cachez vos yeux derrière vos mains. Ne vous mettez pas en face de lui mais légèrement sur le côté afin qu'il pivote le buste pour vous voir.
* Accrochez des jouets qui se balancent au-dessus de son lit et dans sa poussette. Bientôt, il les attrapera.
* Commentez tout ce que vous voyez et tout ce que vous faites.
* Mettez un hochet dans sa main et bougez-le. Il sera intrigué par la texture et le bruit.
* Chatouillez-le et faites-le rire.

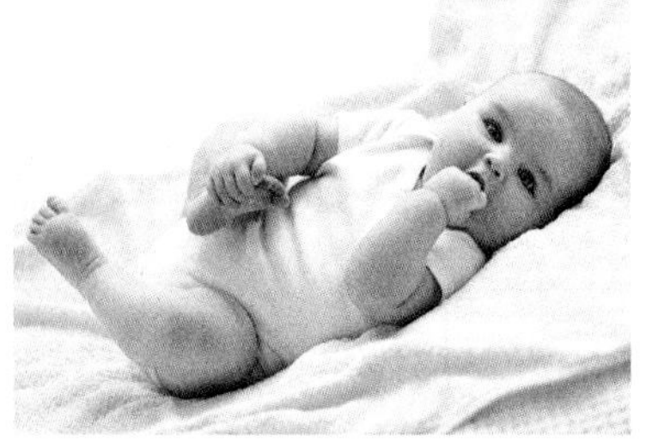

Le développement 4-5 mois

Ce que l'on recherche

Aptitudes	Progrès réalisés	Comment stimuler votre bébé
Activité cérébrale	* Il adore jouer et développe ses aptitudes en vous imitant. * Il se concentre de plus en plus et observe attentivement ce qui l'entoure. * Il sourit à son reflet dans le miroir. * Il bouge les bras et les jambes pour attirer votre attention. * Il tapote sur son biberon en tétant.	* Lorsqu'il fait tout pour attirer votre attention, répondez-lui. Ne le frustrez pas. * Tournez-vous vers lui afin de lui montrer que vous êtes tout à lui, penchez-vous vers lui et regardez-le dans les yeux. * Appelez-le toujours par son prénom.
Mobilité	* Il contrôle parfaitement sa tête même si, lors d'un mouvement brusque, elle peut osciller.	* Faites-le jouer afin de stimuler les muscles du cou et favoriser la marche.
Préhension	* Il porte ses jouets, ses pieds et son poing à la bouche (voir ci-dessus). * Il attrape de gros jouets avec les deux mains. Il est encore maladroit.	* Ne l'empêchez pas de mettre les doigts dans sa bouche – c'est naturel. * Jouez avec ses orteils et mettez-lui dans la bouche. * Donnez-lui des jouets et tendez la main pour qu'il vous les rende.
Sociabilité	* Il est timide avec les personnes qu'il ne connaît pas (c'est la première manifestation du « soi ») mais sourit à celles qu'il connaît.	* Présentez-le à toutes les personnes qui viennent chez vous afin qu'il s'habitue à voir des inconnus. Le concept de l'amitié se dessine.
Expression	* Il prononce différents sons, fait des bulles, gazouille, pousse des petits cris et rit. Il prononce quelques syllabes pour vous imiter. * Il fait de nombreuses mimiques.	* Imitez les sons qu'il émet en changeant d'intonation. S'il est attentif, prononcez des sons nouveaux.

La stimulation par le jeu

* Faites sauter doucement votre bébé sur vos genoux (voir ci-contre).
* Privilégiez les jeux où il faut frapper dans les mains.
* Il aime froisser du papier. Donnez-lui des feuilles de papier afin qu'il s'en donne à cœur joie. Veillez toutefois à ce qu'il ne se coupe pas.
* Cachez votre visage derrière un morceau de tissu pendant quelques secondes, puis enlevez-le. Ce jeu le fait rire aux éclats.
* Lorsqu'il a les mains levées et les bras écartés, il veut jouer.
* Obligez-le à ouvrir les doigts en lui donnant et en reprenant des jouets. Donnez-lui toujours les objets qu'il a réussi à attraper.

Le développement 5-6 mois

Ce que l'on recherche

Aptitudes	Progrès réalisés	Comment stimuler votre bébé
Activité cérébrale	* Il s'agite dès que quelqu'un s'approche. * Il exprime un malaise ou un sentiment d'insécurité. * Il émet différents sons pour attirer l'attention et lève les bras pour qu'on le prenne.	* Répondez-lui dès que vous l'entendez. Dites-lui que vous arrivez, puis dirigez-vous vers lui en prononçant son prénom et tendez les bras. * Prononcez son prénom dès que vous vous adressez à lui.
Mobilité	* Il a maintenant suffisamment de force pour prendre appui sur ses bras et dresser le buste. * Il peut rester quelques minutes assis sur le sol, calé avec des coussins (voir ci-dessus).	* Faites rouler des objets et donnez-lui une balle en mousse. * Allongez-vous à côté de lui sur le sol et rampez. Il finira par vous imiter.
Préhension	* Il passe un objet d'une main dans l'autre. * Lorsqu'il tient un jouet dans une main, il le lâche pour en prendre un autre. * Il tient son biberon.	* Montrez-lui comment lâcher les objets et passer un jouet d'une main dans l'autre. * Donnez-lui un objet, puis tendez la main pour qu'il vous le rende. Il apprend ainsi à partager.
Sociabilité	* Il commence à maîtriser ses gestes : tapoter votre joue, gratter ou taper. * Il touche votre visage, ce qui veut dire « bonjour ». Répondez-lui « bonjour » et souriez-lui. * Il aime vous avoir rien qu'à lui et reste parfois sur ses gardes avec les inconnus.	* Montrez-lui de nouveaux gestes. Tendez les bras sur le côté, il les lèvera également. * Amplifiez vos gestes et parlez avec emphase. * Évitez de le laisser seul avec des inconnus.
Expression	* Il fait des bulles (son premier langage véritable). * Il dit « ka », « da » et « ma » tout le temps et émet des sons nouveaux. * Il semble comprendre ce que vous dites.	* S'il semble comprendre ce que vous dites, demandez-le-lui, répétez ce que vous avez dit et félicitez-le.

La stimulation par le jeu

* Faites lui soulever des objets avec les jambes pour tonifier ses muscles.
* Mettez-le debout sur vos genoux ou sur le sol, et faites-le sautiller. Peu à peu, il va pousser sur ses jambes (voir ci-contre).
* Montrez-lui la relation de cause à effet. Poussez une balle dans sa direction lorsqu'il est assis ou debout, et dites : « La balle roule. »
* Soufflez sur son ventre lorsque vous changez sa couche et faites différents bruits, puis encouragez-le à les reproduire.
* Récompensez-le lorsqu'il soulève des objets. Poussez des petits cris de joie, prenez-le dans vos bras et tournoyez avec lui.

Le développement 6-7 mois

Ce que l'on recherche

Aptitudes	Progrès réalisés	Comment stimuler votre bébé
Activité cérébrale	* Il commence à « converser » et vous comprenez la plupart des sons émis. * Il connaît son prénom et sait qui il est. * Il est probable qu'il veuille manger seul. * Il prévoit les répétitions et vous imite.	* Développez son sens du moi en lui montrant son reflet dans un miroir et en répétant encore et encore son prénom : « C'est Marianne, c'est toi. » * Parlez-lui sans cesse.
Mobilité	* Il prend appui sur un seul bras lorsqu'il est allongé sur le ventre (voir ci-dessus). * Il relève la tête lorsqu'il est sur le dos. * Debout, ses jambes sont droites et supportent le poids de son corps.	* Privilégiez les jeux en station debout. * Lorsqu'il est sur le dos, accrochez des jouets au-dessus de lui et encouragez-le à redresser la tête pour les attraper.
Préhension	* Il ne prend plus les objets à pleine main mais avec ses doigts. * Il prend un jouet dans chaque main. * Il tape sur la table.	* Laissez-le manger seul avec une cuillère. * Donnez-lui des jouets qu'il peut facilement attraper et tenir dans ses mains.
Sociabilité	* Il est attiré par les autres bébés. * Il pleure si vous le laissez seul avec quelqu'un et que vous partez, notamment s'il ne connaît pas la personne.	* Montrez-lui que vous l'aimez et câlinez-le. Sans cela, il ne pourra aimer personne (pas même lui). * Présentez-lui le plus grand nombre possible de personnes et laissez-lui le temps de s'habituer à elles.
Expression	* Ses « da », « ba », « ka » sont parfaitement audibles. * Ses pleurs sont plus ou moins aigus, et il commence à émettre des sons nasaux.	* Répétez chaque son émis afin qu'il soit fier de l'importance que vous lui accordez.

La stimulation par le jeu

* Privilégiez le sens du toucher à travers les jeux : profitez de toutes les occasions possibles pour toucher votre bébé et le laisser vous toucher. Il adorera que vous le laissiez explorer votre visage avec ses mains (voir ci-contre à gauche).
* Donnez-lui de l'importance : jouez avec ses jouets et prononcez son prénom : « C'est l'ours de Léo », « À qui est cet ours ? À Léo. »
* Il se méfie des inconnus. Sautez sur toutes les occasions pour lui présenter des gens nouveaux.
* Développez son sens de l'humour à travers le jeu et les plaisanteries.
* Encouragez-le à décoller sa tête et son buste lorsqu'il est allongé sur le ventre, notamment en jouant à l'avion. Étendez-vous sur le ventre à ses côtés et soulevez vos bras et votre corps – et ceux de votre bébé – du sol.

Le développement 7-8 mois

Ce que l'on recherche

Aptitudes	Progrès réalisés	Comment stimuler votre bébé
Activité cérébrale	* Il s'affirme et essaie d'attraper les jouets qui ne sont pas à sa portée. * Il se concentre afin de trouver ce qu'il peut faire avec ses jouets. Il apprend vite comment tel ou tel jouet fonctionne.	* Encouragez-le à aller lui-même chercher les jouets qu'il veut, même s'ils sont loin. * Jouez avec lui lorsqu'il prend son bain. * Donnez-lui un bac en plastique. Il aime y déposer ses jouets et les reprendre.
Mobilité	* Lorsqu'il est assis, il se penche en avant et en arrière pour attraper un jouet. * Il aime être debout, notamment sur vos genoux. * Sur le ventre, il gigote pour avancer.	* Lorsqu'il est assis sur le sol, éloignez-vous de lui et tendez les bras pour l'encourager à se déplacer sur les fesses. * Mettez-le debout le plus souvent possible. * Encouragez-le à aller chercher un jouet.
Préhension	* Il aime faire du bruit en tapant sur les objets. * Il imite tous vos gestes. * Il tient un jouet entre ses doigts sans le faire tomber. * Il commence à prendre les objets entre le pouce et l'index (voir ci-dessus).	* Donnez-lui des cuillères, des couvercles ou un petit tambour sur lesquels il peut taper et faire du bruit. * Veillez à ce qu'il soit toujours entouré de jouets et variez les plaisirs afin de développer sa curiosité.
Sociabilité	* Il commence à véritablement jouer avec vous (jouez à « la petite bête qui monte », par exemple). * Il n'aime pas quand vous êtes en colère et que vous râlez. * Il sait ce que veut dire « non ».	* Utilisez son prénom dans toutes les situations où il est impliqué. Il prend conscience de son existence. * Dites « non » fermement en changeant de ton.
Expression	* Il fait du bruit avec sa bouche et ses lèvres. * Il combine deux syllabes « da-da », « ba-ba ».	* Encouragez-le à associer le fond et la forme. Dites « doucement » en murmurant et « fort » en le proclamant.

La stimulation par le jeu

* Mettez-le en face d'un miroir et prononcez son prénom (voir ci-contre).
* Répétez un même mot en parlant et en chantant afin de l'encourager à faire des vocalises. Inventez des mélodies et bougez votre corps de manière rythmée. Très vite, il vous imitera.
* Faites-le jouer avec des objets d'utilisation courante (cuillère en bois, boîte en plastique, etc.). Il adore faire du bruit.
* Répondez à ses cris et ses pleurs ; vous favoriserez ainsi sa confiance et son estime de soi.
* Asseyez-vous sur le sol en face de lui et encerclez-le avec vos jambes et ses jouets préférés.

Le développement 8-9 mois

Ce que l'on recherche

Aptitudes	Progrès réalisés	Comment stimuler votre bébé
Activité cérébrale	* Il aime les jeux et les comptines qui lui sont familiers. Il rit à bon escient. * Il prévoit les mouvements. * Il tourne la tête en entendant son prénom et tend les bras pour être pris.	* Expliquez-lui qu'à tel moment, on fait telle chose. * Profitez des repas et de l'heure du bain pour lui donner des repères : « C'est l'heure du bain », « C'est l'heure du déjeuner. »
Mobilité	* Avec un support, il reste debout. * Il reste assis 10 minutes, se penche en avant et sur les côtés sans basculer. * Il roule d'un côté à l'autre, mais ne peut pas passer de la position assise à la position debout.	* Aidez-le à passer de la position assise à la position debout, sollicitez ses articulations. * Encouragez-le à se déplacer en se tenant aux meubles bas.
Préhension	* Ses gestes sont de plus en plus précis. * Il se sert de ses doigts pour découvrir les objets nouveaux et porte moins de choses à la bouche. * Il se penche en avant pour ramasser des petits objets (voir ci-dessus).	* Montrez-lui comment poser des cubes les uns sur les autres ou côte à côte, afin qu'il apprenne à contrôler ses gestes et découvre les volumes. * Tendez-lui un petit objet afin qu'il le prenne entre le pouce et l'index.
Sociabilité	* Il est timide avec les personnes qu'il ne connaît pas et refuse d'aller vers elles. * Il se souvient des gens qu'il connaît, même s'il ne les voit pas durant plusieurs jours.	* Si vous vous absentez, téléphonez-lui. * Donnez-lui un téléphone en plastique pour jouer. * Donnez-lui le temps de se familiariser avec la gardienne.
Expression	* Il comprend de mieux en mieux ce que vous dites. Répétez plusieurs fois un message : « Il fait froid dehors, brrr ! » * Il utilise certaines consonnes, notamment le « t » et le « d ». * Comme vous, il imite le cri des animaux.	* Répétez les mots qui commencent par un « t » et un « d ». * Répétez les sons qu'il émet et nommez les objets qui vous entourent. * Lisez-lui des histoires d'animaux et imitez leurs cris.

La stimulation par le jeu

* Laissez votre bébé jouer avec des objets qui font du bruit (cuillère en bois, pot et casserole, tambour, etc.) afin qu'il comprenne la relation entre le fait de taper et le bruit (voir ci-contre).
* Lisez-lui des livres ou feuilletez des revues en les commentant.
* Nommez les parties de votre corps en les montrant et encouragez-le à vous imiter.
* Rampez sur le sol avec lui et encouragez-le à se déplacer.
* Montrez-lui comment empiler des cubes. Cet exercice est difficile et il est encore petit pour y arriver seul, mais voir les piles s'effondrer l'amuse beaucoup !

Le développement 9-10 mois

Ce que l'on recherche

Aptitudes	Progrès réalisés	Comment stimuler votre bébé
Activité cérébrale	* Il s'habitue aux rituels qui lui donnent des repères et le rassurent. * Il dit «au revoir» avec la main. * Il tend son pied pour que vous mettiez sa chaussette. Il veut vous aider. * Il reconnaît son ours et sa doudou. * Il cherche le jouet qu'il veut jusqu'à ce qu'il le trouve.	* Respectez une certaine routine afin qu'il ait des repères. * Montrez-lui comment s'habiller et se déshabiller. * Donnez-lui des jouets qu'il peut câliner et auxquels il peut «parler» (animaux en peluche et poupées), et qui sont aussi des «bébés».
Mobilité	* Il découvre qu'il peut se déplacer seul. * Il se déplace à quatre pattes et adore changer de position (voir ci-dessus). * Il fait des torsions du buste facilement.	* Tendez les bras, appelez-le et encouragez-le à vous rejoindre. * Tendez les mains pour qu'il y prenne appui et se relève. Posez son pied sur le sol, levez-le et reposez-le.
Préhension	* Il arrive à ramasser des objets très petits en se servant uniquement du pouce et de l'index. * Il laisse tomber les objets dont il ne veut plus. * Il réussit à poser un cube sur l'autre.	* Montrez-lui comment ramasser les objets avec le pouce et l'index. * Donnez-lui des jouets qu'il peut jeter sur le sol lorsqu'il est assis sur sa chaise haute. * Demandez-lui de faire rouler une balle vers vous.
Sociabilité	* Il montre son affection en se blottissant tout contre vous. * Il vous donne un jouet lorsque vous le lui demandez, mais il se met en colère si vous ne lui rendez pas.	* Apprenez-lui à faire un câlin. Câlinez-le et encouragez-le à faire de même. * Apprenez-lui à partager. Demandez-lui un morceau de son gâteau et remerciez-le.
Expression	* Il commence à prononcer de plus en plus de sons à base de voyelles. * Il répète inlassablement des sons sur un même rythme.	* Nommez tous les objets qui vous entourent. * Regardez votre bébé dans les yeux quand vous lui parlez afin qu'il voie vos lèvres bouger.

La stimulation par le jeu

* Chaque jour, racontez une histoire à votre bébé. Montrez-lui les images et nommez les objets et les personnages dessinés. Au fil du temps, il les désignera quand vous le lui demanderez (voir ci-contre).
* Faites-le sauter sur vos genoux. Il adore quand vous faites semblant de le laisser tomber.
* Jouez à cache-cache avec lui ou cachez un objet qu'il doit trouver.
* Donnez-lui des jouets avec lesquels il peut s'amuser dans le bain.
* Donnez-lui des jouets qui couinent, sonnent ou sifflent.
* Prenez des cubes de la même taille, empilez-les et disposez-les côte à côte. Il observe tous vos gestes.

Le développement 10-11 mois

Ce que l'on recherche

Aptitudes	Progrès réalisés	Comment stimuler votre bébé
Activité cérébrale	* Il tend des objets dans votre direction. * Il adore faire tomber des objets de sa chaise haute et cherche ensuite à les attraper. * Il vous fait comprendre qu'il veut que vous le preniez dans vos bras. * Il comprend certaines nuances : dedans/dehors, sur/sous, ici/là-bas.	* Lisez-lui des livres et feuilletez des revues. * Développez son pouvoir de concentration en lui racontant une histoire courte. * Prenez-le dans vos bras quand il le désire. * Montrez-lui le rapport de cause à effet : renverser des cubes et les regarder tomber.
Mobilité	* Il se déplace rapidement sur les fesses ou à quatre pattes. * En position debout, il lève un pied. * Assis, il reste en équilibre.	* Placez un jouet derrière lui pour qu'il l'attrape. * Favorisez les déplacements sur les fesses ou à quatre pattes.
Préhension	* Il adore prendre des objets dans un bac et les remettre (voir ci-dessus). * Il vous tend un objet lorsque vous le lui demandez.	* Donnez-lui un objet, reprenez-le, rendez-lui et ainsi de suite. Ne le forcez jamais s'il veut le garder. * Prenez sa main et pointez-la dans la direction d'un objet.
Sociabilité	* Il connaît son prénom et sait qui sont papa et maman. * Il a un bon sens de l'humour et joue des petits tours qui vous font rire.	* Ayez recours au rire pour marquer votre approbation et au silence pour la désapprobation. Il saura vite faire la différence. * Enseignez-lui les rudiments de la vie en société : embrasser pour dire bonjour et au revoir.
Expression	* Il émet des sons qui se rapprochent de plus en plus des mots que vous employez. * Il commence à désigner les objets et les personnes par des sons ; « papa » est souvent son premier mot.	* Répétez des mots simples comme « papa ». * Répétez le mot qu'il prononce, « papa » par exemple, puis faites une phrase : « Papa est au travail. »

La stimulation par le jeu

* Aidez votre bébé à construire une tour avec des cubes et montrez-lui la relation de cause à effet en donnant un coup dans la tour et en disant : « La tour s'effondre. » (Voir ci-contre.)
* Choisissez des comptines que vous pouvez mimer.
* Lisez-lui une histoire en nommant tous les personnages et tous les objets des images. Respectez toujours le même ordre. Laissez-le tourner les pages.
* Donnez-lui un panier. Inlassablement, il y dépose ses jouets, les retire et les remet. Il aime également jouer avec un récipient et une cuillère en bois.
* Encouragez-le à se lever pour attraper un jouet en hauteur, par exemple.

Le développement 11-12 mois

Ce que l'on recherche

Aptitudes	Progrès réalisés	Comment stimuler votre bébé
Activité cérébrale	* Il adore les tours et fait son maximum pour vous faire rire – il ressent alors de l'autosatisfaction. * Il sait embrasser et veut vous embrasser.	* Riez quand il fait le clown. * Laissez-le vous embrasser, mais ne lui demandez pas d'embrasser des inconnus. * Parlez avec enthousiasme de ce que vous faites.
Mobilité	* Il fait quelques pas si vous lui donnez la main. * Il marche lorsqu'il pousse sa poussette ou prend appui sur un meuble.	* Lorsqu'il fait quelques pas, appelez-le pour qu'il vienne vers vous. * Vérifiez la stabilité des meubles sur lesquels il prend appui.
Préhension	* Il mange de mieux en mieux tout seul (voir ci-dessus). * Il tourne sa main afin de retourner un jouet. * Il aime jeter les objets par terre. * Il fait des traits avec un crayon. * Il peut tenir deux choses dans une seule main.	* Mettez-lui deux cubes dans la main. * Encouragez-le à manger seul (de la nourriture consistante). Donnez-lui sa propre assiette et ses propres couverts. * Donnez-lui des crayons et du papier.
Sociabilité	* Il sait qui il est. * Il est de plus en plus possessif et n'aime pas qu'on lui prenne ses jouets. * Il aime être entouré à condition d'être dans vos bras ou ceux d'un proche. * Il vous donne un objet quand vous le lui demandez.	* Présentez-lui d'autres bébés. * Encouragez-le à partager. * Encouragez-le à se montrer affectueux, et à câliner sa peluche ou sa poupée. * Faites de temps à autre appel à une gardienne. * Installez-le sur sa chaise haute, et donnez-lui des crayons et du papier. Restez à côté de lui.
Expression	* Il suit les conversations et émet des sons lorsque vous cessez de parler. * Il commence à utiliser des mots comme « chien » et « chat ». * Il arrive à vous faire comprendre quand il veut quelque chose et ce que c'est.	* Apprenez-lui à dire « merci ». * Félicitez-le lorsque vous comprenez ce qu'il dit.

La stimulation par le jeu

* Donnez à votre bébé des crayons de couleur adaptés et de grandes feuilles de papier, et encouragez-le à dessiner (voir ci-contre).
* Lisez-lui des histoires mettant en scène des animaux et leurs petits. Il aime qu'on lui parle des autres « bébés ».
* Encouragez-le à trouver son équilibre seul et à rester debout une ou deux secondes.
* Montrez et nommez les objets qui vous entourent, et les parties de votre corps. Laissez-le vous imiter.
* S'il prend appui sur des meubles, espacez-les afin de l'inciter à parcourir de plus grandes distances. Soyez prêt à intervenir.

Reprendre le travail

À peine vous êtes-vous habituée à votre rôle de mère et avez-vous trouvé vos repères qu'il faut penser à reprendre le travail. Certaines femmes sont obligées de retourner travailler pour des raisons financières. D'autres voient la reprise comme une délivrance. Finies les couches et les longues journées seule avec bébé ! Reprendre une activité professionnelle nécessite une réorganisation au sein de la famille et une nouvelle définition des priorités. Penchez-vous sur la question avant même la naissance de votre enfant. Trouvez avec votre conjoint la solution qui vous semble la mieux adaptée : travail à temps partiel, travail à domicile un ou deux jours par semaine, ou congé parental pour le père, si vos revenus sont supérieurs aux siens ou si c'est votre choix. Si vous et votre conjoint travaillez à temps plein, cherchez le système de garde approprié à votre situation et acceptez de ne voir votre bébé que quelques heures matin et soir. Trouver la solution idéale n'est jamais facile. Toutefois, sachez que si vous profitez au maximum du temps passé avec votre enfant, celui-ci ne souffrira pas du fait que ses parents travaillent.

Concilier travail et famille

Reprendre le travail

Si l'on fait abstraction de la législation (voir p. 184), c'est l'évolution de votre bébé et ce que vous ressentez qui doivent vous faire dire : « Il est temps pour moi de retourner travailler. »

* Si vous souhaitez poursuivre l'allaitement, vous devrez tirer votre lait le matin (voir p. 83). Si vous voulez arrêter, habituez peu à peu votre bébé à boire au biberon.

* Physiquement et moralement, êtes-vous vraiment prête à reprendre le travail ?

Options

Temps partiel
Le temps partiel équilibre vie privée et vie professionnelle, mais attention à la pression qui peut venir des deux côtés. Le partage des tâches (deux personnes pour un même poste) est idéal pour mener une carrière professionnelle sans que la vie privée en souffre trop.

Travail à domicile
Aménagez votre temps de travail et ayez recours à un système de garde (voir p. 172) afin de ne pas être obligée de vous occuper de votre bébé au lieu de travailler.

Congé parental
Voulez-vous mettre votre vie professionnelle entre parenthèses pendant quelque temps ? Envisagez toutes les répercussions, mais sachez que le gouvernement du Québec offre cette possibilité.

Vous avez trouvé le système de garde qui vous semble le plus approprié et pensé à la réorganisation de votre vie. Votre retour au travail devrait donc se passer sans heurt, même si les premiers jours sont toujours difficiles.

Quelle décision prendre

Pendant votre grossesse, vous aviez décidé de retourner travailler à la fin de votre congé de maternité, mais aujourd'hui, vous n'êtes plus aussi sûre d'avoir fait le bon choix, et vous avez du mal à imaginer quitter votre bébé alors que vous commencez à vous habituer à votre nouvelle vie. Peut-être qu'au contraire, votre travail vous manque beaucoup. Vous en avez assez des tâches domestiques et vous sentez qu'il est temps pour vous de reprendre votre activité professionnelle et de retrouver vos collègues. Ou encore n'avez-vous peut-être tout simplement pas le choix, et pour des raisons financières, il vous faut retourner travailler.

Peser le pour et le contre

Quelle que soit la décision prise durant votre grossesse, il est important de considérer votre situation financière maintenant que votre bébé est là et d'étudier toutes les solutions qui s'offrent à vous.

* Quel système de garde pouvez-vous envisager ? Quelles sont les possibilités offertes là où vous habitez ?
* Faites vos comptes et vérifiez que lorsque vous aurez payé la gardienne à la maison, la garderie ou le centre de la petite enfance (CPE), il vous restera suffisamment d'argent pour que votre travail soit rentable (n'oubliez pas les frais de transport).
* Votre poste n'est-il pas trop prenant (heures supplémentaires, déplacements) et votre vie familiale ne risque-t-elle pas d'en pâtir ?

Des sentiments contradictoires

Ces derniers mois, vous n'avez pensé qu'à la naissance de votre bébé, puis vous avez été prise par la routine. Plus l'heure de la reprise approche, moins vous savez où vous en êtes, et plus vous êtes envahie par des sentiments contradictoires.

Un sentiment de culpabilité Vous vous sentez coupable (surtout si vous avez hâte de reprendre le travail). Or ce n'est pas parce que votre activité professionnelle vous manque que vous êtes une mauvaise mère. Pourquoi rester chez vous à vous occuper de votre bébé si cela ne vous convient pas ? Mieux vaut que votre enfant vous sente heureuse plutôt que déprimée et insatisfaite. Par ailleurs, un salaire en plus permet de mieux profiter de la vie.

La perte de confiance en soi Vous vous demandez si, après une pause de plusieurs mois, vous allez pouvoir reprendre le rythme du travail. Renseignez-vous auprès de vos collègues et allez leur rendre visite avant le jour fatidique. Le constat que rien n'a vraiment changé durant votre absence est rassurant.

Faire la transition

Ce qui change	Vous faciliter la vie
Préparer votre bébé	Confiez votre bébé à sa gardienne ou emmenez-le à la garderie ou au CPE une fois par semaine, puis deux et ensuite trois fois, afin qu'il s'habitue. Si vous devez arrêter l'allaitement, introduisez progressivement le biberon dans son alimentation.
Réorganiser le quotidien	Jongler entre le travail et la maison n'est pas toujours simple. Organisez-vous avec votre conjoint afin d'assumer ensemble les tâches ménagères et de vous occuper de votre bébé. À vous de trouver un équilibre.
Gérer votre fatigue	Si vous ne dormez pas la nuit, vous ne tiendrez pas longtemps. Trouvez un compromis avec votre partenaire (que chacun se lève une fois sur deux). Si l'un des deux travaille à temps partiel, il pourra plus facilement récupérer dans la journée.
Vous concentrer sur votre travail	Ne pas penser à son bébé lorsque l'on est au travail n'est pas donné à tout le monde. Si vous savez que votre enfant est bien entouré, vous irez travailler l'esprit libre et vous pourrez vous concentrer sur votre travail.
Rassurer votre bébé	Les enfants ont la faculté de s'habituer rapidement à tout changement. Essayez de prévoir ses réactions, et lorsque vous êtes avec lui, rassurez-le et réconfortez-le. Veillez à ce qu'il ait toujours les objets qu'il aime avec lui.

La reprise

Il vous faudra plusieurs semaines avant de retrouver vos repères. Ces derniers mois, vous viviez au rythme de votre bébé et, du jour au lendemain, vous devez respecter des horaires et avez de nouvelles priorités. Pour la première fois, il vous faut assumer des responsabilités professionnelles tout en subissant la pression de la vie de famille.

Une question d'organisation

Pour de nombreuses personnes, la priorité d'une femme est son enfant – ce qui est généralement vrai. Pour ces gens, si l'un des parents doit abandonner sa carrière au profit de sa vie familiale, ce doit être la mère. Les couples qui ont un autre point de vue ont bien du mal à se faire entendre.

Tout est possible à condition de mettre les choses au clair le plus tôt possible avec votre employeur. Dites-lui que vous ferez consciencieusement votre travail mais que vous n'êtes plus corvéable à merci, que vous devez partir à l'heure (organisez-vous avec votre conjoint, afin de récupérer à tour de rôle votre bébé à la garderie ou au CPE). Rassurez votre employeur en lui disant que si vous êtes prévenue suffisamment tôt pour prendre vos dispositions, vous êtes d'accord pour accomplir de temps à autre des heures supplémentaires.

LE RÔLE DU PÈRE

Si vous et votre conjointe travaillez à temps plein, la vie quotidienne va être totalement bouleversée et vous devez être prêt à réagir.

Aider sa compagne

* Soutenez-la moralement. Reprendre le travail et quitter son bébé est une dure épreuve pour elle. Essayez de planifier la reprise le plus tôt possible après la naissance, afin qu'elle puisse se faire à cette idée.

* Ce n'est pas à sa mère de prendre en charge tout ce qui touche à votre bébé. Laissez à la gardienne à la maison ou au responsable de la garderie ou du CPE vos coordonnées téléphoniques, y compris le numéro de votre cellulaire, afin qu'ils puissent vous joindre en cas de problème.

* Durant son congé de maternité, votre conjointe a assumé la majorité des corvées. Vous devez maintenant vous charger d'une partie des tâches ménagères, vous lever la nuit lorsque votre bébé pleure et aller, de temps à autre, le chercher le soir après le travail.

Les imprévus

Mettez en place une stratégie en cas de problèmes. Si la gardienne ou votre bébé est malade, et que personne ne peut garder votre bambin, vous devrez prendre une journée de congé. S'il vous est difficile de vous libérer, trouvez une solution avant d'être acculés au mur. Cela vous évitera des discussions désagréables le moment venu.

Un mode de garde approprié

Période d'essai

Confiez votre bébé à la personne, à la garderie ou au CPE de votre choix avant de reprendre votre travail.

* Votre bébé a besoin de temps pour s'habituer à la personne qui va s'occuper de lui et à son nouvel environnement.

* Observez la réaction de votre bébé et rassurez-le s'il est inquiet. Si besoin il y a, cherchez un mode de garde susceptible de mieux lui convenir.

* Réglez toutes les questions d'ordre pratique.

* Plus votre bébé sera habitué à la personne chargée de prendre soin de lui, moins la séparation sera douloureuse.

La bonne gardienne

Accordez-vous suffisamment de temps pour étudier toutes les options de garde qui s'offrent à vous. Savoir que vous avez fait le bon choix vous assurera la tranquillité d'esprit nécessaire à la reprise du travail.

Garde dans la famille

Sous de nombreux aspects, un grand-parent est le gardien parfait et peut être une expérience enrichissante pour tout le monde.

Mère au foyer

Une mère au foyer court le risque de faire passer ses propres besoins au second plan. Il est vraiment important de faire des pauses et d'avoir des contacts réguliers avec d'autres adultes.

Le choix du mode de garde est basé sur des considérations pratiques et financières, mais aussi sur la manière dont vous percevez la personne à laquelle vous envisagez de confier votre bébé.

Les éléments à prendre en considération

Une fois que vous avez opté pour un système de garde, vous devez trouver la personne – ou l'établissement – qui vous semble convenir le mieux à vos besoins et à ceux de votre bébé. Pour ce faire, n'attendez pas le dernier moment pour vous organiser. Posez toutes les questions qui vous viennent à l'esprit, visitez la garderie ou le CPE, et si des doutes persistent, fiez-vous à votre instinct et allez voir ailleurs.

La personne qui s'occupera de votre enfant devra avoir de l'expérience, entretenir une bonne communication avec vous et votre bébé, et partager votre point de vue sur l'éducation. À moins qu'il ne s'agisse d'un membre de votre famille, cette personne doit être formée et posséder des références. Il peut être difficile pour les parents de constater que leur bébé commence à s'attacher à sa gardienne. C'est cependant une bonne chose qui doit être encouragée, car il est important que votre bébé développe une relation heureuse avec la personne qui s'occupe de lui. Mais le sentiment de laisser filer quelque chose pendant que quelqu'un d'autre prend du plaisir avec lui peut être difficile à gérer.

Le mode de garde choisi dépend de plusieurs facteurs tels que vos finances, la proximité et ce qui convient à votre bébé. L'instinct joue souvent un rôle important dans ce choix. Si vous n'êtes pas satisfait d'un mode de garde ou d'une gardienne, même si vous n'arrivez pas à en déterminer exactement les raisons, n'hésitez pas à changer. Même si tout semble correct, vous ne pourrez pas travailler dans de bonnes conditions si vous avez des doutes au sujet du bien-être de votre bébé.

Les grands-parents

Les jeunes grands-parents qui ont du temps devant eux sont parfois très désireux de s'occuper du bébé un ou deux jours par semaine, ce qui peut être très pratique, surtout si vous comptez travailler à temps partiel. L'expérience peut également aider à créer des liens forts entre l'enfant et ses grands-parents. Prenez garde toutefois à ne pas leur demander plus que ce qu'ils peuvent donner. Aussi, tenez compte du fait que beaucoup de choses ont changé depuis que vos parents ou beaux-parents ont élevé un bébé, et ils peuvent avoir besoin d'un rappel sur la technique des poussettes et des sièges d'auto et sur les questions importantes de sécurité, surtout s'ils comptent s'occuper du bébé chez vous.

Établir une bonne relation

La séparation d'avec votre bébé se produit alors que vous venez juste de vous habituer à votre rôle de parent, et que vous êtes de plus en plus proche de votre fils ou votre fille. Entre votre enfant et la personne qui en a la garde, des liens très forts vont se tisser, ce qui ne veut pas dire pour autant que vous allez moins compter pour votre bébé. Il peut vivre avec plusieurs personnes une relation très forte. Or plus il est aimé, plus on fait attention à lui et plus on le stimule, mieux il se développe. Comme tous les enfants, il sera à une période donnée plus proche de telle ou telle personne.

Côté finances

Les points suivants sont à prendre en compte :

* Les frais de transport.
* Le déjeuner est-il inclus ?
* Si vous avez des jumeaux, la garde à domicile n'est-elle pas la solution la moins onéreuse ?
* Si vous confiez votre bébé à un proche, ne risquez-vous pas de vous sentir redevable ?

Les différents modes de garde

Type de garde	Description	Avantages	Désavantages
La famille	Cette solution, particulièrement dans le cas de jeunes grands-parents, est de plus en plus populaire au Québec entre autre à cause du manque de place dans les garderies subventionnées.	Avoir dans votre entourage une personne de confiance à qui vous pourrez confier votre bébé sera un grand soulagement, et à plus forte raison si vous devez reprendre votre travail alors qu'il est encore très jeune.	N'oubliez pas que les grands-parents et autres membres de la famille peuvent avoir des idées qui diffèrent radicalement des vôtres concernant les soins à apporter à l'enfant. Parlez-en donc en détail avant tout arrangement. Des désaccords à ce sujet risquent de mener à une situation très difficile.
Les centres de la petite enfance (CPE)	Ces centres offrent un service de garde dont la grande partie des frais quotidiens sont assumés par le gouvernement provincial. En effet, ce système de garderies dépend directement du ministère provincial de la Famille. Les CPE offrent les services de garde dans des garderies traditionnelles et en milieu familial.	Tous les parents, peu importe le revenu, peuvent envoyer leur enfant, avant l'entrée à la maternelle (à cinq ans), dans ces centres pour la somme de 7 $ par jour.	Pour les garderies en milieu familial, une éducatrice seule ne peut accueillir plus de cinq enfants. Ce nombre passe à un maximum de neuf enfants si on retrouve deux éducatrices. De plus, comme il manque de places dans les CPE pour tous les enfants, les parents doivent rapidement inscrire le leur afin d'espérer qu'une place se libère lorsque se terminera leur congé parental.
Les garderies privées	Le manque de places dans les garderies à 7 $ permet au réseau privé de continuer à se développer au Québec.	Il existe des crédits d'impôt pour les frais de garde privée (il ne faut pas oublier de les inclure à votre déclaration annuelle.)	Il vous coûtera environ une trentaine de dollars par jour pour mettre votre enfant en garderie, somme à laquelle il faut également ajouter le prix des repas.

Des moments privilégiés

Vous et votre partenaire travaillez, et le temps passé à la maison n'est pas seulement important mais précieux. Si le jeu stimule votre bébé physiquement et intellectuellement, il lui montre aussi à quel point il compte pour vous.

DU CÔTÉ DE LA MÈRE

Le jeu ne passe pas nécessairement par les jouets. Votre présence suffit souvent à stimuler votre bébé.

Ce que vous pouvez faire

* Quand vous rentrez le soir, prenez votre bébé dans vos bras et vaquez à vos occupations en le tenant tout contre vous.
* Démontrez de manière expressive que vous êtes heureuse d'être avec lui, parlez-lui en le regardant dans les yeux, riez et faites-lui des grimaces.
* Chaque soir, jouez entre 10 et 15 minutes avec votre enfant. Veillez à ne pas être dérangés.
* Lisez un livre ou le journal en prenant votre enfant sur vos genoux et détendez-vous. Lisez à voix haute et montrez-lui les images.
* Si vous êtes fatiguée, prenez un bain avec lui. Favorisez les contacts peau contre peau.

Une heure

Jouer une heure par jour avec votre bébé vous sera bénéfique à tous. Votre bébé sera comblé de voir que vous faites attention à lui, il prendra peu à peu confiance en lui, apprendra à partager, à manifester l'amour qu'il vous porte et deviendra un enfant équilibré. Votre bébé ne peut se concentrer une heure d'affilée. Consacrez-lui une demi-heure le matin et une demi-heure le soir, ou quatre fois un quart d'heure répartis dans la journée.

L'importance du jeu

Vous êtes les parents, mais aussi les compagnons de jeu de votre bébé, notamment la première année où les occasions de lui faire rencontrer d'autres bébés sont souvent rares. Si le jeu – si simple soit-il – a un côté magique, il permet aussi à votre bébé d'apprendre, d'assouvir sa curiosité et de développer de nouvelles aptitudes. Ne sous-estimez pas les activités ludiques. Jouer est une occupation à temps plein qui demande de la concentration et nécessite beaucoup d'énergie. Pour un enfant, jouer est beaucoup plus fatigant qu'un travail permanent pour un adulte, car à chaque seconde, il découvre quelque chose de nouveau et il apprend sans cesse. Or, ces enseignements sont d'autant plus faciles et agréables qu'ils lui sont donnés par ses compagnons de jeu préférés, à savoir ses parents.

Pourquoi jouer est-il essentiel ?

Votre bébé découvre le monde à travers les jeux.

* Le jeu stimule la curiosité de votre bébé. C'est une activité à privilégier.
* Durant les premières années, c'est par le jeu que votre bébé apprend.
* Le jeu favorise les développements physique et mental de votre bébé.

Profiter au maximum des bienfaits du jeu

Prenez le temps de jouer avec votre enfant et n'oubliez jamais que le jeu le stimule sur les plans physique et intellectuel.

Consacrer du temps au jeu Il est essentiel que vous jouiez chacun au minimum une heure par jour avec votre enfant (voir ci-contre). Votre bébé ne peut pas se concentrer très longtemps, fractionnez cette heure de jeu en séances réparties le matin et le soir, et à différents moments durant la fin de semaine. N'attendez pas de votre bébé qu'il joue sagement près de vous pendant que vous préparez le repas. Installez-vous avec lui et consacrez-lui un quart d'heure, puis vaquez à vos occupations. Si vous restez trop peu de temps avec lui, il essaiera d'attirer votre attention par tous les moyens, alors que vous serez occupés par autre chose.

Stimuler son développement Les bébés développent des aptitudes dès l'instant où ils naissent. En fonction de leur développement physique et cérébral, ils franchissent des étapes (voir p. 146). Soyez vigilants afin de déterminer le moment le plus propice à l'acquisition d'une nouvelle aptitude et variez les jeux en fonction de cette évolution. Dans un premier temps, privilégiez les jeux favorisant la mobilité, puis le chant pour stimuler la communication, et plus tard la manipulation de cubes et autres jouets pour développer la dextérité.

Accorder du temps à votre bébé

Si vous travaillez à temps plein, profitez de vos moments de liberté pour passer le maximum de temps avec votre bébé. Organisez votre emploi du temps et déterminez vos priorités. Si vous occupez des postes à responsabilités, attention à ne pas vous laisser dévorer par votre travail.

Les fins de semaine

Ne rapportez pas vos dossiers à la maison. Vous ne serez pas tentés de travailler et pourrez consacrer plus de temps à votre bébé sans vous sentir coupables. Sortez en famille le samedi ou le dimanche. En restant à la maison, vous risquez de vous laisser accaparer par le ménage ou les petits travaux. Instaurez peu à peu une routine. Vers neuf mois, votre bébé saura parfaitement que certains jours, il fait telle ou telle chose avec papa et maman. Si l'un de vous dispose de peu de temps les jours de la semaine pour habiller ou pour nourrir votre bébé, essayez de le faire pendant la fin de semaine. Votre bébé appréciera le changement, sans compter que cela donnera un peu de répit à votre partenaire.

Le matin

En général, les bébés se réveillent tôt. Profitez-en pour passer du temps ensemble. Si vous êtes pressés le matin et ne pouvez pas jouer avec lui, chantez-lui une chanson et parlez-lui pendant que vous le changez et que vous l'habillez, puis prenez votre petit-déjeuner en sa compagnie.

Le soir

Vous travaillez à temps plein et le soir vous êtes fatigués. Organisez-vous afin que vous ayez du temps à consacrer à votre enfant, mais aussi du temps pour vous et pour votre couple (voir p. 134).

Partir à l'heure Ne faites pas systématiquement des heures supplémentaires, car votre bébé et votre partenaire vont vite en souffrir. N'imposez pas à la gardienne de finir sa journée de travail plus tard que prévu. Elle aussi a besoin de se ressourcer.

Partager les corvées L'un cuisine pendant que l'autre s'occupe du linge. Ainsi, vous avez tous les deux du temps à consacrer à votre bébé.

Apprendre à vous détendre Votre bébé a du mal à s'endormir s'il est énervé. Avant de le coucher, lisez-lui une histoire ou chantez-lui une berceuse pour qu'il se détende et trouve rapidement son sommeil.

Libérer du temps

Pour consacrer du temps à votre bébé:

* Préparez les repas la fin de semaine et congelez-les.
* Enregistrez les émissions de télévision du début de soirée et regardez-les une fois que votre bébé est couché.
* Passez vos coups de téléphone une fois que votre bébé est au lit.
* Mangez une collation l'après-midi afin de pouvoir repousser l'heure du souper.

DU CÔTÉ DU PÈRE

En fin de journée, votre bébé attend votre retour. Montrez-lui que vous êtes heureux de le retrouver et qu'il compte énormément pour vous.

Ce que vous pouvez faire

* Mettez en place une routine, ne serait-ce que le prendre dans vos bras pour lui faire un câlin, ou l'emmener en promenade et lui raconter votre journée.
* Jouez avec lui entre 10 et 15 minutes et soyez tout à lui pendant ce temps.
* Lisez le journal avec lui ou donnez-lui du papier qu'il peut froisser et déchirer.
* Prenez un bain avec lui (voir p. 94) et mettez-lui son pyjama avant d'aller le coucher.
* Si vous n'avez pas le temps de vous occuper de lui le matin, habillez-le et donnez-lui son biberon les jours où vous ne travaillez pas.

▲ **SE RELAXER ENSEMBLE** Jouer ne veut pas dire remuer dans tous les sens. Le soir, installez-vous confortablement avec votre bébé et lisez-lui une histoire. Une façon agréable de se décontracter.

Les pères au foyer

DU CÔTÉ DE LA MÈRE

Subvenir aux besoins de la famille alors que son conjoint reste à la maison peut faire naître des émotions difficiles à gérer.

Se protéger

Dans notre société, c'est généralement la mère qui s'occupe du bébé et une situation marginale est parfois difficile à assumer. Vous ressentez de la culpabilité et enviez les femmes qui passent plus de temps à la maison que vous. Dites-vous que vous avez fait le bon choix et essayez de passer le maximum de temps avec votre bébé. Travailler est stressant, sachez vous détendre sans culpabiliser votre conjoint.

Aider votre partenaire

Veillez à ce qu'il ait du temps pour lui, pour ses amis mais aussi pour votre couple (voir p. 134). Assumez certaines tâches domestiques.

Les réactions

Les pères au foyer sont encore une minorité et vous risquez de vous attirer les foudres de nombre de vos congénères perturbés par le fait que vous assumiez votre différence, et que vous vous moquiez totalement des conventions sociales traditionnelles auxquelles ils se raccrochent parce qu'elles leur procurent une sécurité. Or, si vous avez une personnalité suffisamment forte pour avoir pris la décision de devenir «père au foyer», vous saurez très certainement faire face aux commentaires désagréables.

Dans certaines familles, c'est la mère qui travaille et subvient aux besoins de tous alors que le père reste à la maison pour s'occuper du bébé et assumer les tâches ménagères.

Une question de choix

Les couples qui décident d'inverser les rôles agissent le plus souvent poussés par le sentiment que leur enfant à tout à gagner si l'un des parents reste à la maison. Lorsque les revenus de la mère sont supérieurs à ceux du père, il semble logique que ce soit lui qui mette sa carrière entre parenthèses. Avec un salaire en moins, la situation financière est moins bonne, mais la qualité de la vie est souvent meilleure, ce qui est positif pour le bébé. Il arrive également que le père reste à la maison parce qu'il a perdu son emploi, et même si la situation ne dure que quelques semaines ou quelques mois, il doit saisir cette occasion pour profiter au maximum du temps passé avec son enfant, et se charger des tâches généralement assumées par sa compagne.

Un véritable apprentissage

Les personnes qui sont convaincues que les rôles du père et de la mère sont «naturellement» répartis et que des tâches bien spécifiques reviennent à l'un ou à l'autre font fausse route. S'occuper d'un bébé n'est inné ni pour la mère ni pour le père. Ne laissez personne prétendre le contraire et n'oubliez jamais les points suivants:

- Les femmes ne naissent pas en sachant changer une couche. Si elles semblent plus à l'aise, c'est probablement parce qu'on leur rabâche dès l'enfance qu'elles sont faites pour ça.
- S'occuper d'un enfant et répondre à ses besoins s'apprend, et les débuts sont aussi difficiles pour la mère que pour le père.
- Les hommes ne naissent pas avec un handicap et ceux qui décident de rester au foyer pour s'occuper de leur bébé et de la maison ont autant de chances que leur conjointe de remplir leur rôle avec succès et d'avoir un enfant bien dans sa tête et dans son corps.

Le rôle de parent

Les conjoints qui décident que le père restera à la maison se considèrent souvent chacun comme un «parent» plutôt que comme un «père» ou une «mère». Il est plus important d'organiser son mode de vie en fonction des points forts de chacun qu'en se basant sur des stéréotypes.

Les avantages

En choisissant de rester à la maison, vous tissez des liens extrêmement forts entre vous et votre bébé, et vous avez le privilège de voir chaque jour les progrès de votre enfant. Vous occuper de votre bébé vous permet de lui monter votre amour et de donner libre cours à vos sentiments, ce qui n'est pas toujours possible dans un cadre plus traditionnel. Vos priorités ne sont pas les mêmes que lorsque vous travailliez, et ne pas être la personne sur laquelle reposent les finances de la maison vous enlève un poids énorme. Vous profitez plus de votre bébé et de votre conjointe, ce qui a des répercussions positives sur toute la famille.

Les répercussions sur votre bébé

Pour un bébé, le père et la mère sont interchangeables. Il a besoin qu'on l'aime et qu'on s'occupe de lui – un point c'est tout. Le fait que son père soit un homme au foyer ne peut qu'avoir une influence positive sur l'enfant qui, par son expérience, échappera aux stéréotypes les plus fortement ancrés dans notre société. Le petit garçon deviendra un adolescent puis un homme qui ne dissimulera pas ses émotions et sera suffisamment indépendant et sûr de lui pour assumer ses choix. La petite fille, quant à elle, deviendra une femme qui voudra probablement partager avec un homme une vie aussi bien équilibrée que celle de son père – ce qui n'est pas une mauvaise chose.

La solitude

Le principal problème auquel sont confrontés les pères qui s'occupent de leurs enfants à temps plein est l'isolement. Leurs amis et les membres de leur famille travaillent, et les seules personnes qu'ils fréquentent sont les parents qui comme eux élèvent leurs enfants, c'est-à-dire principalement des femmes. Or, évoluer dans un environnement majoritairement féminin n'est pas toujours la solution idéale pour un père au foyer, même s'il est prouvé que l'on peut établir d'excellentes relations avec les personnes du sexe opposé. Heureusement, la surprise fait souvent place à la gentillesse. Si vous êtes un père au foyer, attendez-vous à être victime des femmes ultra-protectrices : « Allons, laissez-moi vous aider, mon petit » ou – tout aussi pénibles – des hommes conseilleurs du genre : « Laissez-moi faire, mon cher. »

Partage équitable

Pour concilier équitablement leurs vies familiale et professionnelle, certains conjoints décident, l'un et l'autre, de travailler à temps partiel, ou de travailler un jour ou deux par semaine à la maison. Certains métiers se prêtent à cette organisation désormais possible grâce aux nouvelles technologies. Les deux parents mettent leur carrière entre parenthèses, afin d'éviter que l'un ou l'autre se sente obligé de sacrifier sa vie professionnelle.

* Les deux parents s'occupent autant l'un que l'autre de leur bébé et tissent avec lui des liens privilégiés.
* Tous les deux ont conscience de la frustration que peut ressentir celui qui cesse son activité pour s'occuper du bébé, et de la difficulté de gérer sa vie familiale et son activité professionnelle.
* Votre bébé a le privilège de profiter de ses deux parents.
* Vous formez un vrai tandem et partagez équitablement les tâches, ce qui évite nombre de querelles.

◀ **SE FAIRE ACCEPTER** Au fil du temps, le père au foyer n'est plus regardé comme une bête curieuse mais comme un parent qui partage les mêmes joies et rencontre les mêmes problèmes que les mères qu'il côtoie au quotidien.

Se préoccuper de l'avenir

Le soutien

Pour aider votre enfant à gérer ses douleurs physiques et son mal-être, essayez de le comprendre et soutenez-le contre vents et marées.

Les compagnons de jeu

Jouer est l'une des principales activités de votre enfant. Ce qu'il préfère est jouer avec d'autres personnes, si possible ses parents.

Fixer des limites

La première limite que vous fixerez a pour but d'empêcher votre enfant de se blesser puis, plus tard, de blesser les autres. Ne vous excusez jamais de lui imposer des limites, mais ne lui donnez pas l'impression d'être puni et ne le culpabilisez pas. Plutôt que de lui dire toujours «non», aidez-le à comprendre les raisons de votre refus.

Un professeur ou un modèle ?

Vous êtes les premiers professeurs de votre enfant. Or, l'enseignement n'est pas seulement théorique, mais aussi pratique, dans la mesure où votre enfant vous copie. Ne lui en voulez pas d'être un enfant ou un adolescent agressif et provocateur, et dites-vous que c'est à travers vous qu'il découvre les choses de la vie.

L'autorité

Ne confondez pas autorité et pouvoir. Le pouvoir passe par l'utilisation de la force. L'autorité, c'est la preuve que sans utiliser la force, une personne a de l'influence sur une autre et que cette dernière lui obéit. Votre enfant acceptera votre autorité si vous êtes juste, compétent, aimant et raisonnable.

Votre enfant a un an. Il commence à parler, il marche, il mange seul et affirme sa personnalité au sein de la famille. Il grandit et votre rôle de parents change tout comme il changera lorsque votre bambin ira à l'école, entrera dans le monde des adolescents puis des adultes. Vous garderez toujours un œil sur lui qui, bien que devenant de plus en plus indépendant, ne pourra jamais se passer de vous, du sentiment de sécurité que vous lui apportez, de votre soutien, de votre compréhension et de votre amour.

Votre bébé grandit

Le plus grand changement auquel vous allez assister et que vous devez être prêts à accepter, est de voir votre enfant grandir, et affirmer sa personnalité, ses goûts et sa volonté. Peu à peu, il prend sa place au sein de la famille, devient indépendant et réalise son existence propre. Ces changements ne sont pas sans conséquences. D'une part, ils prouvent que votre enfant a atteint une certaine maturité – ce qui est plutôt bien – et, d'autre part, cette évolution peut donner naissance à des heurts, voire des conflits, que vous devrez tenter de gérer avec le plus de finesse possible. De plus, son désir de se dépasser dans divers domaines peut donner lieu à de la frustration qu'il exprimera à travers des crises qui vous laisseront désemparés, perplexes, avec parfois un sentiment d'impuissance (voir p. 182). Or, sans ces crises, l'enfant ne peut se construire, devenir raisonnable et apprendre à se maîtriser.

Des besoins hiérarchisés

N'oubliez jamais les besoins de base qui vont aider votre bébé à grandir et à se développer le mieux possible. Être en bonne santé est bien

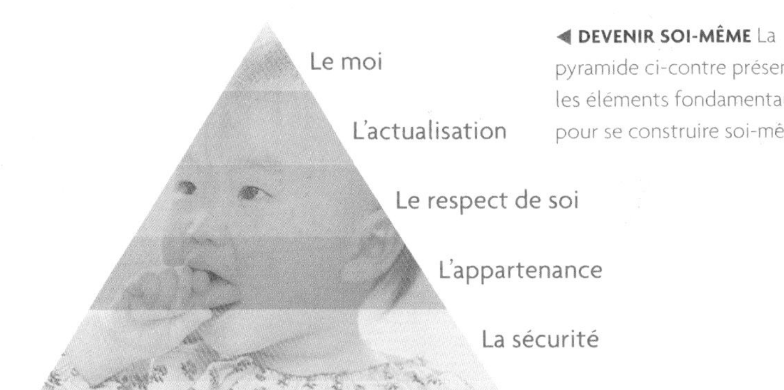

◀ **DEVENIR SOI-MÊME** La pyramide ci-contre présente les éléments fondamentaux pour se construire soi-même.

évidemment fondamental, mais à côté de cela, vous devez essayer de créer un environnement dans lequel votre enfant pourra évoluer sur les plans physique, émotionnel, social et intellectuel. Les besoins d'un enfant sont hiérarchisés, le premier de tous étant la survie. Ils s'organisent en pyramide. La base est l'approvisionnement en nourriture, boisson et logement, indispensables à sa survie. Viennent ensuite la sécurité (l'empêcher de se blesser), l'appartenance (se sentir désiré et protégé) et le respect de soi (nul ne peut avoir une bonne image de soi s'il ne se sent pas aimé). Plus haut dans la pyramide, on trouve l'actualisation (comprendre la place que l'on occupe dans le monde), et pour finir, le moi. Or, pour arriver au sommet de la pyramide, les différents blocs doivent être mis en place.

Devenir indépendant

Croire en soi et en ses facultés est plus important que vous le pensez. En effet, c'est ce qui conduit à l'indépendance. Sans ce sentiment d'indépendance, un enfant ne peut établir des relations avec son entourage, partager, être raisonnable et ouvert, se lier d'amitié, avoir le sens des responsabilités, respecter les autres et leur vie privée.

Par ailleurs, la confiance en soi favorise la curiosité, l'esprit d'aventure, le dévouement, la réflexion et la générosité, qualités indispensables pour établir des liens avec l'entourage et tirer le maximum de la vie. L'amour que vous manifestez à votre enfant ne peut que conforter son respect et sa confiance en lui. Mais l'amour n'est pas tout. Sachez guider votre enfant.

GRANDIR Votre bébé grandit. Il marche et sa personnalité s'affirme. Alors qu'il prend de l'indépendance sur les plans physique et émotionnel, votre rôle de parents évolue.

Être raisonnable

Sous ce titre pointent quelques principes de discipline généraux. Et une bonne discipline, pour les jeunes enfants, est bien loin de l'aspect punitif qui transparaît dans ce mot.

Redéfinir la discipline

La discipline n'a rien à voir avec le fait d'imposer à son enfant un comportement. Il s'agit plutôt de l'encourager afin qu'il ait un comportement raisonnable. Aidez-le à adopter la meilleure attitude qui soit la majorité du temps, et non à se résigner par peur ou faiblesse à un code arbitraire mis en place par des adultes.

Encourager un bon comportement

Ne punissez pas un enfant pour son mauvais comportement, mais félicitez-le pour son bon comportement.

Commencer par le début

C'est plus facile si les choses sont mises en place dès le départ, c'est-à-dire avant que votre bébé ait trois ans. Pour ce faire, essayez de toujours vous montrer raisonnables en face de votre enfant.

La responsabilité parentale

Les enfants naissent avec un désir ardent de plaire. S'ils n'ont plus ce désir, c'est souvent à cause des parents. Si vous avez le sentiment de toujours bien agir mais que votre enfant est difficile, peut-être êtes-vous trop conciliant avec vous-même. Demandez-vous ce que signifie « bien agir » et si ce que vous pensez être bien l'est pour votre enfant.

Être cohérent

Les deux parents doivent avoir la même attitude et être cohérents. Dans le cas contraire, l'enfant est perdu, ne connaît pas les limites et son comportement s'en ressent.

Favoriser l'indépendance

La sollicitation Demandez-lui d'aller vous chercher un panier ou la pelle à poussière afin qu'il se sente utile.

La prise de décision Poussez-le à prendre des décisions, choisir un jouet ou une tasse, par exemple, afin qu'il soit maître de son jugement. Laissez votre enfant choisir ce qu'il souhaite porter le matin. Il lui faudra peut-être un peu plus de temps pour s'habiller, mais il aura vraiment le sentiment d'avoir accompli quelque chose.

Le sens de l'identité Questionnez-le sur ses préférences, demandez-lui son opinion afin qu'il sente que ce qu'il pense a de l'importance.

L'indépendance physique Demandez-lui de faire des choses de plus en plus difficiles : sauter, lancer ou taper dans une balle, afin de le rendre plus fort et de favoriser la coordination de ses mouvements. Laissez-le s'habiller s'il en est capable. Choisissez des vêtements faciles à enfiler, comme un pantalon avec taille élastique. N'intervenez pas, à moins qu'il ne vous le demande ou s'il s'énerve. Soulignez les efforts qu'il déploie lors des nouvelles tâches.

L'indépendance émotionnelle Montrez-lui qu'il peut compter sur vous : vous partez mais revenez toujours, vous le réconfortez chaque fois qu'il se fait mal, vous l'aidez toujours lorsqu'il rencontre une difficulté.

La coopération « Nous pouvons le faire ensemble » doit être votre leitmotiv. Votre enfant fait des efforts, aidez-le. Lorsqu'il surmonte un obstacle ou franchit une étape, félicitez-le.

Maîtriser son corps

Les parents qui pensent que les enfants contrôlent leur vessie et leurs intestins lorsqu'ils ont atteint un certain âge risquent d'être fort déçus. En effet, votre enfant sera propre quand ses facultés le lui permettront. La propreté est une étape importante, car le bébé dépendant devient un enfant indépendant. Il ne pourra se contrôler avant que les connexions nerveuses entre son cerveau, sa vessie et ses intestins ne soient en place. Le contrôle de la vessie et des intestins n'est possible que lorsque les muscles sont suffisamment toniques. Il est donc préférable de ne pas parler « d'apprentissage de la propreté », car il ne s'agit nullement d'un apprentissage.

Être propre de jour comme de nuit

C'est seulement vers 18 mois que l'enfant sent qu'il est en train d'uriner. Il ne peut pas se retenir, ne peut pas attendre. En un mot, il n'a aucun contrôle sur sa vessie. Il vous montre sa couche, pleure ou se plaint pour attirer votre attention. C'est seulement à partir de ce moment que vous pouvez l'encourager. La première étape consiste pour l'enfant à prendre son petit pot et à l'apporter dans la salle de bain. Laissez-le ensuite s'y asseoir lorsqu'il le veut. S'il fait quoi que ce soit, félicitez-le. Vous pourriez également encourager votre enfant en lui faisant porter des couches-culottes qu'il gardera le jour ou la nuit.

Un développement différent selon le sexe

Le contrôle de la vessie et des intestins est l'une des étapes qui accentuent les différences entre le développement des filles et celui des garçons (et ce, même s'il y a des exceptions à la règle). Toutefois, nombre de différences sont le reflet des préjugés de certains adultes quant à l'évolution que doit connaître une fille ou un garçon (voir p. 148). Il n'est donc pas facile de déterminer si les différences dont on parle toujours sont naturelles ou créées de toutes pièces. Il faut cependant préciser que des études ont montré que les filles et les garçons ne se développent pas au même rythme au cours de l'enfance et de l'adolescence (voir tableau page suivante). La prise de conscience de ces différences peut vous aider à mieux comprendre votre enfant. Celui-ci pourra alors avancer à son propre rythme et surmonter les difficultés avant qu'elles ne deviennent de véritables problèmes. Il est également bon de se débarrasser des stéréotypes du style « les filles ne sont pas des aventurières » et « les garçons ne doivent pas montrer leurs sentiments ».

Devenir propre

Voici quelques conseils à prendre en compte :

* Laissez votre enfant évoluer à son propre rythme. Vous ne pouvez pas accélérer les choses, contentez-vous d'être présents.
* Laissez votre enfant décider s'il veut ou non aller sur le pot. Ne le forcez jamais.
* Félicitez votre enfant lorsqu'il fait dans son pot. Passez sous silence les accidents.

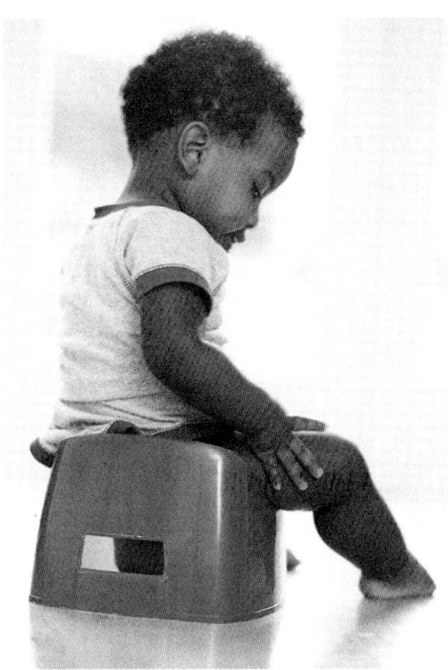

▲ **« L'APPRENTISSAGE DU POT »** Inutile d'en passer par-là. Laissez votre bébé se développer à son propre rythme, et contrôler sa vessie et ses intestins lorsqu'il en sera physiquement capable.

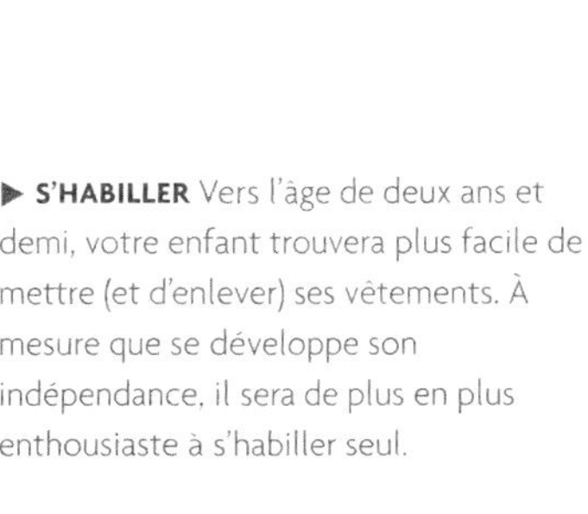

▶ **S'HABILLER** Vers l'âge de deux ans et demi, votre enfant trouvera plus facile de mettre (et d'enlever) ses vêtements. À mesure que se développe son indépendance, il sera de plus en plus enthousiaste à s'habiller seul.

Accès de colère

Vers deux ans, votre enfant sait parfaitement ce qu'il veut, or ses ambitions dépassent souvent ses aptitudes. Son entêtement et sa frustration donnent parfois lieu à des accès de colère que vous ne savez pas toujours gérer.

* Les accès de colère sont naturels et sont, en quelque sorte, un appel au secours. Avoir un enfant qui hurle, donne des coups de pied et pleure est horripilant, mais si vous êtes gentils, fermes et que vous avez les nerfs solides, il se calmera.
* Ne criez pas, ne lui donnez pas de fessée, et ne vous mettez pas en colère. Il a besoin de vous pour retrouver son calme. Par le biais de la colère, il fait passer le message suivant : « Aidez-moi. Protégez-moi contre moi-même. » Si vous restez maîtres de vous-mêmes, il s'apaisera.
* Un enfant hors de lui peut être effrayé par les émotions extrêmement fortes qu'il ressent. Câlinez-le, mais restez fermes.
* Ayez un regard critique. Il essaie de vous faire sortir de vos gonds, mais il se calmera si vous gardez votre sang-froid.
* Si vos efforts restent vains, prévenez-le que vous sortez de la pièce ou partez faire un tour. Allez là où il ne peut pas vous voir mais d'où vous le voyez. Rapidement les cris s'arrêteront. À quoi bon continuer s'il n'y a plus de public ?
* Surveillez-le de loin et soyez prêts à intervenir au cas où il voudrait se blesser ou faire du mal aux autres.

Attention

Lorsqu'ils s'énervent, certains enfants ont la respiration coupée. Ne vous affolez pas. Il suffit souvent de leur donner un petit coup sec entre les omoplates pour que tout rentre dans l'ordre.

Élargir ses horizons

Au fur et à mesure qu'il grandit et évolue, votre enfant devient de plus en plus sociable. Il a besoin de contacts avec d'autres personnes pour que se développent sa curiosité naturelle et ses aptitudes intellectuelles. C'est là qu'interviennent les rapports qu'il entretient au quotidien avec vous, vos amis et leurs enfants, ses grands-parents et toutes les autres personnes de votre entourage. Favorisez les rencontres avec des enfants de son âge par le biais d'une garderie ou d'un CPE. Même si les enfants ne tissent pas de véritables liens d'amitié avant trois ans, il aura du plaisir à jouer avec des enfants du même âge. Et les différentes expériences qu'il vivra lui apprendront également à donner, à partager et à savoir donner libre cours à sa créativité au sein d'un groupe. Lorsqu'il sera un peu plus grand, inscrivez-le à la maternelle afin de le préparer à l'entrée à l'école primaire.

Différences dans le développement

Les filles	Les garçons
Elles sont meilleures lorsqu'il s'agit de sauter, de bouger et de trouver leur équilibre.	Lorsqu'ils entrent à l'école, ils sont meilleurs pour la course, le saut et le lancer.
Elles acquièrent légèrement plus rapidement tous les enseignements ayant trait au langage : lecture, écriture, grammaire et orthographe.	Ils parlent plus tard que les filles et mettent plus de temps à construire des phrases structurées. Ils rencontrent plus de problèmes de lecture à l'adolescence et sont moins bons à l'oral.
Elles sont plus indépendantes sur le plan émotionnel. Elles sont aussi plus sociables et se font de vraies amies dès leur plus jeune âge.	Ils sont plus dépendants sur le plan émotionnel. Ils ont souvent plus de problèmes de comportement, avant et pendant l'adolescence.
Jusqu'à la puberté, elles sont aussi fortes et rapides que les garçons. Après, leur masse graisseuse est plus élevée que leur masse musculaire.	À l'adolescence, les garçons sont plus forts : ils ont plus de muscles, des os plus résistants, et une plus grande capacité cardiaque et pulmonaire.
Elles grandissent plus vite et plus régulièrement. À l'adolescence, elles sont plus matures.	Ils grandissent par à-coups. Ils sont pubères plus tard que les filles.
Elles sont souvent meilleures en mathématiques que les garçons avant l'adolescence. Après, la tendance s'inverse.	À tout âge, les garçons ont une meilleure représentation spatiale. À l'adolescence, ils sont souvent meilleurs en mathématiques.
Elles obéissent généralement plus volontiers aux demandes des adultes.	Dès qu'ils commencent à marcher, ils sont plus agressifs et plus compétitifs.

Agrandir votre famille

Maintenant que chacun a trouvé ses repères, il est normal que vous envisagiez d'agrandir votre famille et que vous essayiez de déterminer le meilleur moment pour une nouvelle grossesse. Comme toujours, il n'y a pas de règles. Certains parents préfèrent attendre que l'aîné entre à la maternelle, voire à l'école primaire, alors que d'autres parents préfèrent que leurs enfants soient très rapprochés. A priori, l'idéal est qu'il y ait au minimum deux ans et demi d'écart entre deux enfants. Vous devez également prendre en considération votre carrière professionnelle, votre situation financière, sans oublier votre état de santé. Une femme qui a eu un accouchement long et difficile, ou qui a subi une césarienne, voudra probablement récupérer toutes ses forces avant de revivre une nouvelle grossesse. L'âge est également un facteur déterminant même si, de nos jours, les femmes ont des enfants de plus en plus tard. Attention toutefois à votre horloge biologique : plus vous êtes âgée, moins vous êtes féconde et plus il vous sera difficile d'être enceinte (voir p. 19).

L'impact d'une nouvelle grossesse sur votre enfant

Quel que soit l'intervalle entre les naissances, vous devez absolument vous demander l'impact qu'aura l'arrivée d'un petit frère ou d'une petite sœur sur votre aîné. Même un adolescent peut être perturbé, notamment si ses parents sont séparés, et que l'un d'eux décide de fonder une nouvelle famille (voir p. 142). La décision d'agrandir sa famille regarde chaque membre de cette famille, y compris votre enfant, et ce, quel que soit son âge.

Le mot de la fin

Même un enfant qui prépare ses repas, repasse ses vêtements et vit sa propre vie a besoin de ses deux parents. Prendre soin d'un enfant ne se borne pas à répondre à ses besoins matériels, mais consiste à l'aimer d'un amour inconditionnel une vie entière. Être parents est un devoir que vous devrez assumer jusqu'à la fin de votre vie. Toutefois, votre amour ne doit pas emprisonner votre enfant, mais au contraire, le guider et lui donner des limites, afin qu'il devienne un adulte responsable, libre de ses pensées, se préoccupant des autres, ayant confiance en lui et étant prêt à saisir toutes les opportunités que la vie lui offrira.

Frère et sœur

La jalousie est un sentiment normal chez un petit enfant dès lors qu'il se sent menacé par la naissance d'un bébé. La meilleure façon de le préparer à l'arrivée d'un petit frère ou d'une petite sœur est de lui prouver que sa place au sein de la famille est préservée, et que votre amour pour lui est sauf.

Avant la naissance

Parlez-lui du bébé dès que votre grossesse se voit. Laissez-le toucher votre ventre aussi souvent qu'il le souhaite, notamment lorsque le bébé donne des coups de pied. Impliquez-le et parlez du bébé comme étant « son bébé à lui ». Demandez-lui s'il préfère un frère ou une sœur. Dès que vous connaissez le sexe du bébé, dites-le-lui afin qu'il puisse s'en faire une idée plus précise. Encouragez-le à montrer ouvertement son amour et son affection en lui racontant des histoires mettant en scène des animaux et leurs petits, et en lui demandant d'être gentil avec les autres bébés.

Après la naissance

Lorsque votre aîné viendra vous voir à l'hôpital, veillez à ne pas avoir le nouveau-né dans vos bras. Soyez prête à le prendre contre vous, et attendez qu'il demande à voir le bébé. Préparez un cadeau qu'il donnera à son petit frère ou à sa petite sœur. À la maison, faites-le participer aux bains et aux tétées. Rendez-le indispensable et, surtout, félicitez-le. Accordez-lui au minimum une demi-heure par jour. Répétez-lui que vous l'aimez.

Le rôle du père

Rassurez votre aîné en lui disant que vous l'aimez. Pratiquez des activités avec lui seul. S'il se sent aimé, vous n'aurez pas à jouer, plus tard, les arbitres entre vos enfants, qui deviendront les meilleurs amis du monde !

Droits des parents

Déclaration de naissance

Le constat de naissance est rempli et signé par le médecin, l'infirmière ou toute autre personne qui assiste la mère lors de l'accouchement. Le personnel du centre hospitalier remet aux parents une copie du constat de naissance de même que le formulaire de déclaration de naissance. Les parents doivent la remplir, la signer et la faire parvenir dans les 30 jours suivant l'accouchement au Directeur de l'état civil. La déclaration et le constat de naissance sont obligatoires et sont nécessaires au Directeur de l'état civil pour rédiger l'acte de naissance.

Taxe de vente du Québec et produits pour bébé

Il existe certaines particularités dans le régime de la taxe de vente du Québec (TVQ) qui touchent de près les consommateurs, notamment lors de l'achat de certains produits pour bébé.

Ainsi, les produits suivants sont détaxés : les couches pour enfants, les culottes de propreté conçues spécialement pour les enfants, les articles d'allaitement, la location d'un tire-lait et tout modèle de biberon.

Au Québec, les femmes enceintes bénéficient de divers droits. Il convient donc d'examiner attentivement cette question. Prenez le temps de vous renseigner auprès du CLSC de votre quartier.

Droit du travail

Bien des femmes craignent qu'on les perçoive différemment sur leur lieu de travail une fois qu'elles auront annoncé leur grossesse. Sachez qu'au Québec et au Canada, il est absolument interdit de licencier une femme enceinte ou de la rétrograder une fois qu'elle est revenue de son congé de maternité. Il existe une protection juridique de la femme enceinte.

Examens liés à la grossesse

Au Québec, une salariée peut s'absenter de son travail, sans salaire, pour tous les examens liés à sa grossesse. Elle doit, le plus tôt possible, aviser son employeur du moment où elle devra s'absenter.

Congé de maternité

Selon la Loi sur les normes du travail, la salariée enceinte a droit au congé de maternité. Le congé s'étend sur une période maximale de 18 semaines continues sans salaire. Si la salariée le demande, l'employeur peut consentir à un congé de maternité d'une période plus longue. Le congé ne peut commencer qu'à partir de la 16e semaine avant la date prévue de l'accouchement.

Congé parental

La mère et le père d'un nouveau-né ainsi que la personne qui adopte un enfant mineur ont droit à un congé parental sans salaire d'au plus 52 semaines continues. Ce congé s'ajoute aux congés de maternité et de paternité. Le congé parental ne peut pas commencer avant la semaine de la naissance ou la semaine où l'enfant est confié au parent lors d'une adoption. Il peut aussi débuter la semaine où le parent quitte son travail pour se rendre à l'extérieur du Québec afin que l'enfant lui soit confié. Durant ce congé, le Régime québécois d'assurance parentale assure une protection de revenu temporaire à l'un ou l'autre des parents biologiques ou adoptifs en lui versant, selon certaines conditions, des prestations parentales. Cependant, un salarié qui adopte l'enfant de son conjoint n'a pas droit au congé parental. Pour avoir droit à l'une ou l'autre de ces prestations, vous devez avoir accumulé au moins 600 heures d'emploi assurable depuis le début de votre dernière période de prestations.

Pour en savoir davantage, consultez l'information complète disponible sur le site *Devenir parents* du gouvernement du Québec : www.naissance.info.gouv.qc.ca

Et le congé de paternité ?

Un salarié a droit à un congé de paternité sans salaire d'une durée de cinq semaines continues à l'occasion de la naissance de son enfant. Ce congé n'est pas transférable à la mère et ne peut pas être partagé entre les deux parents. Le congé peut être pris à n'importe quel moment, mais il ne peut pas commencer avant la semaine de la naissance de l'enfant et doit se terminer au plus tard 52 semaines après.

Allocation de maternité

Cette allocation unique vise à soutenir le revenu de la femme qui répond à certaines conditions : être admissible aux prestations d'assurance-emploi maternité, résider en permanence au Québec depuis au moins 12 mois à la date du début de son congé de maternité et avoir un revenu familial brut inférieur à 55 000 $.

Les prestations

	Description	Admissibilité
Prestations spéciales d'assurance-emploi	Il existe trois types de prestations spéciales auxquelles vous pourriez avoir droit lors de l'arrivée d'un enfant : les prestations de maternité, pour la mère qui donne naissance ou la mère porteuse, les prestations parentales pour les parents ou les prestations de maladies pour les personnes qui cessent de travailler en raison d'une maladie, d'une blessure ou d'une mise en quarantaine.	Pour avoir droit à l'une ou l'autre de ces prestations, votre rémunération hebdomadaire normale doit avoir été réduite de plus de 40%, et vous devez avoir accumulé 600 heures d'emploi assurable au cours des 52 dernières semaines ou depuis le début de votre dernière période de prestations (période de référence).
Prestation fiscale canadienne pour enfants (PFCE)	Le montant de la prestation est versé chaque mois aux familles admissibles pour les aider à subvenir aux besoins de leurs enfants. Elle est non imposable et varie selon : le revenu familial, le nombre d'enfants, leur âge, leur situation familiale et la déduction pour frais de garde.	L'admissibilité à la prestation est réévaluée chaque année selon les données de la déclaration de revenus de l'année précédente. Pour avoir droit à la PFCE, le parent demandeur doit habiter avec l'enfant et être reconnu résident du Canada aux fins de l'impôt sur le revenu.
Prestation spéciale de grossesse (programme d'assistance-emploi)	La femme enceinte prestataire du programme d'assistance-emploi (aide sociale) reçoit une prestation de grossesse qui s'ajoute à sa prestation mensuelle. Cette prestation spéciale est versée chaque mois, du début de la grossesse jusqu'à l'accouchement.	Pour l'obtenir, la femme enceinte doit fournir à son agent du centre local d'emploi (CLE) une attestation écrite signée par un médecin ou une sage-femme confirmant qu'elle est enceinte.

Le personnel médical

Pendant la grossesse, lors de l'accouchement et ensuite, vous aurez affaire à différents professionnels de la santé :

Le médecin généraliste

Il pourra vous aider à choisir votre lieu d'accouchement en fonction de vos antécédents médicaux, chirurgicaux et obstétricaux. Si vous êtes suivie par un gynécologue, il peut aussi vous aider à faire ce choix, et souvent suivre votre grossesse. Il vous orientera alors vers un médecin et un établissement hospitalier, en fonction de votre décision.

Les obstétriciens

Ils sont des médecins spécialisés dans le traitement de la grossesse et de l'accouchement. Lors de votre première consultation à l'hôpital, vous rencontrerez un médecin obstétricien qui vous suivra pendant toute la durée de votre grossesse. Il travaille avec une équipe d'omnipraticiens. Vous le rencontrerez assez rarement si votre grossesse se déroule sans complications. En cas de grossesse à risque, il assurera une surveillance plus régulière.

Les pédiatres

Ils sont des médecins spécialisés dans les soins apportés aux nouveau-nés et aux jeunes enfants. Chaque maternité travaille en étroite collaboration avec un ou plusieurs pédiatres, afin de s'assurer de la bonne santé des bébés et d'apporter à ceux-ci les soins médicaux nécessaires. Un pédiatre est présent en cas de naissances multiples, et lors de la plupart des accouchements dirigés (forceps) et des césariennes. Chaque bébé est examiné par un pédiatre avant son départ de la pouponnière.

La surveillance du nourrisson

Afin de mieux protéger votre enfant, certaines vaccinations sont obligatoires ou, tout au moins, fortement recommandées au Québec.

Le carnet de vaccination

Votre enfant recevra des vaccins spécifiques en fonction de son âge. Au Québec, votre médecin vous remettra un carnet de vaccination. C'est un outil précieux, puisque c'est le seul document où sont consignés tous les vaccins de votre enfant. Il est important de le conserver et de le tenir à jour.

Les vaccinations

Nombre de parents s'interrogent quant aux effets secondaires des vaccins. N'hésitez pas à questionner votre médecin ; les complications à la suite d'un vaccin sont très rares et moins graves que les manifestations de la maladie. Les vaccins ne peuvent pas être effectués si votre bébé est malade ou fiévreux. Votre enfant ne pourra pas voyager dans certains pays s'il n'est pas vacciné contre des maladies infectieuses et virales particulières.

Le calendrier de vaccinations de votre bébé

Âge	Vaccination	Administration	Effets secondaires
2 mois	Diphtérie, tétanos, coqueluche, polio et Hib	1 injection	Légère augmentation de la température, nausée et/ ou diarrhée, petit œdème au point d'injection (disparaît au bout de quelques jours)
4 mois	Diphtérie, tétanos, coqueluche, polio et Hib	1 injection	Idem précédent vaccin
6 mois	Diphtérie, tétanos, coqueluche, polio et Hib	1 injection	Idem précédent vaccin
12 mois	- Rougeole, oreillons, rubéole (ROR) * Méningocoque C * Varicelle	* 1 injection * 1 injection * 1 injection	Érythème et œdème. Plus rares : nausées, vomissements et diarrhées
18 mois	* Diphtérie, tétanos, coqueluche, polio et Hib * Rougeole, oreillons, rubéole (ROR)	* 1 injection * 1 injection	Idem précédents vaccins

Adresses utiles

Info-Santé
Numéro disponible pour chaque CLSC (Centre local de services communautaires).
Pour connaître le vôtre : (514) 948-2015

Ligne Parents
1-800-361-5085

Association des CLSC et des CHSLD du Québec
1801, rue de Maisonneuve Ouest
Montréal (Québec) H3H 1J9
Tél. : (514) 931-1448

Hôpital Sainte-Justine
3175, Côte-Sainte-Catherine
Montréal (Québec) H3T 1C5
Tél. : (514) 345-4931
www.hsj.qc.ca

The Montreal Children's Hospital
2300, rue Tupper
Montréal (Québec) H3H 1P3
Tél. : (514) 412-4400
www.hopitalpourenfants.com

Maisons de naissance
180 Cartier, Pointe-Claire
(CLSC Lac-Saint-Louis)
Tél. : (514) 697-1199

6560 Côte-des-Neiges, Montréal
(CLSC Côte-des-Neiges)
Tél. : (514) 736-2323

Centre québécois de ressources à la petite enfance (CQRPE)
Tél. : (514)369-0234
1-877-369-0234
www.cqrpe.qc.ca

Association des obstétriciens et gynécologues du Québec
www.gynecoquebec.com

Soins de nos enfants
Site élaboré par la Société canadienne de pédiatrie
www.soinsdenosenfants.cps.ca

Petit Monde
www.petitmonde.com

Maman pour la vie
www.mamanpourlavie.com

Maman Solo
www.maman-solo.com

Bébé infos
www.bebeinfos.com

Devenir parents
www.naissance.info.gouv.qc.ca

Siège d'auto
www.saaq.gouv.qc.ca/prevention/sieges/index.php

Clinique d'évaluation neuropsychologique et des troubles d'apprentissage de Montréal
www.centam.ca
Tél. : (514) 528-9993
1-877-628-9993

Association de spina-bifida et d'hydrocéphalie du Québec
www.spina.qc.ca
Tél. : (514) 340-9019
1-800-567-1788

Association pour parents monoparentaux
www.monoparental.ca

Diffusion allaitement
www.allaitement.net

Ligue La Leche
www.allaitement.ca

L'asthme au quotidien
www.asthme-quebec.ca

Association du Québec pour enfants avec problèmes auditifs (AQEPA)
www.aqepa.surdite.org

Regroupement pour la trisomie 21
www.trisomie.qc.ca

Syndrome de la mort subite du nourrisson
www.phac-aspc.gc.ca

Société canadienne de pédiatrie
www.cps.ca/francais

Le développement du cerveau et les troubles d'apprentissage
www.ldac-taac.ca/indepth/identify_brain-f.asp

Ambulance Saint-Jean
www.sja.ca

Enfant & famille Canada
www.cfc-efc.ca

Association des parents de jumeaux du Québec
www.apjtm.com

Bibliographie sélective

STOPPARD, Miriam, *Ma grossesse au fil des semaines*, Montréal, Hurtubise HMH, 2009, 192 p.

LAURENT, Su, *Votre bébé au jour le jour*, Montréal, Hurtubise HMH, 2008, 320 p.

REGAN, Lesley, *Votre grossesse au jour le jour*, Montréal, Hurtubise HMH, 2006, 448 p.

SUNDERLAND, Margot, *La Science au service des parents : comprendre et élever son enfant grâce aux récentes découvertes scientifiques*, Montréal, Hurtubise HMH, 2007, 288 p.

KAVANAGH, Wendy, *Massage et réflexologie pour bébés*, Montréal, Hurtubise HMH, 2007, 112 p.

Index

R

S

Remerciements

Expert-conseil dans le domaine médical pour cette édition :
Dr Tim Wickham, B. Sc. (hon.), MBBS, MRCP, FRCPCH

Photothèque : Romaine Werblow
Lecture d'épreuves : Alyson Silverwood

L'éditeur aimerait remercier les personnes suivantes pour avoir permis gentiment de reproduire leurs photos :
(Abréviations : h – en haut; b – en bas; c – au centre; g – à gauche; d – à droite; s – partie supérieure)

Images provenant du site Alamy : Bubbles Photolibrary 66; Janine Wiedel Photolibrary 150; plainpicture 60; Peter Usbeck 63; **Corbis :** LWA-Dann Tardif 13, 19, 23, 33sd, 39sd, 45sd, 47, 49, 51gd, 57, 59sd, 73, 82dg, 95sd, 101sd, 129, 135, 137, 141, 149, 171, 175sd; Larry Williams 46; **Carolyn Djanogly :** 6; **DK Images :** Une gracieuseté de Simon Brown 112; **Getty Images :** George Doyle 16-17; Studio Tec/ailead 126-127; **Mediscan :** SHOUT 28; **Mother & Baby Picture Library :** 48, 52, 138, 146, 153; **Photolibrary :** Banana Stock 103; Brand X Pictures 128b; Stockbyte 59bg; Larry Williamd 41; **Science Photo Library :** 32; Samuel Ashfield 29; BSIP, Laurent 44; Ian Hooton 26.

Toutes les autres images © Dorling Kindersley. Pour plus d'informations : **www.dkimages.com**

Les éditeurs souhaitent également remercier les modèles suivants, qui figurent dans cette nouvelle édition : Nicola Munn, Joe et Leo Hayward, Chloe et Oscar Dunne, Mandeep et Ethan Kalsi, Louise et Ruth Izod, Dharminder et Biba Kang, Chloe Webb, Nicole Bheenick-Coe et Lily Coe, Sheela Lomax et Lonrenzo Lapinid, Carrleann Austin et Emily Collis, Daniel et Matilda Young, Roisin Donaghy, Elisa et Jolie Margolin, Charlotte Seymour.